洪成文 主编

大学筹资理论与实践丛书

财富道义

大学筹资的伦理考量

李庆成　著

人民东方出版传媒
People's Oriental Publishing & Media
東方出版社
The Oriental Press

图书在版编目（CIP）数据

财富道义：大学筹资的伦理考量 / 李庆成著 .
—北京：东方出版社，2022.1
ISBN 978-7-5207-2519-4

Ⅰ . ①财…　Ⅱ . ①李…　Ⅲ . ①高等学校—集资—研究—中国
Ⅳ . ① G647.5

中国版本图书馆 CIP 数据核字（2021）第 265827 号

财富道义：大学筹资的伦理考量
（CAIFU DAOYI: DAXUE CHOUZI DE LULI KAOLIANG）

作　　者：李庆成
策　　划：戴燕白
责任编辑：闫　妮　杨　磊
出　　版：东方出版社
地　　址：北京市西城区北三环中路 6 号
邮　　编：100120
印　　刷：北京联兴盛业印刷股份有限公司
版　　次：2022 年 2 月第 1 版
印　　次：2022 年 2 月第 1 次印刷
开　　本：787 毫米 ×1092 毫米　1/16
印　　张：16.5
字　　数：210 千字
书　　号：ISBN 978-7-5207-2519-4
定　　价：59.80 元
发行电话：（010）85924663　85924644　85924641

前　言

高等教育是一项典型的资源依赖型事业，需要大量的经费投入。经费充足与否不仅直接关系到大学教学、科研、社会服务三大功能能否顺利实现，决定着大学能否实现可持续发展，甚至已成为关乎大学某些学科生死存亡的核心要素。随着高等教育系统及其功能的日趋复杂以及大学发展战略的日益恢宏，现代大学对办学经费和其他外部资源依赖程度显著增加。故此，可以说财政问题已成为当今大学运行首要解决的基础性问题，否则就无增效可言。就全球范围来看，高等教育成本的上升、高等教育大众化浪潮以及“世界一流大学和一流学科”激烈竞逐的现实，致使目前世界高等教育的主要情形是经费处于短缺乃至危机之中。

在此背景下，如何获取充裕的财政维持可持续发展已成为各国大学共同面临的挑战。当前，世界公立大学大部分经费来自政府的建设和专项拨款。但在新冠肺炎疫情影响下，全球经济发展动力不足、国家财政政策调整和高等教育改革等多重因素的作用下，单纯依靠政府财政性拨款已很难适应日益膨胀的高等教育规模与大学自身的深刻变革。为此，吸纳和利用社会资助已成为美国、欧洲乃至日本等国家公、私立大学的常态做法。相比较而言，我国高等院校社会筹资起步较晚，水平也较低，但依托社会各方力量促进高等教育发展已写进我国教育规划纲要并在高校管理者和学术界达成了共识。年度大学捐赠的统计数据也显示我国高等教育社会捐赠额度屡创新高，凸显了高校筹资潜藏的巨大潜力。

伦理关系是人类社会中普遍存在的关系，对人们各类社会活动发挥着德行调节作用。在高等教育领域，由于大学的学术性和公共性特征，需要在资源拓展中对不当利益和不当行为加以限制，以维护高等教育的神圣使命与崇善精神。高校管理者必须清晰地认识到大学社会筹资是一把“双刃剑”，符合伦理的筹资行为自然能为大学拓展更为广阔的资源渠道，但忽视伦理道德规范也必然为大学带来威胁和损失，将大学陷于伦理冲突和治理风险乃至舆情危机，在国内外大学筹资实践中，因违背伦理规范、侵害大学精神的案例时而见于媒体报端。大学筹资是遵循“功利论”的伦理理念还是以“道义论”作为实践指导？如何恰当维持与利益相关者的关系、有效化解伦理冲突和规避伦理风险都是大学筹资难以回避的现实挑战。毕竟，大学筹资只有建立在伦理和规范的基石之上才能产生正当价值。

本作基于伦理学和利益相关者理论，认为大学筹资实践必须在相应伦理规范的指导下进行。在伦理与利益的冲突中，做出理性抉择，从而趋利避害，维护大学精神和规避风险。通过构建大学筹资应当遵循的价值体系，为促进大学筹资的可持续发展奠定德行基础。全书按照提出问题、分析问题与解决问题的逻辑分为四个部分，共分七章：

第一部分，绪论。通过分析财政困扰现代大学健康发展和资源渠道多元化趋势，结合我国大学社会筹资发展迅猛与其中暴露的伦理争议为实例，提出大学筹资伦理亟待完善这一现实问题，界定涉及的核心概念并对这一问题的研究动态进行了梳理。

第二部分，主体。这主要包含第二章、第三章、第四章和第五章，本部分内容以伦理学的产生及其在社会各领域的广泛应用为切入点，通过具体案例佐证大学筹资亟须伦理诉求，并提出大学筹资伦理标准的功用和筹资伦理建构的重要性、必要性及路径选择。鉴于国外大学筹资起步较早，实践经验较多，研究成果相对丰富，笔者基于国别研究视角分析了美国、英国和澳大利亚三个发达国家大学的筹资实践与其中涉及的伦理问题。通过对以上国家大学筹资伦理的历史生成、现实构建加以探讨，明确伦理对大学筹资运作的具体效用。

第三部分，结论。这部分内容主要包括第六章，集中探讨论筹资伦理为我国大学基金会从业实践带来的启示。首先，分析了我国大学筹资发展迅猛与大学基金会伦理治理缺位共存这一矛盾现状。其次，基于“功利论”和“道义论”的辩证关系，探讨了我国大学基金会筹资伦理建设的方向。最后，就我国大学基金会筹资实践如何履行伦理要求提出了对策和思路。

第四部分，反思与展望。主要是第七章，对本项目研究的创新点与不足之处进行了反思，并对将来进一步研究提出了展望。

目　录

CONTENTS

第一章　绪　论

“要维持大学水平，应对大多数国家高等教育财政扶持力度下降这一现实，越来越多的大学都要使其经费来源渠道多元化，只有这样才能实现壮大与发展”。[①] 这句话直截了当地道出了大学经费拓展的重要性，为在世界范围内开展大学筹资活动提供了合理的解释。伴随我国市场经济体制的确立和改革开放的持续深入，大学所处的社会环境发生了深刻的变化，高等教育逐步进入大众化阶段，大学发展面临的经费压力日益加重。为此，我国政府在1998年颁布的《高等教育法》、1999年出台的《中华人民共和国公益事业捐赠法》和2010年出台的《国家中长期教育改革和发展规划纲要2010—2020》中都明确提出鼓励捐赠教育事业和完善大学接受社会捐赠等筹措经费的机制。上述法规反映了政府对汇聚社会资源办教育的重视与支持，为我国大学筹集和利用非财政经费提供了法律依据，也为今后我国大学办学多元经费渠道的开拓释放了政策信号。

法规的出台，有力推动了我国大学筹资的进展，表现在大学基金会规模和净资产的快速增长上，北京大学、清华大学、浙江大学等知名研究型大学年度受赠资金已高达亿计。然而在如火如荼的大学筹资实践中也暴露出了一些问题，如早在2006年天津某大学在未报有关部门批准前提下将资产投资于

① Miles Stevenson. *Fundraising in higher education.Case study: the University of Bristol UK, 1st Jul.* 2014, 见 http://www.fm-kp.si/zalozba/ISBN/961-6268-67-8/277-294.pdf。

股市，违反财经纪律造成重大财产损失。2012年，中央高校国家配比资金政策过程中，个别大学采取不诚实的手段，以虚假名义为基金会“捐款”，骗取国家财政配比资金。通过分析不难看出，以上问题属于法制不彰而滋生的法律问题，属于法的调节范畴。

然而，大学筹资问题还表现为另外一种现象，如2011年清华大学接受“真维斯”公司捐赠引发的教学楼冠名风波；澳大利亚阿德莱德大学（University of Adelaide）接受破坏雨林人士的捐赠而引发的学生抗议；2019年麻省理工学院与美国其他大学因接受身染性丑闻亿万富翁杰夫·爱泼斯坦（Jeff Epstein）捐赠而受到指控。以上行为虽然未违反法律，却违背了大学精神和大学作为文明重镇的价值观，使大学深陷丑闻旋涡。因此，在“大学作为社会良心的最后堡垒”[①]的时代，有必要对筹资的伦理问题加以重视，“使教育成为善的事业，使教育善的理想不断实现，在实践中扬善抑恶”[②]。

（一）财政不足制约大学可持续发展

我国大学承受的财政压力早已凸显，2003年6月23日，联合国教科文组织（UNESCO）发表的报告指出，“中国高等学校在校生人数在非常短的时间内翻了一番，高等教育规模跃居世界第一。但与此同时，中国许多高校也纷纷成为银行的‘债务人’”。[③]2007年3月的“两会”上，江南大学副校长王武等表达了对高校债务问题的担心——全国72所教育部直属高等院校的负债总额就已经达到360亿元，平均每所高校欠债5亿元。如此巨大的债务如何偿还？会议期间全国人大代表们为此而激烈辩论。一些代表担心，目前状

① 台湾大学校长李嗣涔于2007年10月在“北京论坛”接受记者采访时语。

② 王本陆:《教育崇善论》，广东教育出版社2001年版，第120页。

③ UNESECO. *World Higher Education Development and Trend*, 2003, pp.7-8.

况下如果完全让高校偿还债务，肯定没有出路。解决高校债务无非三种办法：政府拨款、学校自筹、社会筹资。

据初步统计，当时全国高校负债已高达4500亿—5000亿元，[①] 完全依靠政府的财政投入，显然无法从根本上解决问题，所以探索积极的外部解决途径显得尤为重要。直至2021年，省属“双一流”建设院校中依然存在着办学经费不足且来源单一、区域不平衡的问题。中西部省份学科建设经费较少，配套经费落实缓慢，加之部分高校在地理位置上处于劣势地位，地方财政支持有限，这在很大程度上影响了学校“双一流”建设的进度。

经费危机并非我国独有，放眼世界，高等教育办学经费短缺是一个普遍性难题，发达国家同样面临经费危机。以21世纪初期美国为例，随着政府公共经费持续削减，美国大学的财政每况愈下，大学苦不堪言。各州政府财政赤字高企，公共教育预算一再压缩，办学成本却不断上升，公立大学的生存面临前所未有的挑战。以密歇根大学（University of Michigan）为例，密歇根州对大学的财政拨款从2002年的4.16亿美元下降到2009年的3.74亿美元。此后州政府每年为密歇根大学提供的拨款大约3.1亿美元。2011年因经费危机，密歇根州的多所院校，包括密歇根大学安娜堡分校（UoM-Ann Arbor）、密歇根技术大学（Michigan Technological University）、密歇根大学迪尔博恩分校（UoM-Dearborn）、韦恩州立大学（Wayne State University）及奥克兰大学（University of Auckland）等不得不通过增加录取外州及国外学生，借此增加收入，应对经费不足的问题。然而，2020年突如其来的新冠肺炎疫情不仅让美国社会经济受创，也阻碍了美国大学留学生招生，加剧高校财务压力，使之面临着预算急剧缩减以及各种入学挑战。

英国高等教育经费状况也不容乐观。近十余年，尽管英国大学在世界大

① 杨东平：《中国教育的转型与发展》，社会科学文献出版社2006年版，第46—48页。

学排行榜中表现不俗，但进入前 200 名的名牌大学在排行榜的位置呈逐年下降的趋势。对于英国大学排名下滑的原因，英国南开普敦大学（University of Southampton）校长马克斯·普赖斯（Max Price）表示，经费不足是导致竞争力下降的主要原因，英国大学需要更多的资金投资才能与美国的大学竞争，否则明年的排名可能还会更差。

导致美英两国高等教育经费不足的主要原因在于政府公共财政支持的不断缩水。世界发达国家经济从 20 世纪 70 年代末期开始陷入较长时期的低迷状态并遭受周期性金融危机的打击，政府为了应对经济低迷纷纷采取减免税收的政策。为避免引起国民抗议，维护社会安定，其他各项公共部门的开支日益增加，如医疗卫生、养老、国防等部门。此外，在教育系统内由于基础教育在全世界范围内逐渐普及，基础教育所产生的资源耗费也逐渐增加，公立高等院校不仅要面对政府拨款的减少，还要与其他各级、各类教育进行资源竞争，因此公立高校在财政拨款额度上不断呈现下降的趋势。2021 年，受疫情严重影响，英国财政研究所报告的数据表明，如果英国高等教育行业年收入损失达 110 亿英镑，则英国的 165 所高等教育机构中可能有 13 所会破产。经费问题与大学健康发展密切相关，教学、科研与校园建设是高消耗资源的事业，尽管一流大学的成功不完全取决于经费，但必然离不开经费的支持。因此，若希望大学获得长足发展和冲击世界一流，则必须解决大学经费问题。

（二）高校经费渠道多元化是应对挑战的趋势

高等教育经费渠道多元化实质上是“打破政府一元办学，积极鼓励社会力量参与办学，形成以政府办学为主体，社会广泛参与办学的格局”[①]，建立

① 郭石明:《社会变革中的大学管理》，浙江大学出版社 2004 年版，第 161 页。

一种政府、社会、直接受益者和学校自身共同投资的体制[①]，这是我国现代高等院校适应市场经济发展的必然要求。总的来说，就是将拨款、学费、赞助、捐赠、校办企业等纳入大学经费范围内。20世纪70年代中后期，由于世界性经济危机的严重打击，各国政府纷纷削减公共事业投入，加之高等教育规模的不断扩张客观上促使大学经费来源多元化。从世界高等教育发展来看，大多数国家的大学都不可能持久地从政府财政中获取满意的拨款，尤其是接受高等教育的人口占整体人口中比例大幅度增加时所面临的财政状况更不乐观。正如新世纪初期世界银行在报告中所指出的那样——目前高等教育的主要问题是“经费处于世界性危机之中”。虽然各个国家的体制不同，但全球高等教育成本的上升和高等教育大众化浪潮使获取经费成为中外大学校长面临的共同任务。单纯依靠政府拨款作为经费来源已经不能适应新时代需求，面向社会筹集办学经费将对高等院校的发展起到多方面助力作用，多渠道拓展经费渠道已经成为世界高等教育发展的大势所趋。

以我国为例，20世纪90年代中后期，国家推动的高等教育大众化战略“使办学经费急剧增长，政府越来越感到难以承担高等教育大众化引起的巨大教育经费需求”[②]。这一现实迫使打破政府一元化办学局面，积极鼓励社会力量参与办学，形成以政府办学为主体，社会广泛参与办学的格局。2010年出台的《国家中长期教育改革和发展规划纲要》中也明确提出“高等教育实行以举办者投入为主、受教育者合理分担培养成本、学校设立基金接受社会捐赠等筹措经费的机制”。2018年三部门印发《关于高等学校加快“双一流”建设的指导意见》中强调“双一流”建设高校要建立多元筹资机制，统筹自主资金和其他可由高校按规定自主使用的资金等，共同支持“双一流”建

① 佟欣：《中美高等教育经费来源多元化的比较与分析》，《世界教育信息》2008年第9期。

② 郭石明：《社会变革中的大学管理》，浙江大学出版社2004年版，第160页。

设，为今后“双一流”时代我国高等教育办学经费渠道多元化的实践释放了政策信号。

欧洲一些国家的高等教育投资体制呈现出不同特点。以英国、法国、德国为代表，大学在传统上由政府承担财政。然而，近十几年来上述国家都进行了不同程度上的高等教育投资改革。比如英国，从 1998 年开始收取学费，从而结束了高等教育不收学费的历史。德国在 20 世纪 90 年代以来对高等教育财政政策进行了重大调整，18 世纪普鲁士国家基本法中所规定“高等教育的举办和监督权利完全属于国家”的信念随历史发展而渐渐动摇，开始以市场为导向、朝着以多元化投资为目标的方向转变。法国虽然实行高等教育中央集权制，但从 20 世纪 80 年代以来高等学校的私人投资开始增加，主要有学费、企业资助、科研合同的收入、继续教育的收入四种收入。俄罗斯在教育领域的重大变化之一是在指导思想上改变教育财政全部由国家拨款的状况，使教育系统从国家垄断转变为国家、社会共同承担。俄罗斯政府鼓励企业、社会团体和个人向高校投资。俄罗斯部分高校每年都可以得到某些大型企业的赞助。例如，俄罗斯最大的尤科斯石油股份公司（Yukos Oil Company）每年拨出高达 5 千万美元的巨额资金用于社会各种公益项目，尤科斯公司每年赞助俄罗斯国立人文大学（RSUH）115 亿卢布（约合 3.7 亿美元），使得国立人文大学受益匪浅。

90 年代美国纽约州立大学校长、大学财政研究权威约翰斯通（D.B. Johnstone）就预见性地提出开拓非政府渠道实现创收，并从社会层面和大学层面寻找弥补政府经费不足的部分。对于大学本身和所有希望接受大学教育的潜在学生来说，高等教育的财政生存能力需要来自非政府、非财政资金的支持，促使高等教育投入多元化。[①] 社会层面中约翰斯通比较看重的则是通

① ［美］D.B. 约翰斯通：《全球大学变革的困境和出路》，《新华文摘》2002 年第 12 期。

过慈善募款来拓宽非政府经费来源，从大学层面鼓励教师从事企业型事务或学校投资于私有风险机构。正是由于有来自社会源源不断的善款，美国才建立起世界上最发达的各层级教育体系，其大学教育质量、人才培养、科技成果产出等都处于世界榜首的位置。

澳大利亚，除了其他经费来源之外，学费、建立公司是高等学校两条重要的经费筹措渠道。近十年来，澳大利亚联邦政府的拨款比例下降趋势明显，政府财政基本保持在 40% 左右，拨款总量的额削减和高校竞争势必造成院校间厚此薄彼。2018 年伊始，澳大利亚政府再次大动手段，削减了 22 亿澳元高等教育资金，为了弥补日益紧张的高等教育经费缺口，澳大利亚积极寻求和建立多元化、多渠道筹措高等教育经费的模式。目前澳大利亚多元化常用的经费筹措办法主要体现在以下几方面：联邦政府和州政府的教育财政拨款、学杂费尤其是留学生学费收入、高等教育成本计划收入、学习欧美扩展社会慈善事业的捐赠范围；高校自身通过技术转移获利、大学与公司合作研究以及创办附属企业取得收入、积极争取科研资助和基金委员会的课题资助以及其他收入等。

综上所述，尽管国家体制不同，经济发展水平不同，文化传统各有差异，然而在当今世界，开拓高等教育经费来源的多元化渠道已经成为趋势。

（三）我国大学社会筹资发展迅猛

社会筹资是个人或组织通过一定的宣传手段，游说社会个人或组织向其捐赠财物的行为，通常用于为慈善或公益事业筹集资金。在发达国家筹资已成为个人、营利组织和非营利组织向社会提供公共产品和公共服务的重要方式之一，并成为其社会经济生活的重要组成部分和社会文化表现。由于大学具有的公益性特征，世界各国普遍将其视为准公共产品而提供财政支持，另一方面从政策上鼓励社会各界提供捐赠，支持大学发展。社会筹资对大学发展具有的重要价值得到了广泛认可。在政府的财政性拨款不堪重负，高等教育财政紧缩的非常时期，高等教育要继续生存、发展、竞争和实现卓越，需要进一步完善大学投资机制，调动更多社会资源支持高等教育发展。

中华人民共和国大学筹资最早可追溯到 20 世纪 80 年代末，发展至今已是如火如荼。1988 年安徽大学率先成立了校董会，成为我国首个负责教育捐赠的管理机构。1993 年，《中国教育与发展纲要》指出应建立国家拨款为主，辅之以征收用于教育的经费、收取学费，校产投入、社会捐资和建立教育基金会等多种筹措教育经费的体制，教育基金会也被首次正式确定为高校筹资的重要渠道。

根据大学教育基金会发展速度，可将我国大学教育基金会划分为三个阶段：

第一阶段为 2001 年前，属于从无到有、缓慢增长阶段，包括浙江大学竺可桢教育基金会、北京大学、清华大学和南京大学等一批为数不多的教育部直属重点大学这一时期成立了高校教育基金会。2001 年到 2006 年为第二阶段，属于快速成长期，基金会规模平均年增长率达近 50%，尤其 2006 年当年增长达到峰值 97%。第三阶段为 2006 年后，这一时期属于平稳增长期，在册大学基金会数量年平均增长率达 30%。据基金会中心网公布的数据，截至 2020 年年底我国近 540 所大学已成立教育基金会。我国大学基金会规模的日益壮大也显示了两个特点。第一个特点是大学基金会由“985”“211”教育部重点院校延伸到非重点院校。重点研究型院校因其卓越的教育、科研实力，更容易获得校友认可与社会捐赠，因而最初一批大学基金会几乎全部出现在重点院校。然而，这一现状正被改变，一批非“211”“985”院校也开始了教育筹资工程，如河南大学、聊城大学、上海理工大学、扬州大学、安徽工业大学、青岛科技大学等院校都建立自己的教育（发展）基金会。第二个特点是，我国大学基金会由国内延伸到国外，并采取与美国大学类似的运作模式，如中国科技大学校友基金会、清华大学北美教育基金会、上海交通大学美洲基金会等。

三十余年来，我国大学筹资事业发展迅速，社会个人或机构为大学提供了数以亿计的经费资助。对比中国校友会网十五年来的统计数据可以看出高校筹资事业的蓬勃景象：十年前北京大学的校友捐款总额高达 9.25 亿元人民币，十年后这一数字已经达到近 32 亿元。不仅如此，个人捐款金额也屡创新高，步步高董事长曾在 2006 年向母校浙江大学捐赠 2.35 亿元人民币，创下当时的纪录。十五年后，李永新向北大捐赠 10 亿元全面支持北大学科建设、教学科研、师资队伍和人才培养等各方面的发展，是北大建校以来最大一笔个人捐赠。校庆筹资方兴未艾，中国人民大学校友在母校校庆前夕，向母校捐赠 2 亿元人民币，刷新了校庆个人单笔捐款的数额纪录。华中科技大学在 60 周年校庆前夕收到校友捐赠也达 1 亿元人民币。一时间，频频出现的大额校友捐款引起社会的关注，"校庆捐款"成为舆论热词。截至 2020 年年底，我国高校基金会吸纳的总资产达 300 多亿元，在一定程度上为大学发展提供了有益的经费补充。

（四）伦理问题困扰大学筹资者

我国大学筹资的伦理问题随着筹资实践的不断深入而逐渐暴露。据媒体报道，早在 2010 年 1 月，本科毕业于中国人民大学的张磊向其留学院校耶鲁大学管理学院捐款 888.8888 万美元，这一捐赠金额创耶鲁管理学院毕业生个人捐款纪录。这一普通的捐赠事件却出乎意料地在国内网络媒体引起巨大轰动。学者和媒体的发问"作为中国人和人民大学毕业生张磊为何不捐给自己的国内母校"，成为一个既让国内大学尴尬又值得深思的问题。2011 年清华大学百年校庆期间，真维斯服饰（中国）有限公司（Jeans West）提出希望捐赠大学的教育事业。经双方友好协商，作为对公司赞助的鸣谢，校方决定将清华大学第四教学楼命名为“真维斯楼”，同时按惯例保留原有的“第四教学楼”名称，所捐款项用于教学楼的维修和设备更新，以进一步改善学校的教学环境，却没有想到招来轩然大波，其中更多的是学校师生和社会的争议。争议的焦点是围绕商业行为与大学精神之间的价值冲突而展开，对清华大学决策层进行了猛烈的批判。真维斯集团推广部 J 女士谈及合作初衷时表示：双方都是以一个常规的公益慈善项目去操作的，引起这么大的争议的确有些出乎意料。除了捐赠国外大学和校企合作引发的争议，另有大学基金会巧立名目、强行收费的现象。2011 年媒体揭露华中地区某大学教育基金会要求考生缴纳万元教育基金否则便不予录取，获利总额达 300 万元，对该校的社会声誉造成恶劣影响。该省民政厅专门负责基金会管理负责人表示，这就是一种变相募捐，他们经过核实将按照基金会年度审查办法进行处罚。2020 年有高校针对校友捐赠建立“捐赠数额排名榜”，以名誉或道德绑架的方式让校友产生捐赠压力，给捐赠人不好的捐款体验。除此之外，接受来历不明的捐赠、接受被玷污的款项、捐赠使用不透明、信息发布力度不够、社会监督途径不畅等问题，不仅成为我国大学基金会健康发展的绊脚石，也困扰国外大学筹资者。

纵观人类社会发展史，法律与伦理始终都是调控社会关系和人们行为的重要机制。深究以上问题不难发现，有的问题并不属于法律调节的范畴，即不属于“合法不合法”的问题。清华大学接受企业赞助并以公司名称冠名教学大楼并不违背法律原则，问题产生的原因在于从高等教育生态与大学使命、精神文化审视此举是否合理，即这属于价值判断和价值追求的问题，属于伦理调解范畴。以上也反映了尽管大学都已努力开展筹资工作，有着极高的事业热情，但却忽视了大学筹资的相关伦理，这与我国大学筹资的快速发展不相匹配。筹资作为大学经费来源的有效补充，一方面解决了大学经费问题，满足了教学基础建设和科研需求；另一方面，大学也因筹资招来了伦理道德方批判甚至官司缠身，进而使其形象受损，身受舆论压力。

随着我国经济和社会的快速发展以及个人消费观念的变化，捐赠高校的行为愈加常态化。如何正确实施和评价高校筹资对于扩大社会资源投入，促进大学筹资发挥更大社会效益在新时期具有更加重要的意义。然而，高等教育作为社会主义国家的公共事业部门，其属性和使命决定了它不可能依照商业运营模式和完全按照市场经济规律获取纯粹收益，而要考虑它所代表的社会角色与影响。自现代意义的大学诞生以来，教书育人、探求真理、引领社会始终是日益拓展的大学职能中最基本的职能，作为社会良心的最后堡垒，大学筹资的宗旨、手段、用途等绝不能与这些基本职能产生冲突，否则将招致“大学究竟是教书育人的场所还是发家致富之地”[①] 的质疑。包括高等教育筹资的社会诸多筹资行为，都要直面伦理这面镜子加以审视，比如大学筹资不可以接受什么性质的善款？大学筹资所得资源如何使用才符合伦理要求？对大学进行资助的个人或组织有着什么样的背景？可否利用捐赠人善款进行商业化投资等这些问题。一旦缺乏对大学筹资伦理的理性思考，大学筹资极有可能产生不良影响。像中国红十字会“郭美美事件”中涉及的慈善伦理中的透明化管理问题，足以让中国红十字会几十年积累的声誉一夜间荡然无存。同理，对中外大学管理者而言，在大学治理的时代，筹资已成为其工作的重中之重或日渐重要的工作，无视大学筹资中暗藏的伦理陷阱也有可能陷入同样境地。正如哈佛大学前校长德里克·博克（Derik Bok）所述，“当捐赠来自一个据传说是通过不道德的手段赚钱的捐赠人时，或者这个捐赠人的

① Glennon, Mary, “Fund Raising in Small Colleges: Strategies for Success”, *Planning for Higher Education*, Vol.14, No.3（Jan.1986）.

行为举止与公共价值观产生强烈冲突时，责难就出现了”[①]。由于“大学作为一种组织机构，具备一系列的组织机制，有可以确认的道德主体，能做出决策并付诸集体行动，其从事的活动能够导致积极或消极的道德结果”[②]。因此，大学筹资无论在理论层次还是实践层次上都有必要进行伦理考量，从而维护大学这个特殊组织的道德性。

① [美] 德里克·博克:《走出象牙塔:现代大学的社会责任》，徐小洲、陈军译，浙江教育出版社 2001 年版，第 306 页。

② 王向华:《论大学的道德责任》，《教育研究》2018 年第 1 期。

第二章　利成于义——大学筹资的伦理诉求

“现代美国多元化大学为什么能够存在？历史可以给我们一个答案，与周围环境的和谐相处则是另一个答案。除此之外，它在维护、传播和研究永恒真理方面的作用简直是无与伦比的，在探索新知识方面的能力是无与伦比的，纵观整个大学发展历史，它（指大学）在服务先进文明社会的诸多领域方面所做的贡献也是无与伦比的。”[①] 克拉克·科尔[②]（Clark Kerr）这段评论淋漓尽致地道出了大学这一特殊社会组织的功用与荣光。然而，与他同时代的保罗·斯塔尔（Paul Starr）对著名的哥伦比亚大学另有评论，“打着学术自由的幌子出版中央情报局的书，大学亲手帮助建立起来的军事巨人（哥伦比亚大学自 1965 年起从军事基本合同奖励中获得了 1583.5 万美元，为美国军方提供研发工作），对我们社会生活的诸多领域产生了显而易见的威胁……他们训练的军官在越南本土杀害越南农民”[③]。这又一针见血地批判了哥伦比亚大学为获得经费支持不惜参与军事研发杀害他国人民，这与大学人道主义精神形成强烈的伦理冲突。随着全球范围内高等教育政府拨款的削减和资源依赖理论（Resource Dependence Theory）对组织的影响越来越强烈，通过从外

---

① ［美］克拉克·科尔：《大学的功用》，陈学飞、陈恢钦、周京、刘新芝译，江西教育出版社 1993 年版，第 44—45 页。

② 克拉克·科尔，生卒 1911 年 5 月 17 日—2003 年 12 月 1 日，前加利福尼亚大学校长。

③ Immanuel Wallerstein, Paul Starr, *The University Crisis Reader*, NewYork Random House, 1971, p.24.

部获取发展所需资源尤其是经费资助成为多国高等教育机构通行的选择，筹资对大学财富积累的重要性也日趋凸显。

20 世纪 80—90 年代，美国高等教育界出现了一系列违反道德规范的筹资行为并对大学产生了难以抹除的负面影响，使“大学正在经历 19 世纪后以来最动荡的时期，直到 18 个月以前，大学还是政界的掌上明珠……但一夜之间，我们却成了过街老鼠，人人喊打”。[①] 由此可见，大学筹资与其他社会活动一样也需要伦理道德的调节，否则将为自身招来麻烦。加之大学从事的活动是教育、科研与和服务社会，属于非营利的公益部门，“理性场所”的属性具赋予其天然的社会引领职责，因而尤其需要守法守德。因此，将大学筹资建立在伦理道德之上，这既是大学筹资事业发展的要求，也是保护大学远离舆论非议的保护举措。

（一）伦理及伦理学的起源

在人类思想文明发展史上，关于“伦理”一词的主要问题与概念最早可以追溯到古希腊时期。历史记载，公元前 5 世纪的雅典城邦（city-state）成为世界精神生活的中心地带，这一时期恰逢所谓的“伯利克里黄金时期”[②]（Golden Ages of Pericles），成为雅典文化和塑造民主的关键时期。古希腊人早期对道德的看法主要体现在他们对希腊神话中关于诸位神祇行为规范的描写与揭露中。在希腊神话故事中，诸神之王宙斯（Zeus）是一个暴戾好色、

① ［美］弗兰克·奥利佛:《象牙塔里的乞丐——美国高等教育筹款史》，陈锋、许东黎译，广西师范大学出版社 2011 年版，第 148 页。

② 伯利克里（前 495—前 429）是古希腊具有重要影响的领导人，他所统治的时代是希腊最为辉煌的时期，产生了苏格拉底、柏拉图等一批杰出思想家。他支持文学艺术，给雅典带来之后再也未曾有过的辉煌，他还主持大量公共项目以改善公民生活，所有这些使得雅典进入黄金时代。

恣意妄为的角色，尽管已有了七个妻子，但他无论在神界还是凡间见到美丽的女子便将其占为己有。睚眦必报、斤斤计较的美神阿佛洛狄特（Aphrodite）因为凡间国王斯巴达王（King Sparta）忘记向其献祭便报复他，她让宙斯化作一只天鹅与斯巴达王后丽达恋爱，以此作为对国王的惩戒并导致了海伦（Hellen）的出生。宙斯的妻子赫拉（Hera）则是个嫉妒成性的女神，出于对宙斯婚后的外遇很不满，利用很多手段打击丈夫的情妇和他的私生子，她曾经将宙斯的情妇卡利斯忒（List）和她的儿子变成熊。长久以来，这些神话、英雄史诗传说支配着城邦公民的精神生活并折射出当时的社会伦理面貌。作为对西方伦理思考的第一人，苏格拉底（Socrates，前469—前339）"主要关注的是价值问题（values）以及神的问题，善与美的问题"[①]（the problems of God, the good and the beautiful）。

随着城邦社会的发展、经济的繁荣以及伴随海上贸易而来的外来文化的影响，这些以神话为核心的内容逐渐已经不能满足人们的精神需要。传统而又封闭的价值体系难以适应社会经济文化发展的需要，于是便开始了寻求新型道德模式的社会思潮。因为诸神难逃偷盗、嫉妒、背叛、欺骗等恶性，这些恶性一旦进入人的纯洁无瑕的心灵就会不可避免地给社会带来道德上的混乱，人们开始追求所谓的"永恒真理"（eternal logos）。立足于合理主义（也称理性主义，rationalism）精神的自然哲学（philosophy of nature）在这种需求下应运而生，古希腊人开始打破长期占据头脑的神话思维的权威性，对人自身的探索逐渐显露，并在其神话体系中凸显。比如，在希腊神话中普罗米修斯这一人物被创造出来，因为他对敢于藐视各种压迫人类生存的所谓的"天条"，他敢于反对众神之王宙斯的权威，将天上之火盗于人类，被视为人类

① Robert Cavalier. *Ethics in the History of Western Philosophy*, Palgrave Macmillan Press, 1989, p.2.

自我意识觉醒的象征，体现了人类用于探索自然和支配自然的伟大精神。人类除了开始征服与支配自然界，对社会生活中好坏、善恶、美丑等道德问题的思考从此由神话映射和英雄颂诗开始向哲学层面演变，这些被后世称为自然哲学家的人把自然当作自然而非超自然之物，然后通过人的感觉来探讨构成世界的物质是什么以期还原世界的本原，这时的思考重点在于世界而非人本身。对人的存在意义进行思考是在“智者”（sophists）学派出现以后才真正开始的。以职业教师身份出现的“智者”们，顺应当时希腊社会的历史文化气象，将人们从沉浸于对自然的思考转移到对人自身的思考，引发了人们的世界观从“自然”（nature）转移到“人本”（human）。“智者”既然是一群职业教师，自然就要从事教学活动，希腊城邦的传统家庭教育是由母亲为男孩讲授神话、寓言、史诗等内容，而为女孩讲授持家之道，使男孩女孩以后成为城邦有用的公民。而“智者”的教育则别出心裁，只要学生们付得起学费便“根据他们需要的知识进行教育，其他不需要的一律不教”①。“求知欲是人与生俱来的本性”，② 作为一种发自内心求知欲而不是为了完成某种需要而被迫接受教育，这是人性区别于动物性即“德行”的最高体现。“智者”们不同寻常的教育不管他们自己是否充分意识到其意义，的确在客观上促使人的德行、美德得到最大发挥，因此可以说智者的教育是扮演一种人文觉醒的作用。由此开始了向人们价值判断的主观追求，即判断人及社会中的善恶、正邪、真伪、美丑和追求真正意义的“善”作为幸福的根本所在，对善恶等关系的讨论为伦理学的问世打下了理论基础。随着关于德行、美德的观念和思考越来越丰富，这些思想逐渐地向一门学科趋近，回首伦理学的生成史，

① ［古希腊］柏拉图:《柏拉图全集 · 普罗泰戈拉篇》，王晓朝译，人民出版社 2002 年版，第 318 页。

② ［古希腊］亚里士多德:《形而上学》，吴寿彭译，北京出版社 1959 年版，第 80 页。

经过苏格拉底、柏拉图（Plato）和亚里士多德（Aristotle）三代思想巨人的继承与总结，伦理学大厦的基石终于被奠定。

苏格拉底以辩论著称，而他的主要论战对象则是“智者”，这些人被其斥为“诡辩家”，因为后者认为“万物的尺度是人，是存在的东西存在的尺度，也是不存在的东西不存在的尺度”[①]。苏格拉底认为这种话语的言外之意就是说把真理放在人的臆见里寻求，从而使得真理的客观标准被削弱了。放在对外界事物的认识上其危险性并不太大，但若用于现在的国家社会和人的道德伦理来说则具有极大的危险，因为这种思维的弦外之音就是国家或个人只要自己认为是对的那就要予以肯定，即使个人觉得不正确但能让他人以为自己是正确的就可以把自己的思想或行为正当化（比如君主入侵另一国，则可以将自己的理由合理化；一人侵犯另一人，也可以将自己描述为正义一方）。苏格拉底则认为建立客观的价值标准格外必要，否则都以“智者”那种主观自由意志来判断价值产生的最可怕的结果就是“强者正义论”（the theory of power justice）。所以应寻找本质的，内在的一种而不是由人主导的外在机制判断善恶正邪，即“灵魂机制”（mechanism of spirit），因为人的灵魂具有理性的一面而理性才体现人的固有德行。苏格拉底一生传播呼号，奉劝人们要“对自己的灵魂操心”，表现在生活和行为中则要做有理性的事，按照理性而安排生活，按照道德原则而生活。集中体现了苏格拉底通过关于人的本质界定和价值观的追求，道德标准和善恶尺度得到新的解释。在对德行的追求中，苏格拉底提出“德行即知识”的根本命题，认为人有很多具体表现德行的形式如智慧、节制、虔诚、英勇等都是因为人掌握了德行的知识。

苏格拉底在劝世的理论上提倡“善生”，认为没有人是故意作恶，之所以有人作恶是因为这个人对“道德的知识”甚为无知。“知识即美德，邪恶

① ［古希腊］普罗泰戈拉:《论真理》，武汉大学出版社 1990 年版，第 34 页。

即无知”[1] 标榜着他对知识的重视。他把道德和知识合二为一，认为道德行为必须以知识为基础，最高的知识就是对“善”这个概念的认识，而“善”包括健康、财富、地位、荣誉以及正义、勇敢等美德。他心目中优秀的个人应具备心地善良，知识渊博，富于修养，崇尚理性的品行。因此对人来说，即便不具备德行的根本“善”却不能因为不知道而放弃了解、获取“德行的知识”的动力。因为追求善是人之所以为人的根本，是获得幸福的保证。正是在探索过程中由于对善的执着与信念才使自己去恶向善，即便不知道何为“正义”，但通过不行“不正义”也是趋向于正义。因此苏格拉底曾言“如果人非要在实行不正义与接收不正义两者间做出一种选择的话，我宁愿选择接收不正义而绝不实行不正义”。[2] 苏格拉底的这些公民道德思想很大程度上来源于他生活的环境，即在古希腊城邦时期个人与国家有着千丝万缕密不可分的关系，公民的德行、伦理就是国家的德行与伦理，对整个城邦的安定繁荣起到重要的制约作用。

苏格拉底后来蒙冤入狱并被判处极刑，在其死后，他的学生柏拉图秉承苏格拉底衣钵并把他的思想学术化和体系化进行编著（苏格拉底一生只述不著）。柏拉图用“四元德”（four cardinal virtues）概括了苏格拉底的道德追求即智慧、勇气、节制和正义四种德行，而苏格拉底所谓的“对灵魂操心”被发展成“灵魂论”（doctrine of soul）。同中国 2000 多年前的人一样，古希腊人也对灵魂有着敬畏感。在古希腊人的思想里对现世生活秉持肯定态度，也就是说在人活着的时候，人是肉体和灵魂的统一体，万物是可以通过器官感知的。而一旦人肉体灭亡，灵魂便无处可依、随风飘散，带给古希腊人的是恐惧与不安。基于这种灵魂观，柏拉图在其发展的“灵魂论”里进行了有关

---

① Paul Wm. Gooch, *Phoenix*, Classical Association of Canada, 1971, pp.226–231.

②［古希腊］柏拉图：《柏拉图全集·高尔吉亚篇》，王晓朝译，人民出版社 2004 年版，第 469—470 页。

灵魂的新的阐释，他认为人的灵魂被肉体所戕害，是肉体的囚徒，灵魂由理性、激情和欲望三部分构成，人要想成为一个正义有道德的人就需要用理性压制住灵魂中的激情和欲望，使之在理性的管理下各自发挥德行优势，使灵魂得以全面和谐发展，使人的行为更具道德特性。

柏拉图的学生亚里士多德是古希腊哲学与伦理学的集大成者，第一次编写了专门化的伦理学著作包括《尼各马科伦理学》（*Nicomachean Ethics*）、《欧台谟伦理学》（*Eudemian Ethics*）和《大伦理学》（*Great Ethics*）等。他思想延伸至各个方面，尤其是他阐发的家庭伦理、公民道德的内容为西方社会伦理学的发展提供了丰富的内容。

（1）家庭生活的德行

在亚里士多德的理论中，父母对子女的友爱和呵护来源于人类的动物性，他们之间的情感是相互的，父母疼爱子女是因为子女是其生命中不可缺少的一部分，子女疼爱父母因为那是他们之所以存在的来源。然而这种亲情关系也是可以发生转变的，如果父亲像对待奴隶一样对待子女，这种关系就失去了任何德行而堕落为僭主模式。在古希腊奴隶的地位是下贱的，毫无人权可言，仅仅是一件工具。亚里士多德以奴隶作比喻旨在劝说家庭德行的良性互动，使家庭成为稳定幸福的场所。

（2）公民生活的德行

亚里士多德认为公民间正常的交往是他们以私人形式进行的自愿的交换和交易，这是当事人以福利的手段相互交换的活动，是建立在友爱互助的基础之上，不同于家庭的德行。公民相互之间的物品交易是在法律与契约影响下进行的，因此首先要求双方是平等的和双赢的，否则便会出现一方对另一方的欺凌或不均并引发纠纷。所以亚里士多德说人应崇拜美惠女神（the Graces），因为所有人都有责任用善良回报善良。回报是基于正义而不是基于友爱，友爱需要回报是因为友爱中也包含正义，二者虽然有一定联系但是两种不同的德行。他曾举例说如果你饮用了店主的一杯酒后照价付钱这是正义，如果你在几家店铺中选中这家店经常来照顾他的生意，这体现出公民间的友爱，如果你和店主建立了友好关系，他赠送你一壶免费的酒这就是私人间或伦理的友爱。公民生活的德行演变成为西方社会经济生活规则的主要来源。

历经古希腊三代哲学家对人的德行、善恶、美德的思考以及伴随他们有关著作的问世，尤其是经过亚里士多德对古希腊先哲们德行思想的吸收与创造，使得伦理学作为一门专门的学问问世。亚里士多德第一次正式将这一学问命名为"伦理学"（ethics，希腊语 ethos），即研究人们的行为规范及人类道德的科学，最先赋予其伦理和德行的含义，他所著的《尼各马可伦理学》一书为西方最早的伦理学专著。它试图从理论层面建构一种指导行为的法则体系，即"我们应该怎样处理此类处境""我们为什么、依据什么这样处理"，认为"伦理学是一种实践的研究，既不同于理论的研究也不同于制作的研究。一切时间和制作活动，广义地讲，一切运用推理力行的研究活动，都追求某种善"① 。后来的学者进一步扩展伦理学的内容，使其研究和应用的领域越来越广泛，也越来越成熟。

后来的康德（Immanuel Kant）伦理学，是使整个近现代伦理学得以开启的一个重要标志。以"道德的普世性"，"人是目的"和"自由原则"为核心的康德的伦理思想，对于现代社会制度的建构和人类文明生活的塑造都起到了难以替代的作用。在《道德形而上学原理》（*Fundamental Principles of the Metaphysic of Morals*）中，康德阐述了他的伦理学的基本思想，首先说到的是"善良意志"的学说。即他首先探讨的是伦理学的基本概念"善"，他认为"伦理学应当寻求一种绝对的、无条件的善，而善良意志因其自身而善，

① ［古希腊］亚里士多德:《尼各马可伦理学》，廖申白译，商务印书馆 2003 年版，第 185—186 页。

是一切内在和外在善的前提和条件”[①]。康德的善良意志“指的是那种出自对道德法则尊重或敬重的意志，即如始终遵循道德法则，即便它没有取得道德之外的好的结果，它也是善良的，是好的”[②]。

马克思主义伦理学把道德作为社会的、历史的现象进行研究，但不是简单地描述这些现象，而是在马克思主义的世界观、方法论指导下，研究道德现象中带有普遍性和根本性的问题，揭示道德的社会实质和发展规律。马克思主义伦理学认为“人们在社会生活中必然形成复杂的社会关系，其中必然包括道德关系；它受着社会关系中最基本的关系即生产关系或经济关系的制约”[③]。道德是在一定的经济关系基础上形成的社会意识形式之一；在阶级社会里，它主要受一定的阶级关系的制约。人类社会的道德现象包括道德活动现象、道德意识现象以及与这两方面有密切关系的道德规范现象。所谓道德活动现象，主要指人们的道德行为、道德评价、道德教育、道德修养等个人和社会、民族、集体的道德活动；道德意识现象指个人的道德情感、道德意志、道德信念，以及各种道德理论和整个社会的道德意识；道德规范现象一般指人们在社会实践中形成的应当怎样或不应当怎样的行为原则和规范，是调整人和人之间关系的伦理要求或道德准则。

在中国典籍里，“伦理”一词同样有着悠久的历史，最早可见于西汉《乐纪》中记载：“乐者，通伦理者也。”（音乐与万事万物的秩序、道理相通）汉语里，“伦”表示秩序、顺序，“理”表示原则、规律。因此，“伦理”所蕴之意即事物的秩序与原则，后来被引申为意指在处理人与人、人与社会及人与自然相互关系时应遵循的道理和准则。在中国古代没有使用“伦理学”一词，到19世纪后才广泛使用，但关于伦理的思想自古已有，如人际中的君

① 宋希仁：《西方伦理思想史》，中国人民大学出版社2005年版，第254—256页。
② 宋希仁：《西方伦理思想史》，中国人民大学出版社2005年版，第257页。
③ 洪谦：《近现代西方主要哲学流派资料》，商务印书馆1981年版，第181页。

君臣臣、父慈子孝，商业中的童叟无欺、买卖公平等。伦理与道德（moral）都与行为准则有关，伦理是应然性的社会关系，道德是应当如何的规范。伦理强调的是由人构成的人伦关系，这些关系是外在的、客观存在的；道德则要将伦理客观化的道理、原则内化为内在的规范和德行，具有主观性。伦理构成了道德的基础和前提，道德则成为伦理的载体和形式。伦理关注的是和谐，这是伦理关系的核心，道德则强调规范，是伦理联系的外在形式。尽管二者之间存在细微但深刻的区别，不能完全等同，但考虑到伦理和道德统一于对行为合理性的反思与要求，在不影响研究目的的前提下，本书对伦理与道德不做哲学上的区分。

总的来说，伦理学是将对伦理的看法和研究提升到学科和研究领域的高度，是关于道德的科学，因此又被称道德学（Moralogy）、道德哲学（Moral Philosophy）。现代学者对伦理的定义各有千秋，例如，美国《韦氏大辞典》（*Merriam-Webster Collegiate Dictionary*）对伦理学（ethics）的定义是：一门探讨什么是好什么是坏，以及讨论道德责任义务的学科。有人将伦理定义为“伦理一般是指一系列指导行为的观念，是从概念角度上对道德现象的哲学思考。它不仅包含着对人与人、人与社会和人与自然之间关系处理中的行为规范，而且也深刻地蕴含着依照一定原则来规范行为的深刻道理”。有人将其定义为“伦理是指人们心目中认可的社会行为规范。伦理也是对人与人之间的关系进行调整，只是它调整的范围包括整个社会的范畴。管理与伦理有很强的内在联系和相关性。一方面，管理活动是人类社会活动的一种形式，当然离不开伦理的规范作用”。无论这些定义侧重点有多么不同，但都围绕着伦理作为“行为规范”这一核心要义，即伦理是用以规范人的行为，调节人与人、人与自然的关系，缺少伦理的督导，则很容易会带来冲突与动乱。从学术角度来看，人们往往把伦理看作是对道德标准的寻求。伦理学就是研究这些生活所追求的这种善的。实践、制作与追求所追求的善都是具体的，而且在不同的活动中是不同的。以制作活动为例，在医疗中是健康，在战斗中是胜利，在建筑中是一所房屋。善是具体的和可见的，这些具体的善的共同特征是他们都是人能够获得的，以此鼓励人们崇善求善。

一般的伦理学教材将其定义为：伦理学以道德现象为研究对象，又称为人生哲学，即是关于人生理想、人类生活的基本准则学说。它研究的领域包括人类社会生活的各种方面，通过对特定社会物质条件下人与人关系的分析，揭示道德的本质、作用及其产生、发展的一般规律。与人类行业活动关系最密切的是应用伦理学，也就是将生产活动与伦理相结合，属于伦理学知识在行业中的应用，探讨生产活动是否符合社会道德和行业操守。

（二）伦理学应用的发展

伦理学是关注人类社会中人们的行为道德的科学，它是指导人类道德生活的科学原则，所以伊壁鸠鲁（Epicurus，前 341—前 270）认为“有人的地方就应该有伦理”[①]。自伦理思想诞生以后两千多年来，伦理思想内容经过不断完善与拓展，诞生出三类伦理学：规范伦理学、后设伦理学和应用伦理学，三者中与人类社会活动最为相关的是应用伦理学。

规范伦理学（normative ethics），这类伦理学属于伦理范围内容的设计，其思考最为基本的道德判断话题。[②] 对于问题的回答和建议采用的是“应该不应该”“对还是错”这样的价值判断问题，研究核心是在社会活动中怎样做正确的事情。比如学校的校训“团结紧张，严肃活泼”“学为人师、行为世范”和企业宣传格言“为客户提供最好的服务”等能够代表主体的理想追

---

① 刘小枫：《菜园哲人伊壁鸠鲁》，华夏出版社 2010 年版，第 109 页。

② 陈真：《当代西方规范伦理学》，南京师范大学出版社 2006 年版，第 6 页。

求这类话语都可以视作为规范伦理学的要求，因为它们规范了学校和企业“该怎样做”这么一种伦理规范。再如，在电影《教父》（*the God-father*）中，黑手党成员在外面可恣意吃喝嫖赌，但在家庭关系中却无论如何不能有休妻的行为甚至也不得有这样的想法。究其原因在于当这些黑手党男人在打拼起家的时候女人在家里支撑，付出了各种艰辛。于是就在黑手党圈子内留下了这样一个不成文的金科玉律——不允许任何人抛弃妻子，这也属于规范的伦理范畴。

后设伦理学（meta ethics），后设伦理学主要用分析语言学（analysis linguistics）的观点，探讨伦理学特别是着重语义指涉（semantical reference）的问题。[①] 比如“我们要友爱对待同学”，在后设伦理学里则会问这里的“同学”指的是什么人呢？是高中同学还是小学同学？对于同学的同学需要友爱吗？对社会其他人员要不要友爱？这里边涉及诸多指涉、范围的问题。

应用伦理学（applied ethics），这是20世纪60年代末到70年代形成的一门新兴学科，其作用在于分析现实社会中不同分支和领域内出现的重大问题的伦理需要。[②] 学科目的在于为这些问题所引发的道德悖论的解决创造平等对话的场域，通过发展和改进人类现有的伦理体系为赢得相应的社会共识提供伦理上的理论支撑，也就是说在探讨如何让道德要求通过社会整体的行为规则与行为程序得以实现。

在相当长的时间内，继苏格拉底学派（后世将苏格拉底、柏拉图和亚里士多德称为苏格拉底学派，school of Socrates）之后涌现出大量伦理思想，如关于个人道德行为与人生目的快乐主义（hedonism）、德行主义（moralism）和怀疑主义（skepticism）。到了中世纪产生了基督教的道德观，教父道德以

① 顾剑:《管理伦理学》，同济大学出版社2012年版，第10页。
② 王正平:《应用伦理学》，上海人民出版社2013年版，第1页。

及关乎神学的伦理探讨，然后出现了社会契约论伦理讲述从社会到人对人的本性和社会的本性、道德情感和良心、爱自己与爱他人的关系以及社会契约的伦理问题。伦理科学主要用以协调人的自身价值、人与人之间的道德关系和人与宗教的关系，总体来讲仅仅停留在“思辨”和论证的过程中。伦理学的应用实际效用，即在一定历史时期内作为社会道德的指导规范和它的纠偏作用尚未充分体现出来。

20 世纪 60 年代西方处于一种动荡不安的状态，各种社会矛盾突出，如黑人民主运动、吸毒、自杀、性解放等不断涌现。在这个背景下，一门致力于解决社会实际道德问题的新兴学科——应用伦理学应运而生，并随着社会各个方面的发展和问题不断拓展新的领域。自 20 世纪 70 年代以来，伦理学与生活实践结合得越来越紧密，再也不是先前那种伦理学仅仅是反思与批判的空寂时代，而是密切关注社会转型时期不断出现的伦理新问题和道德难题（如 70 年代之前不曾听说的生态伦理、教育伦理）。科学技术的兴起与科技成果在实际生活中的普遍应用，使人们传统的生活方式、认知模式、价值理念和道德观念受到了强烈的冲击，发生了尖锐的冲突。这些都引起了人们极大的关注，人们不得不面对现实研究、探讨社会领域中种种道德问题。科学技术的发展和应用需不需要伦理道德的证明与约束，科学家是否要承担相应的伦理责任，科技伦理——如何保证科学技术的“善用”而非“滥用”，已经成为人们重新反思的话题。另外，日渐复杂的社会问题和社会矛盾也需要伦理学的思考。20 世纪 90 年代，经济全球化的浪潮汹涌澎湃，信息革命和国际贸易竞争使市场经济发展到一个新的阶段。这种形势下更加呼唤经济公平和经济秩序，这催生了人们对经济活动的伦理要求，使得应用伦理学研究的领域继续分化，形成了商业伦理学。进入 21 世纪，以互联网为代表的信息化时代极大地改变了人们的生活和交往方式，网络的匿名性同时也导致了随意性，尤其是对知识产权、版权、隐私权等权利的侵犯。未获授权之前甚至根本不考虑授权就发布、登载信息资源，随意下载别人的作品等，无疑违背了法律和道义的精神。因而，现阶段提出的网络伦理学则顺应了这一时代要求。由此可见，应用伦理学主要解决生活实践中已经发生或正在发生的道德难题和伦理挑战，要解决的是经济、生态、网络、医学、科技等方方面面的道德困惑。随着新技术的应用、社会变革和人们行为方式的变化，伦理学的应用领域仍将不断分化和拓延。因此，在大学筹资蓬勃兴起和问题层出不穷的时代，伦理学的应用也将为大学筹资提供有益思路与解决之道。

（三）伦理在大学筹资中的功用

既然伦理关系普遍存在于人们的社会生活之中，也理所当然地存在于公共管理领域中。高等教育管理作为公共管理系统中的一个子集，也不可避免地与伦理产生联系。从世界第一所大学——意大利的博洛尼亚大学（University of Bolognia）算起，大学已存在了千余年历史。从第一所具有现代意义的大学——德国洪堡大学（Humboldt University）算起，现代大学也已存在了两个多世纪。在千百年的历史发展中，大学已经基本形成了为社会公认的功能、使命、精神和文化并对维系大学社会形象和促进长期社会认可产生巨大的作用。联合国教科文组织曾以书面形式向世界宣告大学的活动应根植于伦理土壤，“高等教育机构及其专业人员必须在各种活动中通过追求真理和正义，注重伦理和科学，开发自身的功能；通过长期监测分析社会、经济、文化和政治发展趋势，充当监测站的作用，预测、早期预警和预防，以提高其促进发展和监评的功能；发挥其智力方面的能力和道德影响，保护和传播被广泛接受的价值观，尤其在出现道德危机的时刻；既充分享有学术自由、保持其自治，同时又对社会尽责形成高等教育的新观念”。[①]

筹资（fundraising，fund raising 或 development）是指通过向个人、企业、慈善基金会或政府机关劝募，积累自愿捐赠钱财或其他资源的过程，通常专指为非营利机构积累钱财的努力。传统上，筹款大多是街头劝募或登门劝募。这种面对面的筹款方式经久不衰，但新的筹款形式，如在线筹款近年来已出现。对非营利组织而言，筹款是获取钱财维持其运行的重要渠道。这些非营利组织涉及非常广泛的事业部门，如慈善团体、宗教组织、学术组织等。大学筹款概括地讲是指大学筹集办学经费的行为，目的在于维持正常大学活动的正常运行。纵观世界，公立大学资金筹措方式主要来源于政府财政拨款，并形成了依附性较强的资源依赖。但由于各国公共财政对高等教育不可预见的削减和大学自身发展的需要，即便是公立大学也正逐渐通过自身活动获得政府拨款以外的资金，如通过社会慈善捐助、技术转让的盈利、横向课题、社会服务、教育基金投资等。本书所讲的大学筹款是指通过大学宣传、鼓励或其他公关措施而获得的来自个人或组织具有慈善性质的捐赠资金以及利用这些资金增值的行为。

国外一般将获取非政府投入的办学经费称为 higher education Philanthropy（高等教育慈善）或 fundraising campaign（筹款运动）。也有直接以“university development”和“university advancement”表达大学筹款之意，例如澳大利亚墨尔本大学专职筹款机构就被称为 advancement office。鉴于高等教育作为准公共产品，大学作为非营利社会机构的公益性，大学筹款与一般企业融资或社会团体筹款相比有着自身鲜明的特点。以我国大学筹款机构——大学教育基金会为例，筹款方式上大学筹款属于“非公募基金”，社会团体筹款则一般属于“公

---

① UNESCO, *World Declaration on Higher Education for the 21st Century: Vision and Action*, 1998, pp.1–3.

募基金”；企业融资则是以营利为目标，不具有公益性。

通过历史资料可知，大学筹款的历史最早可追溯到12世纪的欧洲中世纪大学。这些大学的创办人不得不寻求潜在的资助人获得钱财维持大学运行。家境殷实的人们建立了捐赠基金，受其资助的大学包括巴黎大学、牛津大学和剑桥大学。之后，首席教员为大学筹集资金的理念传播到早期北美殖民地学院并被发扬光大。因此，无论对早期大学还是现代大学的建立与蓬勃发展，都发挥着巨大作用。国内外大学筹款实践表明，来自个人或组织的捐赠资金在大学办学经费中所占的比例越来越高，成为大学大宗筹款的主要来源。

鉴于大学筹资是大学基于广大社会人士的慈善义举获取资源支持从事有益于社会发展的行为，而现实生活中最容易导致矛盾和纠纷的诱因之一就是资源或利益的分配。在大学筹资过程中，大学主要目的是从社会公众获取各种类型资源的赞助，但这又不仅仅是一个单项收益的过程，同时也是一个在多元利益博弈中做出价值抉择的过程。原因在于捐赠人或大学及其他利益相关者往往有着出于自身目的的利益诉求，这些利益诉求可能与大学使命相一致，也可能与大学的精神、使命发生价值冲突，甚至有背道而驰和难以调和的时候。随着时代和历史的向前迈进，大学已经与世俗联系愈加密切，已经从社会的边缘走进社会的中心，成为助推社会进步的“引擎”。时至今日，大学在社会印象和个人心目中仍然以一种非常崇高和圣洁的形象存在。故而，大学的任何行为都有可能成为社会关注的焦点，包括筹资在内的任何举动都将不断受到质疑、审视和评价。鉴于大规模教学、科学研究和“双一流”国际竞争的多重压力，大学早已今时不同往日，进入了对资源愈来愈依赖的时代。为保障大学可持续发展，通过自身活动筹集经费变“输血”“等血”为“造血”对大学的重要性不言而喻。

大学筹资伦理围绕大学筹资衍生的伦理道德问题进行探讨，是伦理在大学筹资实践方面的应用。它主要服务于大学领导者和筹资从业者，服务于大学筹资事业的有序和可持续发展。从伦理与筹资的定义入手，结合筹资伦理的作用与意义，笔者尝试对大学筹资伦理做如下定义：大学筹资伦理是指在大学筹资活动应遵循的相关道德与规范，也就是要在大学组织定位、精神使命、文化传统的要求下实施筹资行为，大学管理者和筹资人员应当对大学筹资活动的是非对错做出判断以及明确判断的理由。这主要涉及大学这一特定组织作为筹资主体行为的正当性与合理性，亦即对于筹资战略、筹资领导、筹资决策、筹资执行与善款保管、善款利用等活动合情与合理问题的考量。它既包括大学筹资个体在筹资实践中的德行观念、德行活动与德行规范，也包括筹资主体在活动中所应遵循的价值规范。大学筹资伦理是大学筹资中理应坚守的道德与标准，是大学筹资活动的一般规范。

大学筹款的最大意义在实践而非理论，即通过综合筹款战略定位、潜力评估、项目设计、组织动员、策略技巧等模块，通过筹款人员的努力与活动广泛吸纳社会资金从而为大学发展创造可持续的资金支持。鉴于欧美高等教育财政性经费投入中的不稳定性，难以预料的公共教育财政削减成为阻碍大学发展的重要因素。故而，在英国、美国、澳大利亚、加拿大等国家，大学校长已将谋求外部资金作为肩负的重任之一并为之奔走呼号。美国是将大学筹款事业做到极致的国家，一流大学通过面向社会筹款和增值运作为学校各项事业的开展提供了坚实的资金保障。同美国一样，为弥补政府财政拨款的不足，有着深远慈善筹款历史但高等教育筹款并不突出的英国高等院校也进一步拓展社会筹款。资料显示，2011—2013 年英国 5 所大学发布的校长招聘广告中都明确对候选人提出了若干种能力特征，其中就包括善于筹款、融资的“商业性特征”，希冀在财政经费缺乏的时代，校长作为大学的代言人为大学赢得资助。

在我国，伴随“双一流”方案的提出与推进越来越多的高校逐渐意识到拓展经费对实现大学使命的有益性，这些高校通过落实教育发展基金会职能、接受社会捐赠、校企联合等途径筹措经费。大学筹款伦理作为开展高校社会捐赠、经费筹措的道德规范，发挥着规避伦理冲突、化解院校治理危机的功用。

第一，伦理有助于维护大学筹款的正当性。关于道德伦理的作用，著名经济学家厉以宁在《超越市场与超越政府——论道德力量在经济中的作用》一书中指出，道德调节是市场调节、政府调节以外的第三种调节。大学筹款是将私人财产公益化的过程，作为非营利公共组织和学术组织，大学在秉持某些特有精神宗旨方面身负不可推卸的使命，如追求公平、正义、美德、正直，而不将获取财富凌驾于大学使命之上，否则便本末倒置。在国内外大学筹款运动中，曾不止一次地出现过大学因接受不合适的捐赠、不负责任地管理善款或将大学价值与商业价值形成冲突而被卷入舆论旋涡的丑闻事件。这类问题处理不当不仅直接影响赞助人的积极性和筹款绩效，而且会激发公众对大学筹款的动机与正当性产生怀疑，这种危险足可以使大学积淀的良好声誉毁于瞬间。对大学领导者或大学筹款从业人员而言，深刻理解并执行筹款伦理对协调多方利益相关者关系、甄别善款性质、维护大学声誉具有重要意义，从而实现趋利避害的价值追求。

第二，伦理有助于提升大学财政的创收效益。大学筹款的直接目的是通过社会筹募获得收益作为大学发展的财政后盾。个人或团体之所以愿意为大学解囊相助，其中一个重要的原因就是出于对大学的信任与认可。但根据“塔西佗陷阱”（Tacitus trap），当政府或公共部门失去公信力时，无论说真话还是假话，做好事还是坏事，都会被认为是说假话、做坏事，从而很难重拾信任。这为作为公共组织的大学提出了较高的伦理德行要求从而实现取信于民，获得社会各方的广泛支持。哈佛大学筹款办公室专门负责募款的前办公室主任斯蒂芬·霍恩（Steven Horn）认为，哈佛大学之所以深受众爱在于哈佛总是按照合同或条约小心翼翼地保管和利用客户的资助。因此，在筹款工作中那些越是谨守筹款伦理的大学越能获得社会的一致好评，越能激励后来者为之投入，吸引到更多的善款。反之，一旦大学筹款中出现有违伦理道德的行为，必将给大学劝募带来极为不利的影响。作为一所大学形象大使，大学领导的募款言行的合理合法性直接影响公众的筹款热情。2013 年维斯菲尔德州立大学（Westfield State University）“撤资事件”有力地证明了大学校长筹款伦理缺位对大学收益造成的损失：鉴于维斯菲尔德校长多贝尔（Dobelle）长期奢侈挥霍生活，忍无可忍的捐赠人约翰·沃尔什（John P. Walsh）撤回了 10 万美元的捐赠。

第三，伦理有助于促进大学基金会治理规范的形成。在美国，无论是世界一流大学还是普通学院，筹款事业都开展得相对较早，制度规范较为完善。长达 370 多年的实践中，美国社会已形成了较为专业的筹款体系，其中包括孕育了乐善好施的慈善文化，催生了一批世界一流大学，孵化了研究慈善理论与筹款技术的学术研究领域；培养了一大批优秀的职业筹款人并确立了沿用至今的筹款行业和筹款人规范和准则。中国改革开放 40 余年来，社会经济取得了巨大发展，民间财富实现了以几何级数增长。不可否认相对于其短暂的历史而言，我国大学基金会筹款事业业已取得的成就颇为值得赞许，但与世界同行相比仍处在起步阶段，推进大学基金会筹款事业专业化与专业化发展依然是一项重要课题。通过大学筹款伦理的研究促进基金会治理规范建设，为高校基金会研究相应的伦理规范体系，对高校基金会专业化水平的提高具有极大的推动作用。

（四）相关理论

●功利论与道义论

在人类社会的诸多行为中，倘若从伦理学角度分析实际上不外乎两种道德观，一种是功利论（utilitarianism），另一种是道义论（deontology）。功利论也称功利主义、效益主义，主要代表哲学家有杰瑞米·边沁（Jeremy Bench）和约翰·密尔（John S. Mill）。这一理论提倡追求“最大幸福”（maximum happiness），认为实用即至善作为客体和对象，相信决定行为适当与否的标准在于其结果的实用程度。

功利论主张评论人的行为道德与否，关键要看行为的结果（consequence）。凡是行为结果能给行为者（但不限于行为者）及其相关的人带来益处或带来利大于弊的结果，这种行为就是道德的，否则就是不道德的。通俗讲也就是功利论认为区分行为道德与不道德，就要看这个行为为行为者及相关的人带来什么好处。如果是带来了利大于弊的行为，那就是道德的，否则就不是道德的。美国著名哲学家威廉·弗兰克纳（William. K. Frankena）曾对功利论做了一个明确的界定并给出一个很好的阐释。他说：“功利原则十分严格地指出，我们做一件事情所寻求的，总的说来就是善或利，超过恶或害的可能的最大余额，也可以说是恶超过善的最小的差额。”现实社会中，由于组织性质所决定企业是功利论主导的领域，因为“企业有且只有一种社会责任———在法律和规章制度许可的范围内，利用它的资源和从事旨在增加它利润的活动”。实际上，功利主义对人与社会的影响深远，即便在我国高等教育发展的进程中，功利主义并非不存在，为了促进经济发展把高等教育大众化作为实现的途径之一，这即是深受功利主义之影响。

道义论与功利论持相反态度，它主张审视人的行为道德还是不道德并不依托其行为结果，而是取决于行为本身和行为所依据的原则。这一理主张的代表人物康德认为，“人必须为尽义务而尽义务，而不能考虑任何利益、快乐、成功等外在因素”，也就是说出发点的善恶是判断行为道德与否的根据，凡是行为本身是正确的或者行为所依据的原则是正确的，不论结果如何都是道德的。亦即行为所遵循的动机或原则是论断道德与非道德之关键，而不看行为的结果怎么样，但凡动机是善意的、做事情所持的原则是正义的，其行为就是道德行为。正如弗兰克纳（Frankena）所认为的“道义论主张除了行为和规则效果的善恶之外，还有其他可以使一个行为或规则成为正当的，或应当遵循的理由，这就是行为本身的某种特征，而不是他所要实现的价值”。大学、医疗、社保等国家公共事业，由于公益性较强，因而更注重其分配的社会效益而非经济利益，如公平、和谐、均等这些伦理道德元素而非企业式的经济价值追求。

上述两个主义是伦理学价值判断的基本理论，也可以应用到对大学筹款伦理道德的辨析。鉴于大学筹款中资助人的附加条件（或利益诉求、动机、结果）和大学的精神使命、价值操守有可能产生伦理冲突，倘若大学筹款领导人笃信功利论思想，认为只要大学筹款的用途正义便可以忽视筹款论证和决策过程，则极有可能导致意想不到的负面效果（如真维斯楼事件）。反之，秉持道义论的大学领导一定会从动机、过程和原则考虑筹款行为的正当性（如耶鲁大学退回要求掌握任课教师人选的资助人善款），这样固然可以避免伦理问题的产生，但同时也有可能使得潜在的赞助人望而却步，正如“水至清则无鱼”的道理。资助是否可以接受，需要对此类问题进行伦理判断，若各执一端都将顾此失彼，有失客观公正。在具体形势下，应超越二者的对立，辩证统一地加以审视。

● “利益相关者”理论

“利益相关者”理论（Stakeholder Theory）是大约20世纪60年代在西方国家逐步发展起来的一种理论。1965年，美国学者安索夫（Igor Ansoff）最早将该词引入管理学界和经济学界，认为“要制定出一个理想的企业目标，必须综合平衡考虑企业的诸多利益相关者之间相互冲突的索取权，他们可能包括管理人员、工人、股东、供应商以及分销商”。进入80年代后期该观点的影响迅速扩大，开始影响英国、美国等国家公司治理模式的选择并促进了企业管理的方式改变。然而，自第一个概念提出，出现了许多对利益相关者的表述，但没有一个定义得到普遍认同。米切尔、布莱德利和伍德（Mitchell, Bradley & Wood）曾总结了从60年代利益相关者的第一个概念至90年代后期的27种代表性概念表述，认为其中R.爱德华·弗里曼（R. Edward Freeman）与马科斯·克拉克森（Max Clarkson）的表述最具有代表性，而且这两个概念的对比能够说明学术界对此概念界定的趋势。R.爱德华·弗里曼认为利益相关者是能够影响一个组织目标的实现，或者受到一个组织实现其目标过程影响的人。其对利益相关者的论述是"企业的经营管理者为综合平衡各个利益相关者的利益要求而进行的管理活动。与传统的股东至上主义相比较，该理论认为任何一个公司的发展都离不开各利益相关者的投入或参与，企业追求的是利益相关者的整体利益，而不仅仅是某些主体的利益"。马科斯·克拉克森认为"利益相关者以及在企业中投入了一些实物资本、人力资本、财务资本或一些有价值的东西，并由此而承担了某些形式的风险；或者说，他们因企业活动而承受风险"，进一步加强了利益相关者与企业的关联，强调专用性投资。随着经济、科技进步，人类社会关系日益复杂，马克·斯特里克认为除了组织中直接或间接参与活动的人可以看作是利益相关者，甚至"自然环境，人以外的生命物种及将来的几代人也应该是企业的重要利益相关者"。

尽管"利益相关者"理论正式形成不过30多年时间，但已经取得了重大的发展。西方研究的主要代表人物为弗里曼、马科斯·克拉克森、玛丽特·布莱尔等，其研究结果不仅应用于工商业而且对公共行政、教育管理等社会科学的理论与实践也产生了深远的影响。

这一理论的核心思想是指企业与所有各种利益相关者拥有不可忽视的影响与联系，因此要重视其对企业的法定的利益或权力诉求。与企业类似，大学可以看作是一种较为典型的利益相关者组织，大学所做的决策有必要综合考虑、衡量和兼顾各方利益相关者的利益诉求。根据大学与利益相关者之间关系的密切程度，这些利益相关者一般被划分为四个层次（图 1）。

第一层次是大学核心的人员，即大学内部，包括教师、职工与学生在内的群体。这些成员为大学机器正常运转担负着重要的工作。教师、研究人员担负着教育、研究和社会服务的神圣使命，没有这些人员大学就不可能真正具有社会意义。学生是大学的教育对象，没有学生的高等教育机构不能称为教育场所。大学的决策、改革与发展对这些群体的利益产生直接影响。反过来，教师、研究人员、职工和学生的发展与成长又是促进大学壮大的直接力量，可谓是“一荣俱荣，一损俱损”。

第二层次是能对大学产生重要影响的利益相关者，包括大学的资源供应者和校友。其中，资源供应者既包括各级政府也包括为大学提供经费和资源的社会组织与个人。校友作为大学曾经的教育对象，其与母校有着深层次的情感联系并可以成为大学发展的成果共享者。这些利益群体虽然较之于核心人员属于第二层次，但仍然属于重要的利益相关者。

第三层次是间接利益相关者，包括与大学有合同关系的自然人或法人，如科研经费提供者、产学研合作者、贷款提供者等。大学从这些合作伙伴中获得经费与项目，作为大学教师学术与科研的来源，改善大学的研究条件。大学是科学与技术的研发重镇，大学的发展势必为合作企业提供智力与技术的支持，提高企业科技含量与效率，参与企业管理效率的提高。

第四个层次是大学边缘的利益相关者，包括大学所在的社区和公众等。现代社会，大学已经融入了当地社区的生活，大学的影响已经扩散到社区生活的多个方面。大学发展为社区和公众带来经济益处与非经济益处，社会公众则以纳税的形式为国家公共事业提供财政源泉，在某种意义上支持了大学。

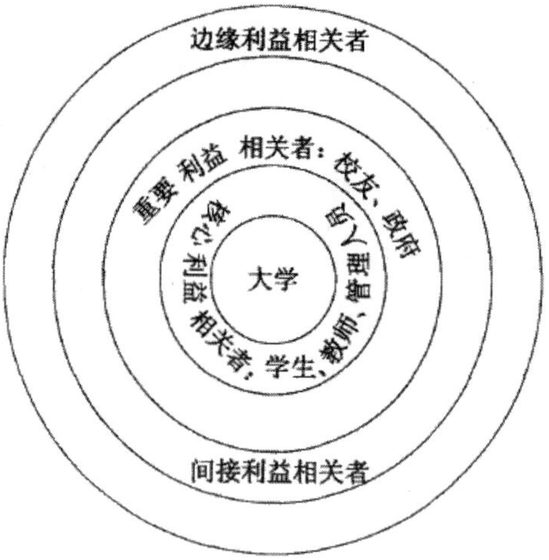

图 1 大学利益相关者层次示意图

关于大学筹资的价值行为，哈佛大学前校长德里克·博克认为“所有的大学都会从个人、基金会、公司机构甚至外国政府的慷慨行为中获取利益。其中只有很少的捐赠会出现道德问题”[①]。以现代眼光来看，这是对20世纪中期的大学筹资所做的评论，由于当代社会的技术手段、经济形势、文化心理以及法制观念道德素质较之以往发生了巨大的变化，有些方面得到改善（如技术层面），但有些方面却出现滑坡态势（如精致的利己主义露头、诚信的缺失），大学有必要警觉捐赠人或受赠人的道德水准和别有用心的企图，防止“善举”与大学使命和价值或目的背离。因此在大学筹资中高等院校的领导人首先应具备明辨是非的伦理眼光和管理技术以及拒绝不良捐赠的勇气，以免为大学某一方面带来难以挽回的损失。

美国大法官费力克斯·弗兰克福特（Felix Frankfurter）曾列举过“大学的四项基本自由”——“根据学术理由来自我决定：谁可以当教师、教什么、

① ［美］德里克·博克:《走出象牙塔——现代大学的社会责任》，徐小洲、陈军译，浙江教育出版社 2001 年版，第 299 页。

怎样教和允许让谁入学”。[①] 他认为，因为这些自由是大学的核心精神和价值所在，丧失了这些自由，大学的意义也就沦丧了。任何一个大学的管理人员，无论是高层还是中层都必须为维护这些自由免受任何形式的侵害而进行细致和持久的努力。这些侵犯或者是来自政府规定的形式，或者是以某种限制条件为前提而提供的资助。“他们或许以捐赠大学为借口，要求违反正常录取标准而使某人达成进入大学的目的，或者要求给予捐赠人提供一个教授职位的权利，或是要求把一个职位给予某个鼓吹特别价值观或信仰的人。”[②] 尽管弗兰克斯特的这番话已经过去了半个多世纪，但时至今日仍具有深刻的警醒之用。2009 年，美国伊利诺伊大学（university of Illinois）的录取丑闻，曾导致一批大学高层领导人集体辞职：伊利诺伊大学系统的总校长约瑟夫·怀特（B. Joseph White）于 10 月初辞职；10 月 20 日，伊利诺伊大学最大分校 Urbana-Champaign 校区校长理查德·赫曼（Richard H. Herman）也宣布辞职，该校的九名校董也被迫辞职。另外，当地数位民选政治家因为卷入此案而被曝光，政治生涯面临巨大危机。

为何出现大学高管集体辞职？事件源于《芝加哥论坛报》5 月发表的一份调查。该调查称伊利诺伊大学 Urbana-Champaign 分校在 2005—2009 年期间录取的学生中有些人受到特别照顾。州长帕特·奎恩（Pat Quinn）立即任命一个独立调查小组进行调查，结果发现这所有着 4 万多名学生的大学，竟有 800 名学生被作为重点关照的对象。在这些受到照顾的学生中，竟然有一些素质明显低于录取标准的人，他们之所以得到照顾都与捐赠人的推荐有关。调查小组发现，董事会（board of trustee）人员对大学招生办工作人员

① [美] 德里克·博克:《走出象牙塔——现代大学的社会责任》，徐小洲、陈军译，浙江教育出版社 2001 年版，第 300 页。

② [美] 德里克·博克:《走出象牙塔——现代大学的社会责任》，徐小洲、陈军译，浙江教育出版社 2001 年版，第 300 页。

不道德地施加压力，要求他们将那些并不合格的学生加入录取名单。理查德·赫曼遭到调查小组的严厉批评，被斥责他这是“极其错误的行为，与大学的伦理规范极不相符，不能因致谢捐赠人而将教育公平抛于一边”。

哈佛大学前校长曾说美国大多数私立大学的财政账户上有来自社会各界人士的捐赠和资助。尤其对于研究型大学，通常另有一批巨款来自工商业界用以实现智力与财力的有效结合开发新产品、创造新工艺。这是当前知识经济和科技革命引发的工商业发展的必然趋势，也是大学从基础研究成果化和技术创新的孵化器。然而这又引发另一个值得警惕的问题，接受赞助的研究人员必须谨小慎微以确保在此过程中不触及伦理争议：比如在美国私人基金会对大学科学研究日益产生重要影响的时代，大学科研活动或科研人员如何忠诚于学科及学术本身，而非沦落为财阀的学术雇佣工或政治吹鼓手。企业渴望获得更多的定制信息，因而他们资助大学服务为自身目的服务，但企业赞助的研究可能将大学人员置于冲突境地，即大学人员面临着经济利益与承诺的冲突。大学研究人员有可能从教学转向能产生经济效益的研究并为其所羁绊。随着大学越来越多地卷入国家和社会的各个领域，大学进入工业时期也引发了一系列值得思考的问题。早在20世纪中期针对这种状况就有制度经济学创始人托斯泰恩·维布伦（Torstein Veblen）勇敢地为维护研究型大学不受价值约束的客观性和反对“工业巨头”污浊腐坏的影响而努力。在欧美国家许多人士都已注意到日益增强的实业文化正暗中削弱大学的精神遗产。

中国经济40多年来持续高速发展，形势喜人。一部分富裕起来的慈善人士和大学热心校友对大学给予了丰厚的回报，这为我国大学筹资提供了良好的机遇。但大学领导人不但要敏锐地注意到前景，更应有所思考，谨慎处理好善款接受问题。大学筹资是把“双刃剑”，利弊皆有，沿着“利”的方向多走一步也许就是“弊”，利弊皆在一念之间。这种局面正像19世纪英国文学家查尔斯·狄更斯（Charles Dickens）曾发出的感叹，“那是最美好的时代，那是最糟糕的时代；那是智慧的年头，那是愚昧的年头；那是信仰的时期，那是怀疑的时期；那是光明的季节，那是黑暗的季节；那是希望的春天，那是失望的冬天；我们全都在直奔天堂，我们全都在直奔相反的方向……简而言之，那时跟现在非常相像，某些最喧嚣的权威坚持要用形容词的最高级来形容它。说它好是最高级的；说它不好也是最高级的”。[①]

大学筹资伦理具有双向调节意义，即筹资的主体——大学要接受规范，另一方面大学的资助人同样受到伦理法则的规约。整个大学筹资过程中所涉及的多重关系需要平衡，其中的每一个维度都可能成为潜在的伦理冲突爆发区，这些伦理爆发区可以用“四项正直”加以描述。这里所谓的正直，是指无损于相关群体的应得利益——即大学的正直、对社会正直、对内部人员的正直以及对资助人的正直。

大学的正直：大学是筹资的主体，既是非营利机构，又是提供国民高等教育的公益性组织。从历史视角看，无论时代怎样变革始终作为“探究高深及专门知识的场所，是所有知识、科学、事实和规则，研究和发现，实验和思维的制度性保护力量”[②]。始终如一的学术本位性这种内在核心属性规定了大学筹资与社会其他组织相比处于明显的“类而不同”，在制度管理上必然有别于其他非营利组织。德国著名社会学家马克斯·韦伯（Max Webber）有一个著名的社会学假设：任何一项事业的背后都存在着一种支撑并维系这一事业成败的无形的文化精神。[③] 这一判断无疑适用于大学的生存与发展。在大学长期发展中已经积淀、整合、提炼了师生认同的一套价值观念体系和群

---

① ［英］查尔斯·狄更斯：《双城记》（中文导读英文版），陈彦好等译，清华大学出版社 2013 年版，第 1 页。

② 王晓华：《纽曼的大学目的观与功能论》，《清华大学教育研究》2001 年第 1 期。

③ ［德］马克思·韦伯：《新教伦理与资本主义精神》，于晓等译，生活·读书·新知三联书店 1987 年版，第 15 页。

体自我意识——即大学精神。它是反映大学历史传统、文化品位、特征风貌的一种精神文化形态，既体现大学的办学理念、办学方向、办学宗旨、校园文化，又体现师生的共同理想、使命和追求，这是大学的灵魂所在，不能为功利主义所污染。正如瑞塔·伯恩斯坦所言“除非院校的选民（constituents）对校长有信心，并相信校长体现着院校的价值观，否则，筹资的事情不会成功”。[①]2009 年，加拿大萨斯喀彻温大学（University of Saskatchewan）收到一笔 50 万加元善款，捐款人为该校的一位校友，打算用此款设立若干类别的学生奖学金。捐款者提出的要求简单而明确——加拿大土著人无权申请。萨斯喀彻温大学对是否该接受捐款犹豫不决，因为毕竟巨额筹资可遇而不可求，但如果接受此项捐赠则不符合大学的多元文化和关心弱势群体的基本人文精神。最终，该校婉言谢绝了这笔捐款，理由是该捐赠项目有悖于大学基本的人道主义和人人平等的精神。

对社会的正直：大学的诞生是社会进步的必然结果，同时也以自身独特的方式促进社会不断向前发展，故而社会与大学二者之间需要相辅相成互相促进，而不是彼此排斥与对抗。大学筹资亦应充分考虑能为社会带来哪些利弊影响，大学筹资的方式、途径、管理以及筹资的用途均应遵守社会公序良俗、普遍民众心理，传递真诚、善良与美好。假如一所大学利用社会捐赠大搞房地产或博彩，必定也会冲击社会的普遍心理承受力，让人质疑筹资善款用途已经不受约束了吗？ 2001 年，阿尔伯塔大学（University of Alberta）在财政极度紧张的背景下决定不接受烟草公司高达 50 多万美元的捐赠款项。反抽烟游说组织（Anti-smoking Lobby Group）认为，烟草业正在“寻求各种创造性的关系”以促进其产品的销售，呼吁大学拒绝这笔

① Rita Bornstein, “A president’s guide to fund-raising success: Relationships are key”, *The Presidency,* Vol.3, No.2（Spr.2000）.

捐款，最终大学高层决定接受该组织的意见。这一事件带来的启示是大学的基本使命应该助力社会健康发展，大学必须将社会的良好价值和人的健康放在首位。

对内部人员的正直：与大学产生联系的群体来源广泛，其中包含以大学为工作岗位的教师、学生和其他内部人员，他们是大学名副其实的“核心利益相关者”，从入校到以后很长一段时间都将和大学存在千丝万缕的联系，对大学的情怀也有别于他人。大学筹资的造福对象在很大程度上是大学的师生员工，故而大学筹资的执行应充分考虑到师生的情感和利益，关乎师生员工根本利益的决策需要听取他们的意见以充分发扬管理民主。20 世纪 90 年代中期，在科学技术和先进设备日新月异的时代，美国大学需要更新设施和改革课程。但由于大学经费紧缺，不得不放慢基础设施现代化的步伐，削减需要高投入的课程，甚至裁减教师和研究人员。为此，大学领导不得不把全部精力投入到筹资中去，大学教师也不可避免受到学术资本主义的影响，在企业游走赚钱，不能把主要精力放在教学与科研上，从而影响了教学质量，便谈不上对内部人员的正直。

对资助人的正直：资助人是大学筹集经费的客体，大学依赖资助人的慷慨。作为利益共同体（stakeholder），他们对大学筹资成功与否起着至关重要的作用。因为资助人对他们财产有最终和唯一的决定权，所以他们与大学的关系也更微妙。大学一方面要对资助人的财产负责，这些责任包括对资助人捐赠财产的管理、去向、用途、保值等。另一方面大学应能够证明资助人的正直，即大学要对资助人的背景、立场（政治的或其他的）、财产来源、使用意图与致谢方式的合理性进行甄别，并与其他三个维度所含的内容没有冲突。2002 年，美国普林斯顿大学（Princeton University）被告到法庭，原因是捐赠人——A&P 连锁超市老板的后嗣宣称普林斯顿大学滥用其家族 1961 年的 3500 万赠款。这笔资助 2008 年已升值达 9000 万，本是用来帮扶从事外事服务的毕业生，但后来用途发生变化。同样的事情也发生在约翰·霍普金斯大学（John Hopkins University），因违背资助人捐赠使用意愿招致一纸诉状，这充分体现了对资助人正直的意义所在。

尽管以上的四个正直维度不足以应对最新形势的伦理问题和需要继续完善，但基本涵盖了大学筹资伦理问题产生的一般情形。现实中的案例也证明在筹资过程中遭遇非议的大学筹资基本有悖于至少一项上述正直内容，成功的大学筹资应该统筹四个维度在利益诱惑的面前依旧保持应有的四项正直。（图2）

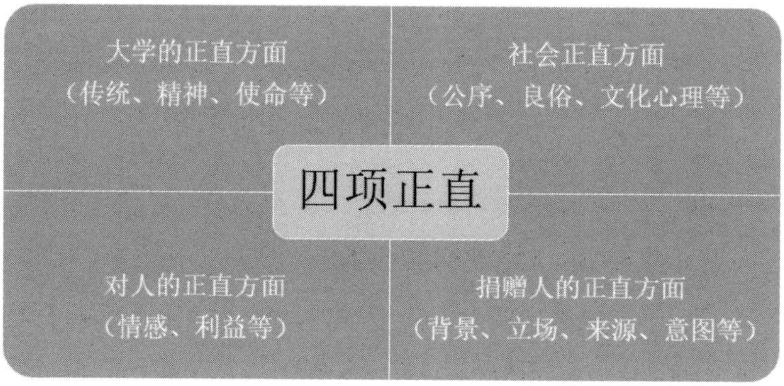

图2 大学筹资伦理的维度示意图

综上所论，大学筹资伦理包含两个主要行为主体即大学与资助人，基于二者特点的考虑在筹资开展的过程中大学应负有“主动正直”的义务而非“被动正直”。作为教育、研究和社会服务的组织，大学理应不断提高自身的科研水准、办学效益和教育质量以提升学校声誉并以此回报资助人的厚爱。大学要充分尊重资助人的意见和建议并给资助人以恰当形式的回报。如果大学能以负责的态度对待资助人的财富，充分考虑相关者的利益，就能更多地得到社会支持。美国、欧洲等国家的大学运行经费中，外界筹资所占的比重相对较大，这既与国家的风俗习惯和文化心理有关，也和大学在筹资中的伦理努力有关。这些大学筹资历史悠久，成效显著，最为宝贵的是在长期的治理实践中经历了风波和汲取了教训，形成了较为完善的大学筹资伦理治理规范。这无疑对其大学筹资的可持续发展起到巨大的保障作用，也说明了大学筹资中对伦理诉求的考量是不可回避的。

（五）大学筹资中外研究动态

大学筹款，是大学如何筹集资金并且合理利用的一系列安排，是大学以何种途径、方式筹集、分配与利用善款，是高等教育投资机构（或个人）和国家政策支持的综合体现。虽然近年来我国高等教育筹款总收入有所增长，但在高等教育财政来源中所占的比重仍处于较小部分，甚至可以忽略。现代高等教育在不断加剧的财政危机下所面临着多元化渠道筹款趋势，笔者试图为大学筹款行为建立提供什么是筹款伦理，筹款伦理的标准以及如何构建大学筹款伦理以指导大学市场经济背景下的筹款活动。帮助大学筹款从业人员理解高校作为育人场所的公益性和文化的特殊性，做到“有所为，有所不为”，实现大学筹款的经济利益和社会效益的双赢。在开展这项工作之前，了解和洞悉中外大学筹资部门运行、发展和研究动态对于我们拓展和深入探究大学筹资伦理问题大有裨益。

➢ 域外研究动态

由于不同制度下国家政策和社会文化氛围的迥异，筹资的规模、范围和功用在国内外大学发展状况有很大不同。从筹资发展的历史来看，英国、美国早在 17 世纪中期就开始了高等教育领域的筹资，哈佛大学、哥伦比亚大学、康奈尔大学、布朗大学等世界高校的翘楚皆是得益于筹资而兴旺发达。早在 20 世纪 50 年代美国就开始了对慈善筹资事业进行较为系统的理论研究，在此领域发表的涉及筹资组织、筹资技巧、筹资沟通的论著已非常丰富。20 世纪 90 年代起，随着高等教育财政来源多元化及多国政府削减财政性拨款，对大学筹资或捐赠的关注再次成为热点。出于现实的需要，国外学者对大学筹资伦理问题的研究毫无悬念地早于和多于我国。鉴于筹资（fundraising）与捐赠（donation 或 endowment）是一个事件基于不同实施主体的两种关联行为，国内外学者对大学筹资的研究可以细分为大学捐赠研究（包括大学捐赠的管理、机制与政策），捐赠伦理与大学筹资伦理三类研究。

1. 域外学者对大学捐赠的研究

（1）针对大学捐赠现状的调查。早自 2007 年，哈佛教育网站上公布了当年出版的《哈佛大学年度财务报告》（*Harvard University Annual Financial Report*），其中集中体现了一个观点——获取社会赠款和劝募筹资不仅是哈佛收益的主要途径，也已几乎成为美国大学的重要财政渠道。数据显示，美国大学的慈善捐赠和筹资收入从 20 世纪 80 年代呈现快速增长，1980—1981 年，大学系统依靠筹资与捐赠收益 42.3 亿美元，1984—1985 年所得善款为 63 亿美元，比 80 年代初期增长了 20%。1987—1988 年又比 80 年代中期提高了 20 个百分点，共计达到 82 亿美元。来自美国基金会中心（US Foundation Center）的统计显示，1997—2002 年大学基金会通过筹资与融资为美国大学带来了高达 359.5 亿美元数额的收入。2003 年获得高达 239 亿美元的筹资，其中来自校友捐赠和基金会运作所得分别占筹资总数的 28%；其次就是非校友捐赠占 19%，企业捐赠为 18%，宗教及其他组织为 8%。这些数据显示了捐赠在美国大学的发展程度，对研究美国高等教育捐赠的实践有着重要的参考价值。

（2）对影响大学捐赠因素的研究。威廉姆 · 哈里森（William Harrison）认为，实现大学筹资业绩最有效方式是不断创新捐赠策略，使筹资项目更有吸引力并针对有效群体[1]。澳大利亚墨尔本皇家理工大学的贾布里勒·伯曼和辛克莱·达维森（Gabrielle Berman & Sinclair Davidson）2003 年通过问卷调研的方式研究了 100 多个澳大利亚慈善组织，研究的目的在于考察慈善管理法规的数量与慈善捐赠成就之间的关联。研究结果一改人们的日常印象，那种认为对慈善捐赠事业监管得越严格，筹资的效益就越好的正比观念并不是绝对的，人们更倾向于慈善组织一贯的效率。基于威廉姆的研究得出的启示是，扩大大学筹资效果一方面需要与包括校友在内的利益相关者建立和维持良好的关系，另一方面应对捐赠人予以恰当合理的回报以增加捐赠的吸引力。澳大利亚学者的研究结论否定了捐赠管理法规与捐赠效果的关系，但更重视机构的实际效果，这给大学筹资的启示是确保捐赠人款项的利用效率以及大学的社会形象尤其重要。

（3）大学捐赠的理论基础研究。在诸多支撑大学捐赠的理论中，影响最大的应属高等教育成本分担理论（higher education cost-sharing theory）。这一理论由经济学家兼纽约州立大学校长布鲁斯·约翰斯通（Bruce Johnston）于 20 世纪 80 年代后期提出。2004 年，通过对世界高等教育成本分担现象做了全面而细致的研究后，约翰斯通得出了结论，要“打破以往高等教育由国家财政拨款的局面，采用多渠道的筹资方式分担成本”[2]。承担高等教育成本分担的主体分为政府（纳税人）、家长、学生及个体或机构的捐赠。捐赠动机方面，有学者认为慈善捐赠的基础是“利他主义”（altruism），即捐赠是出于自愿和自觉，捐赠人本身没有利益追求。

① William Harrison, “College Relations and Fund-Raising Expenditures: Influencing the Probability of Alumni Giving to Higher Education”, *Eccmomics of Educathm Review,* Vol. 14, No. 1, (Mar.1995).

② Bruce Johnston, *Financing Higher Education: Cost-Sharing in International Perspective,* New York: Sense Publishers, 2007, p.153.

但詹姆斯·安德里尼（James Andreoni）认为捐赠人不可能毫无利益追求，只能是“不纯正的利他主义”（impure altruism），即捐赠者的行为动机在于获得自尊。基于这一研究结果，威廉·布朗（William Brown）对大学捐赠动机展开了研究，并得出影响捐赠人捐赠动机的因素有学科专业地位、大学与校友关系的亲疏、财务及人力资源管理等方面。布鲁斯·约翰斯通的研究为大学开展筹资、吸收社会资金提供了理论支持，而关于捐赠动机的研究则有利于大学选择筹资策略，通过满足捐赠人的捐赠动机，激励人们的捐赠频率。

（4）相关捐赠法律与政策的研究。为激励社会大众积极响应大学筹资，美国联邦政府和州政府通过了相当完整的法规及配套措施，据此为社会捐赠高等教育事业提供法律依据。鼓励人们支持大学筹资，踊跃捐赠高等教育的政策主要有两条：其一是赋予税收减免优惠。2002 年颁布《财政法案》（*Finance Bill 2002*）中的条款明确规定了对不动产捐赠和捐赠中的个人所得税享有的优惠。2003 年，在新修订的《个人所得税法案》（*Income Tax Amendment Bill*）中，第 27 条规定了私人捐赠享有免税待遇。其二是制定鼓励社会捐赠大学的政策。威廉·盖尔和乔尔·斯拉姆罗德（William Gale & Joel Slemrod）研究对美国的特殊税收优惠政策进行了研究。得出的结论和建议是，为推动捐赠事业的发展，政府要在个人所得税法上制定优惠政策，刺激人们捐赠从而实现个人所得税减免的心理期望。除此之外，政府利用征收高额遗产税的方式，引导人们捐赠公益事业。由于美国的遗产税率高，并按遗产总额确定继续提高税率，最高可达遗产的 50% 以上。政府出台这样一系列政策，使得美国人捐赠大学的热情高涨，一方面可以享受捐赠带来的税收减免，另一方面还可以冠名于大学殿堂，受人尊崇，获得良好的社会名声。对法律和政策的研究为大学筹资带来的启示是，大学筹资是一项系统工作，一方面需要大学不遗余力地发起筹资运动，更需要完善相关的政策引导人们积极捐赠参与大学筹资。

（5）针对大学基金管理的研究。梅丽莎·特鲁希略（Melissa Trujillo）在《富者愈富：哈佛捐赠近 300 亿》文章中评论："财政年度结束，哈佛从校友和社会人士那里获得了 292 亿美元的巨款，这将为哈佛带来新一轮的辉煌。"由此可见，筹资对哈佛大学的发展已不是可有可无，而是哈佛维持其国际盛名最有力的财政后盾。多罗茜·罗宾森和斯科特·苏杜特（Dorothy Robinson & Scott Suddut）针对哈佛大学基金会的运作机制展开了细致研究，研究揭示在大学内部哈佛捐赠基金的使用和运作是分离的，管理运作由哈佛委托的公司具体执行，运作产生的收益则按照捐赠人的意愿及捐赠分类。哈佛大学的捐赠基金总量虽然庞大，在各个院系和其他部门的分配并不均等。通常，毕业生数量多和对社会产生较大影响的院系能获得较多的校友捐赠，所占全校的捐赠份额就大。在分配基金运作收入上，部门所得的红利与其拥有的基金数量正相关，即一个部门投入到运营中的基金本金越多，基金运行所得回报越丰厚。哈佛是将大学筹资与筹资管理做到极致的大学，哈佛的成功得益于独特的基金管理，通过基金投资其他领域以"滚雪球"的方式积累了大量资本。这种运营方式在我国公立院校中还是一个很少有人开垦的地带，需要进一步从理论和政策的方向加以探讨。

2. 域外大学筹资治理规范修订

域外大学筹资实践的历史悠久，漫长的实践岁月里大学筹资方面遭遇的伦理困境更多，对大学筹资伦理这方面的研究也相对较丰富。对于大学筹资，域外更多地从院校政策和规范的角度出发，竭力维护大学资助者的权利并强化对大学因接受捐赠产生的问责。2011 年英国布里斯托大学（the University of Bristol）更新了其所发布的《布里斯托大学筹资实践伦理规范》（*Code of Ethical Fundraising Practice for the University of Bristol*），对本校筹资的伦理规范问题做出了明确论述。该规范开宗明义地指出筹资实践中所涉及的一切慈善组织，不论是专业筹资人员还是志愿者都对捐赠人、捐赠组织以及捐赠缘由负有责任。筹资伦理的核心在于必须确保筹资使命、个人诚信和来自捐赠人的信任完全一致，即要求大学筹资必须在公开、透明和尊重的前提下开展。规范还进一步要求大学应遵守重要准则，不得染指可疑的或不合适的社会赞助。规范主要从四个方面提出了要求：

（1）捐赠人的权利

所有代表布里斯托大学或由该大学做出的筹资要求都将公之于众，纸质或传送版筹资请求应包含地址及各种联系信息。若捐助者及潜在捐助者要求知晓相关信息，布里斯托大学应及时给予提供包括但不限于：大学最近的年度报告及财政状况、布里斯托大学接受的社会慈善帮扶状况并出具该大学的筹资伦理规范。若捐资者或潜在捐资者要求知晓筹资发起人的身份，布里斯托大学应赋予他们知情权，让他们知道为大学发起筹资呼吁的人员是志愿者、大学员工还是布里斯托大学所聘的外部专业筹资人。如果布里托斯托大学有理由认为计划捐赠会对捐赠人的经济状况、税收及捐赠者与家庭关系产生重大影响，布里斯托大学将鼓励捐赠者寻求第三方咨询、建议。对于捐赠者提出的保持信息匿名的要求，只要符合法律、符合实际情况和伦理方面的规则，都将得到最大限度的尊重。尊重捐赠人的隐私，所有捐赠人的记录在布里斯托大学都将得到妥善的保管，在最大程度上为捐赠人保密。捐赠人有权利查阅其捐赠记录并可对准确程度提出质疑。

（2）筹资实践

在大学筹资的实践中，代表布里斯托大学进行的筹资活动应首先保持真实性，准确描述大学举办的筹资项目以及捐赠款项的预期用途，尊重从大学筹资中受益人员的尊严和隐私，志愿者、大学员工和所聘筹资人员代表斯托大学募集资金或接受财产必须谨遵大学伦理规范条文，筹资过程中恪守公平、清廉并遵守所有适用法律，专业筹资人员应遵守对其适用的专业规范和操作标准等内容，与大学使命和目标不相关的赞助不得收取。

（3）财政问责

布里斯托大学本着负责任的态度处理财政方面的事务并按照保管伦理义务和遵照国家法律规定行事。所有捐赠财物都将用来服务布里斯托大学的职责使命，所有受限或指定用途的捐助将与捐赠人达成协定再使用。因筹资项目或组织发生变化捐赠财物需要另作他用的，如有必要将和捐赠者或捐赠人的指定人员洽谈。如捐赠人死亡或丧失民事行为能力，同时大学又无法联系到指定代理人士，布里斯托大学将采取措施使其捐赠按照捐赠人原始初衷使用。大学的战略及校友关系办公室每年将按照普遍接受的会计原则和标准发布年度财政报告，报告应说明真实准确的筹资收入总额和支出总额，各重要方面应真实无误。大学筹资项目的成本效益将定期上报校长审阅。

（4）可接受的资助范围

布里斯托大学接受资金捐赠的范围广泛，只要是愿意资助大学完成其使命的部门，无论是政府部门还是私人部门都可以接受。但有些类型的资助却不宜接受，例如：导致大学丧失独立性的捐赠资助；抑制或歪曲学术研究的资助；限制自由探索的资助；会产生不可接受利益冲突的资助；损害大学声誉（包括损害其他捐赠者权益）的资助；导致布里斯托大学其他方面遭受损失的资助；在其他方面与大学价值与目标产生冲突的资助。

英国布拉德福德大学（University of Bradford）为规范本校的筹资事业发展也制定了本校的筹资伦理办法《布拉德福德大学发展与伦理筹资办法》（*University of Bradford Development Policy and Ethical Fundraising Policy*）（以下简称《办法》）。《办法》规定大学的筹资专员应对捐助者、职业以及筹资理由负责，大学筹资所涉及的所有人行为都必须在个人正直品行和与捐赠人的良好关系引导下进行。大学筹资伦理的核心在于确保不辜负捐助者的信任，因此这要求大学筹资在公开、透明和尊重中进行。大学之间的捐赠管理办法有相似甚至重复之处，然后又各有特点，关注内容有粗又细，具体细节如下：

（1）捐赠者的权利

除了与布里斯托大学重复的条款外，该大学在条款制定方面更为细致，例如规定了大学应尽职责，大学应对捐助者或潜在捐赠者的针对伦理问题提出的投诉予以立即反馈，大学筹资团队成员应第一时间尽力就投诉人所关心的问题提供满意答复；若投诉人对所给解释仍不满意应通知投诉人以书面方式上诉至市场部主任或大学校长处。

（2）致谢方式

有时候大学的赞助者希望送给共事的大学员工或其他大学代表一些馈赠，业内人士都清楚拒绝这类馈赠可能会造成误会甚至惹恼赞助者，反而对大学筹资团队的工作带来相反的效果。因此对于此类情况，《办法》给予了解决问题的答案：大学员工和外界理事一般应婉言谢绝一些礼品馈赠，但对那些内在价值不大的小礼品除外；金钱形式的馈赠应一律谢绝；价值在 25 英镑以上的馈赠应以书面形式呈报财务处主任，对此类馈赠予以等级并形成年度报告呈报审计委员会。

（3）接受捐助

布拉德福德大学的运作建立在“现在的努力可以减轻未来的错误”这一原则之上，因此承诺改善伦理实践的途径。大学筹资指导小组在接受和拒绝捐赠方面有最终的成败责任。在以下情况下可以谢绝捐赠：捐赠对实现大学目标或达成办法起不到支持作用；导致大学资产明显下降的捐赠；包含货物、产权或服务等不能被大学合法利用、转化、出售或交换，不能直接用于大学目标的捐赠；履行捐赠者提出的不可接受条件才能得到的捐赠。

（4）偿还捐赠

当情况有变，使得捐赠人要求归还其所有或部分捐赠，最终决定由筹资指导小组做出。《办法》规定如果属于以下情况，大学接受的捐赠应予以归还：有明确条款和条件说明在某些情况下给予归还的馈赠品；法律特别强调需要归还的捐赠，如 1992 年慈善法案第 61 条中规定 50 英镑以上通过借记或信贷进行的捐赠要接受 7 天冷却期的限制。为防止洗钱，立法机构限制大学退款。“退款”指的是大学直接将所有的款项退还至原捐赠人和其账户捐赠账户。

英国伯明翰大学（University of Birmingham）制定了《筹资伦理指导办法》（*Ethical Guidelines for Fundraising*）（以下简称《指导办法》），以此指导伯明翰大学接受馈赠和捐赠。《指导办法》明确伯明翰大学寻求资助活动应建立在一定的基础之上：应确定项目总成本（如所需勤务人员支出、额外运营成本、所需场地等）；筹资应有大学高级管理层作为战略批准人，以此增强伯明翰大学的学术卓越和创收潜力，筹资项目不应产生其他多余成本。《指导办法》还给出了面对捐赠诱惑所要考虑的几点原则，按照发展与校友办公室的说法这些原则可能还存在争议，然而对于价值总量超过 100 万英镑的捐赠更需要加以斟酌。《指导办法》总结了以下原则：

● 潜在的捐赠是否符合大学的战略使命，是否和大学所作的五年计划大纲内容相兼容，不符合以上要求的则不宜收取；

● 是否有公布的或其他征信材料能证明善款财物全部或部分来源于偷税漏税或涉嫌诈骗，若存在这样的证明则不宜收取；

● 是否违反联合国人权公约，若是则此类捐赠不宜收取；

● 是否限制探索自由或侵蚀学术自由，是否有证据证明潜在的善行或其条款会附加非法活动要求，是否会有损大学名誉，若是则不宜收取；

● 是否会造成不可接受的利益冲突，是否会伤害大学与其他捐赠人、合作伙伴、未来的学生或科研赞助人，若是则不宜收取此类馈赠；

● 伯明翰大学相应地负有责任，在一切围绕筹资事宜所进行的沟通中，应确保诚实、真实、符合遵守法律并尊重捐赠人的权利。

以上是大学为促进其筹资事业的有序开展根据本校实际情况而拟定的大学筹资伦理规范文本，对当事院校具有明确的指导意义，点明了大学、捐赠人之间的权利和义务，强调了在大学执行筹资项目中应该注意的伦理事宜。这些研究的目标更加侧重于微观层面上具体院校的操作说明而非宏观层面上的广泛指导。

3. 域外学者对大学筹资伦理的研究

2007 年欧盟专家组完成了一份名为《为大学研究引入慈善》的报告，在报告的序言中指出：募捐是高尚的艺术，教人们感受施予的快乐，人不会白白施舍给他人，施舍必然有理由，人们只会施恩于有真正需要的人。这一报告之目的在于辨别和审查欧洲境内乃至欧盟之外为大学研究而筹资的行为以及慈善赞助的来源（如基金会、托拉斯、慈善机构、个人以及校友），以及为利益相关者提供相关的咨询和参考。鉴于伦理事件成为影响大学慈善基金的重要因素，报告尤其对大学慈善的伦理进行了强调。报告指出欧洲一些大学在筹款活动完成后又不得不退回一部分不干净的善款，大学必须对这些案例加以重视并制定一套清晰和透明的指导原则，以表明自身的道德立场。

萨里大学（University of Surrey）工程伦理学教授雷蒙德·斯皮尔（Raymond Spier）认为“由于高等院校财政来源逐渐从国家部门向私人部门转移，他们不得不通过与企业合作研发而获取更多资助”[①]。鉴于高等院校与企业担负着不同的社会使命和追逐不同的价值，它们之间的合作与资助是否产生一系列伦理问题？在某些情境下，大学与企业可以看作是对等的合作主体，然而在另外一些情境下却不是那么对等，这就有可能导致伦理问题。雷蒙德把高校和企业的使命进行了比较研究并得出结论：企业赞助人不但盼望自己的出资能实现其目标，而且要求大学科研人员以一种区别于大学文化的方式进行工作。大学功用常常将其描述为“激发学生求知欲、赋予学生批判

① Raymond Spier, “Ethical issues in Research Relationship between Universities and Industry”, *Science and Engineering Ethics*, Vol.5, No.4, (Jul.1997).

思想、塑造学生能力，教会学生以后可以实现自学而不需要接受再次组织的教授”。而企业则可能将文化理解成通过获取丰厚利润实现自身的生存目的，忠诚于员工并以此获得股东支持，避免在市场竞争中被接管、取代或合并。在各自使命的要求下，企业的道德与大学的文化有着不同之处：大学是开放的，企业是封闭的；大学可以包容个人主义，而企业必须依靠通过团队和科层组织；大学是非营利性机构，企业以营利为其目的；大学在思想上不受控制，企业必须处在一定的监控之下；大学的要求是谨小慎微，考虑周全，而企业更多要求速度。这些使命、文化或要求上的差异将在大学与企业之间产生伦理上的冲突。因此，雷蒙德呼吁建立完全政府拨款的拨款体制，通过全额向大学拨款，以此避免大学与企业潜在的价值冲突。

得克萨斯大学奥斯汀分校（The University of Texas at Austin）斯蒂芬·尼可斯（Steven Nichols）和卡尔·斯库哥伦德（Karl Skooglund）对雷蒙德的观点给出了另一种回应。两位学者在论文《是敌是友：大学联合赞助研究的伦理简析》中认为私人和企业赞助大学将成为一条筹资不可缺少的途径，企业资助大学是一把“双刃剑”。大学的教学科研费用对大学发展至关重要，但大学仍然要警惕资助的负面作用。大学在接受企业赞助而且需要附加接受一定的条件时，大学管理人员应民主听取大学利益相关者的建议和意见。同时两位专家告诫大学筹资工作人员务必要了解高等教育方面的伦理知识，大学筹资带给大学是令人兴奋的资助，但同时伴随着风险，一件有违伦理的案件发生将有可能毁掉大学辛苦积累许多年的社会声誉，因此大学接受企业资助有可能迎来一位朋友也有可能碰到一个敌人。

印度学者马哈·库马尔（Malhar Kumar）2010 年在论文《后贝耶 - 多尔时代大学研究商业化中的伦理冲突》中谈到“随着大学的财政力量越来越强大地左右着大学实力的发展，为大学寻求新的财政来源成为大学管理者重要的任务之一”[①]。大学的科研工作作为能产生生产力的智慧结晶，通过商业化运作可以成为大学拓展财政的重要渠道，这对大学知识产权的保护和防止不恰当地以大学知识产权牟利提出了更高的伦理要求。在以科学研究作为大学收入来源的同时如何防范不恰当的科研商业化和大学文化之间的伦理冲突，成为大学领导人绕不开的伦理选择。作者最后所得出的结论是：学术研究商业化既有着积极意义也有负面影响，简单地一蹴而就解决负面影响的办法暂时没有。一旦进入财政实力左右大学实力的时代，大学要在适应研究商业化需要的同时无论如何都不能放弃自身的身份和理想。只有通过恰当地修订现行的政策制度以及重视对科研商业化伦理的研究，大学方能在科学研究与商业化之间寻找到平衡点。

教育促进与支持委员会（CASE）副主席乔安娜·莫伸（Joanna MoShen）在《高等教育筹资中的伦理、透明性和成功代价》一文中提出最新的调查显示，社会对大学的慈善捐赠与日俱增，如果这一趋势继续发展达到一定程度可能会引发一些具有挑战性的问题。在高等教育筹资过程中，无论是大学内部群体还是其毕业校友都需要做出具有伦理意义、能够反映大学之价值、特殊使命以及长期战略目标的决策。她还指出，我们目前生活在一个前所未有的透明化时代，Twitter 和 Facebook 盛行使得信息更加公开化，这在大学支持者与为什么要支持大学这一理由之间增加了一层复杂性。尽管如此，大学别无选择必须以一定方式对此加以应对。对于伦理问题，很多事情不是仅仅靠“非黑即白”这种思维方式就能解决的，例如布里斯托大学（University of Bristol）早期是靠烟草生意的钱而建立的，但如今的校董会不可以接受同样如此慷慨的来自烟草公司的捐款。

① Malhar N. Kumar, “Ethical Conflicts in Commercialization of University Research in the Post-Bayh-Dole Era”, *Ethics and Behaviour,* Vol.20, No.5, (Oct.2010).

美国新英格兰高等教育机构委员会（Commission on Institutions of Higher Education, NEASC）主席芭芭拉·布雷特汉姆（Barbara Brittingham）和托马斯·佩苏略（Thomas Pezzullo）在其著作《绿色校园运动：高等教育中的筹资》（*Campus Green: Fund Raising in Higher Education*）中对美国高等高校的筹资问题研究做了评述，重点考虑了以下问题：大学筹资的成本是什么，怎样理解捐赠者的动机，成功的大学校际田径赛与成功的大学筹资有何联系，捐赠人的利他主义模型等。著作对筹资中的伦理和价值观进行了剖析，呼吁大学管理者应重视对大学筹资的伦理与价值思考，使大学筹资真正能反映出大学的价值观。芭芭拉呼吁高校管理者在获取私人赞助时，应拒绝如下四类捐赠：

●捐赠来源或可能影响院校的客观性与自由。

●捐赠款项存在污点不能被接受。

●受限捐赠物品大学不可接受。

●大学能对某一捐赠人产生依附性。

在关于捐赠人与大学的关系研究中，他们引述了经济学家托宾（Tobin）的话说明，“斯坦福大学的筹资人员常常把自己的工作和商人、媒人、推销员、传教士、旧车卖家、大学建筑师以及大使的工作做了类比，在诸多角色中所反映的是生意和演戏”[①]。

➢ 国内研究动态

由于长期以来我国高等教育财政体制以政府拨款为主，因此私人经费迟迟未能大规模进入高等教育领域。进入21世纪，随着大学扩招带来的高等教

① Katherine C Tobin, *The Language of Request: Annual Gift Giving to a University,* Stanford University, 1984, pp.22–23.

育规模急剧扩大和办学成本的大幅度增加，部分高校办学经费出现捉襟见肘的困窘局面。针对我国高等教育经费短缺这一现实问题，也有高校领导及理论研究工作者对教育捐赠进行了探索性的研究。经过十年来的努力，出现了一些高校筹款和捐赠的学术成果，为我国高校筹款事业的发展提供了有益的理论支持。

1. 国内学者对大学捐赠的研究

朱小梅[①]（2003）是我国较早且明确从伦理学角度来审视高校捐赠行为道德性的学者，截至目前也是唯一明确提出捐赠伦理的。她提出教育捐赠行为涉及对“名”和“利”追逐，便产生了对道德合理性问题。朱小梅从基于利益相关者视角，分析了捐赠双方应有的伦理关系，并提出了评价捐赠是否合乎伦理的依据。

农新贵、何静[②]（2003）认为捐赠集经济和道德行为于一体，是社会资源的重新配置，有效的捐赠对促进社会效益具有重大意义。根据影响捐赠的因素，两位研究者进一步提出了促进理性捐赠的建议，包括树立观念、转变政府职能和提高捐赠利用效率等。

罗公利[③]（2006）等人对中、美两国社会捐赠与大学发展进行了详细比较分析。他认为社会捐赠是个体和组织为社会提供服务和产品的重要方式。现代社会条件下，谋求社会捐赠、通过社会筹款促进大学发展是不可缺少的手段。对比中国、美国两国大学的社会捐赠状况，可以发现制约我国大学获取捐赠的三个瓶颈，分别是制度有待完善、氛围尚不浓厚和独立于政府的公益组织有待发展。

---

① 朱小梅：《高等教育捐赠的伦理分析》，《中国高等教育》2003 年第 24 期。

② 农新贵、何静：《捐赠的理性分析及政策建议》，《生产力研究》2003 年第 2 期。

③ 罗公利、杨选良、李怀祖：《社会捐赠与大学发展——中美大学社会捐赠的对比分析》，《高等教育研究》2006 年第 1 期。

乔海曙、许国新[①]（2006）从社会资本的角度透析校友捐赠与大学发展的关系，认为校友捐赠是推动大学发展的重要因素之一，校友与大学之间又存在交易关系。基于这一关系，提出应在社会资本理论基础之上，建立大学与校友之间的互动关系和发展模式，得出大学发展依托校友捐赠是必由之路。

郑风田、江金启[②]（2009）从建立公共品动员机制角度对慈善伦理进行了综述，认为解决社会公共品供给困境在于需要调动庞大规模财力和物力投入到公共品供给中，而捐赠等自愿供给机制将是解决这一难题的有效途径。该文综述了人们捐赠的不同动机和对慈善捐赠规模产生影响的各种因素，以便为实践操作提供理论支持。这一研究对大学筹款的启示是并非所有捐赠单纯都是为了慈善而捐赠，捐赠人暗含的利益诉求要充分予以考虑和关注。

王悦群、方芳[③]（2008）认为，教育规模与教育经费投入之间的不平衡，教育捐赠成为经费不足的必要补充，“并在缓解我国教育经费投入严重不足，促进教育事业迅速发展方面起着越来越重要的作用”。在接受捐赠人善款的同时，也出现了学校为感激捐赠人而赋予冠名权的现象。针对当前教育捐赠冠名中出现的不符规范状态，两位研究者从法律的视角对捐赠冠名进行审视，并为教育捐赠冠名的规范提出建议。

尤琳[④]（2008）对如何从法律上对教育捐赠制度加以完善做了研究，尤琳认为目前我国教育事业中一大突出问题是地区之间教育发展不平衡和教育投入不均，不仅表现在基础教育上，也表现在高等教育上。教育基金会的产生和民间资本流入教育，为促进教育发展做出了突出贡献，但也显露出关系不

① 乔海曙、许国新：《校友捐赠和高校发展：社会资本视角的分析》，《教育科学》2006 年第 5 期。

② 郑风田、江金启：《公共品社会动员机制——关于慈善捐赠的一个理论》，《浙江社会科学》2009 年第 10 期。

③ 王悦群、方芳：《教育捐赠与冠名权的法律分析》，《上海教育科研》2008 年第 4 期。

④ 尤琳：《提升我国慈善组织公信力的法律思考》，《求实》2008 年第 10 期。

清、机制不全等问题。只有厘清捐赠当事人之间的法律关系，建立健全促进教育捐赠长效发展的保障机制，才能更好地让教育捐赠服务于教育事业。

陈志琴、俞光虹和周玲[①]（2005）从法律、经济、制度和文化四个方面比较了中美大学募捐的社会因素。经过比较研究得出，法律上美国对慈善捐赠的税收规定更灵活；经济上美国慈善事业起步较早，财富凝聚于少数私人手里，为社会募捐准备了充分的财富；文化上，宗教和“志愿者精神”（volunteerism）对美国社会捐赠产生深远影响；制度上美国募捐事业兴旺发达是与完善的制度相关。反过来考察我国现状，首先，缺乏具有激励意义的税收法。其次，虽然经济总量大，但人均经济水平仍低，以血缘为纽带的社会关系阻碍了捐赠发展，缺乏完善的捐赠制度。

在教育捐赠的税收政策研究方面，朱清和乔栋[②]（2005）研究了美国、英国在教育税收政策中的做法及经验对我国教育发展提供了有价值的建议。成刚[③]（2006）则对我国目前的教育税收政策进行探究，指出我国目前的税收优惠政策在个人、民办学校和校办企业上存在一些不足并认为我国的教育税收优惠政策应当加大优惠力度；调整民办教育税收政策；取消校办企业税收优惠政策；鼓励社会和个人捐赠。

谢珊珊[④]（2008）认为我国的税收优惠政策难以达到预设激励效用，并且相关制度不健全，缺乏“倒逼”效应的机制，导致富裕阶层进行捐赠的动力不大。提倡扩大税收优惠的范围，完善税制体制，通过开征遗产税等具有“倒逼”效应的税种来推动捐赠事业的发展。

① 陈志琴、俞光虹、周玲：《影响中美高校募捐的社会因素比较》，《高教探索》2005年第5期。

② 朱清、乔栋：《国外促进教育发展的税收政策及启示》，《经济纵横》2005年第3期。

③ 成刚：《促进教育发展的税收优惠研究》，《国家教育行政学院学报》2006年第8期。

④ 谢珊珊：《论高等教育捐赠所得税税收立法》，《会计之友》2008年第6期。

郭月梅和陈远燕[①]（2009）对我国高等教育捐赠现状和税收激励政策进行了评价，将捐赠制度已进入成熟阶段的美国作为借鉴对象，分析了高等教育捐赠的特点和税收激励机制，对我国设计良好的税收激励机制提出建议——完善教育捐赠的所得税制度；完善高校教育基金会；完善相关的税收监管制度；开征遗产税和赠予税。这些关于教育税收的研究虽然没有论及教育筹款的伦理问题，但从国家政策方面提出了促进教育捐赠的税收体制，这些设想无疑对提高民众的捐赠热情，对大学筹款大有益处。

另有学者对教育捐赠的管理模式及捐赠制度进行研究。早在20世纪90年代董伶俐[②]（1995）就针对基金的管理进行了研究，认为在大学捐赠基金设立和运作中，应当根据捐赠人的意愿，设立“永续型”和“增长型”大学捐赠基金，还大胆提出要利用金融市场使捐赠基金产生收益。

90年代后期，学者发现各类教育基金组织如雨后春笋般迅速崛起，捐赠形式从单一到多样，但由于各类基金组织发展太快，很多高校只重视募集资助、吸引捐赠，而对资助的有效运作和管理重视不够。造成目前大学捐赠基金名目繁多、运作不规范、资助不增值、使用不当和监督不严等问题日益突出，这些问题正成为筹款中伦理问题滋生的诱因。黄争舸[③]（2003）等对改进和加强大学捐赠基金管理进行了思考，从捐赠基金的特点、目标、组织方式、投资方式和管理方式对捐赠基金做了进一步的研究，揭示了改进大学捐赠基金管理工作的若干问题。

---

① 郭月梅、陈远燕：《我国高等教育捐赠的税收激励机制探讨》，《税务研究》2009年第10期。

② 董伶俐：《大学捐赠基金管理研究》，《江苏高教》1995年第5期。

③ 黄争舸、瞿海东、邹碧金：《关于改进和加强大学捐赠基金管理的思考》，《江苏高教》2003年第4期。

孟东军、张美凤和顾玉林[①]（2003）对中、美大学社会捐赠管理进行了比较研究。研究认为社会捐赠作为分担高等教育成本的主体之一，受到大学与社会的广泛关注。通过对比分析，基于管理和运作方式的不同，研究者总结了当前我国大学基金会的典型分类。又从中、美两个大学基金会捐赠的地位、组织、法规等层面进行比较，为大学基金会治理提出了对策建议。目前就高校自身来说，扩大宣传、主动出击、提高管理水平是争取社会捐赠所必须采取的积极举措；对国家来说，建立科学规范的管理制度、完善法律法规和纳税制度是提高社会捐赠管理的当务之急。几位学者提出的建立科学规范的管理制度实际上也包含了筹款伦理的内容。

以个体大学为单位进行捐赠管理的研究也呈现热潮。张云（2004）[②] 以美国加利福尼亚大学个案，研究了其捐赠基金的治理机制，得出加州大学通过建立齐全的基金筹措机构、基金会管理机构与大学捐赠基金的运作机构并明确各机构责任并制度化，是大学捐赠事业得以不断发展的良好基础。同时认为把筹集的捐赠尽可能用于投资，捐赠基金如雪球般越滚越大，使得基金收入成为大学的稳定来源之一。

程术希[③]（2005）以佛罗里达大学经费管理经验为研究对象，对佛罗里达大学如何寻求建议和咨询从而完善基金会做了研究。

蒙有华和徐辉[④]（2006）基于美国大学募捐成功的现实，从捐赠制度入手对美国大学的成功进行了系统的探究。研究得出美国大学组建了负责筹

---

① 孟东军、张美凤、顾玉林：《我国高校社会捐赠管理比较研究》，《高等工程教育研究》2003 年第 2 期。

② 张云：《美国加州大学系统捐赠基金运作实践及启示》，《比较教育研究》2004 年第 6 期。

③ 程术希：《美国佛罗里达大学捐赠发展管理与启示》，《技术经济与管理研究》2005 年第 2 期。

④ 蒙有华、徐辉：《美国高校教育捐赠制度探析》，《高教探索》2006 年第 6 期。

款的专业机构，由专业人士负责资助募集并由专业的运作团队进行融资且基金会筹款与运作制度完善而严格，这是美国大学捐赠和基金得以增值的主要因素。

李冬梅[①]（2007）以普林斯顿大学为研究个案展开研究，认为普林斯顿大学捐赠事业的成功经验在于普林斯顿大学设有专门的捐赠管理机构，各个职能部门职责分明且紧密合作，负责募捐、捐赠基金的使用和监督等各个环节。

周保利[②]（2009）认为几乎所有美国大学都利用基金进行投资和融资，为保障基金运作的高校，大学建立专业机构或依托公司进行管理是美国大学的常态。研究者认为严格遵从专业化和市场化原则是美国大学在捐赠基金方面获得成功的重要保证。

武德昆[③]（2010）以加拿大公立大学为例，研究了加拿大公立大学的社会筹款。研究指出，以公立大学为主的加拿大，政府为大学发展提供主要经费，但目前来自政府方面的经费已很难满足加拿大大学对经费的需求，利用筹款获取经费补充已成为加拿大大学的主要特征。我国和加拿大在高等教育拨款体制方面具有某些相似性，两国都是以公办高校为主的体制，加拿大大学社会筹款的成功为我国大学今后的筹款之路提供的启示是，大学筹款并非私立（民办）高校的特权，公办高校也存在筹款的现实需要。筹款作为一项重要工作，应成为大学领导人日常工作的一部分，同时成功的大学筹款必须有健全的规范和良好的校友关系。

王福友、段君莉[④]（2005）指出，教育捐赠在历史上就对大学发展起到至

---

① 李冬梅:《普林斯顿大学捐赠体系的特点及启示》,《现代教育科学》2007 年第 3 期。

② 周保利、刘国学:《美国大学教育捐赠制度的特点》,《教育与经济》2009 年第 1 期。

③ 武德昆:《加拿大大学社会筹款实践的启示》,《中国高等教育》2010 年第 6 期。

④ 王福友、段君莉:《大学的捐赠基金研究》,《大学教育科学》2005 年第 3 期。

关重要的作用，当代环境下，捐赠在一定程度上缓解了大学的资助压力。要扩大捐赠规模，大学有必要扩大捐赠的来源，并采取相应的策略，使捐赠活动经常化、制度化、规范化。因此，国外的做法是成立大学基金会并委托行业专家负责运营，实现基金的增值与保值，同时大学捐赠应遵循大学作为学术组织的使命，接受伦理问责。研究者还对我国大学如何提高捐赠水平给出建议，认为应借鉴国外大学的成功路径，通过设立专门机构、开展人员培训、完善伦理建设、增强领导意识等方面的努力，推动我国大学捐赠事业的大步前进。

佟婧[①]（2012）从学术资本主义的视角对大学筹款问题进行研究，探讨“高等教育中的‘学术人’如何逐步成为大学筹款的重要主体，在此基础上思考大学筹款的价值取向、筹款规律等问题”。研究者对我国大学筹款的不利条件进行了分析，具体说来，首先，我国大学依然缺乏足够的学术自治和自由，缺乏市场与大学之间的联结体制与合作机制，这为大学如何进入市场筹款带来了极大挑战。其次，缺乏大学与市场之间恰当的联合机制，导致我国大学缺乏筹款自主权，自主权的实现需要法规的构建。最后，大学筹款的有效时间如何把握。由于受到经济发展的影响，大学面临的经济发展红利也是波动不定的，大学筹款的最大价值莫过于以今天的红利储蓄应付将来经济低迷时的困境。因此，有效时间对大学而言尤其重要，对于大学，筹款应抢抓机遇从当下开始，没有今天的启动，则一定会有明天的被动。

2. 国内学者对慈善捐赠的研究

国内部分学者将筹款与捐赠视为慈善行为，因而从慈善事业的角度对之进行研究，这些学者分别就慈善文化、政府与慈善的关系、筹款与捐赠展开研究。

① 佟婧:《学术资本主义视域之下的大学筹款》,《高教发展与评估》2012 年第 3 期。

学者彭定光[①]（2008）认为慈善的目的不只是扶贫济困，而是实现社会公平，维持公共秩序，促进社会发展。政府的慈善责任首先是慈善理念的培育，它包括慈善文化建设和慈善政策法规和制度建设。

周秋光、孙中民[②]（2008）认为，在慈善文化建设中，政府要加强传统慈善文化的宣传，还要促进传统慈善文化与国际慈善文化的结合。

丁锋辉[③]（2007）认为，在文化层面上政府的责任是：

（1）加强思想道德教育，建设社会主义核心价值体系；

（2）坚持以人为本的科学发展观，积极倡导慈善理念；

（3）加大宣传力度，营造有利于慈善意识的社会氛围。

研究还指出，由于我国传统中人际关系更多地依托于血缘关系，这是造成我国社会慈善观念的淡薄。良好慈善文化的形成需要政府从政策、法律、教育上着手努力，而教育慈善除了需要政府的推动，更需要加强学校本身的机制建设。

学者从慈善组织角度谈慈善问题。刘云娜[④]（2007）研究了中国慈善组织募捐所面临的困境，分析了募捐困境的原因，作者对走出困境提出了相关建议。刘俊红[⑤]（2007）从管理体制、内部运营机制和社会环境三方面分析了慈善组织发展面临问题的原因。作者也对慈善组织的发展提出了建议。赵

① 彭定光：《慈善是一种公共责任》，《广西民族大学学报》（哲学社会科学版）2008年第4期。

② 周秋光、孙中民：《政府在培育社会慈善理念方面的作用与职责研究》，《道德与文明》2008年第1期。

③ 丁锋辉：《试论慈善事业发展中政府的作用》，硕士学位论文，山西大学，2007年，第38—39页。

④ 刘云娜：《中国慈善组织募捐困境探析》，硕士学位论文，西北大学，2007年，第17—19页。

⑤ 刘俊红：《中国社会转型期慈善组织发展的问题及对策》，硕士学位论文，西北大学，2007年，第21—24页。

倩[①]（2008）探讨了当代中国慈善组织与人权保障之间的关系，作者着重论述了慈善组织的发展、变异情况，对其价值取向进行了探寻，反映了慈善组织价值取向由道德到人权保障的演变过程和趋势。

也有学者从个人的角度来谈慈善问题。毕素华[②]（2007）从微观层次分析企业家慈善行为，对激励和提升当代中国企业家慈善行为精神和能力进行了制度伦理视域的理论研究。赵海林[③]（2008）认为中国慈善事业之所以举步维艰，关键是缺少一大批倾心追求慈善事业的企业家，即中国富豪们。

王小波[④]（2006）对普通人参与慈善事业的问题做了探讨，作者认为要建立以普通人为主体的慈善捐赠新体制，就必须塑造慈善文化氛围，强化现代公益精神，建立小额捐赠机制。虽然以上学者没有专从伦理学角度来探讨慈善事业发展的问题，但他们论述的内容或多或少都与慈善伦理有某种内在的联系。周中之[⑤]（2008）认为它由三部分组成：（1）建立与现代慈善事业发展相适应的财富伦理；（2）建立与中国文化相适应的致谢伦理；（3）建立以制度支持为核心的诚信伦理。

程立涛和孙国梁[⑥]（2005）认为慈善事业发展的道德基础主要有三：（1）以慈爱和同情为基础的情感伦理是慈善事业发展的内在支撑；（2）人道主义的理性义务观，为慈善行为提供外在规范和情感约束；（3）慈善事业的

---

① 赵倩：《当代中国慈善组织与人权保障》，博士学位论文，中央党校，2008年，第48—51页。

② 毕素华：《当代中国企业家慈善行为研究》，硕士学位论文，苏州大学，2007年，第34—41页。

③ 赵海林：《慈善理念与社会责任》，上海社会科学院出版社2008年版，第4—5页。

④ 王小波：《试论普通人参与慈善事业的意义、影响因素及其途径》，《道德与文明》2006年第3期。

⑤ 周中之：《伦理视阈下的当代中国慈善事业》，《江西社会科学》2008年第3期。

⑥ 程立涛、孙国梁：《论当代中国慈善事业的道德主体》，《贵州大学学报》（社会科学版）2005年第1期。

道德价值目标，体现在互助行为的总体交换中。

张晓渝[①](2010) 从善的角度对捐赠伦理原则进行了探讨，认为善的原则是捐赠伦理所应当遵循的首要原则。捐赠的旨归在于建构和谐，而追求和谐是人类精神发展的必然。这一追求是人类不满足于现状而不断寻求自身价值的过程，也是人类不断趋于善的永恒过程。因此，“善”不仅是捐赠追求的目标，也必然地成为其首要原则。

郭健[②]（ 2007 ）研究了社会捐赠的平等自愿原则，认为“捐赠行为是由“捐”与“受”两个环节组成。“捐”是捐赠实现的基础和前提，如果没有人愿意“捐”，“受”也自然成了“无源之流”。反过来，只有“捐”而缺乏“受”，前者就成了毫无意义的“一厢情愿”。基于捐赠双方不可分割的关系，研究者提出恰当处理二者关系的伦理原则——平等自愿，以此满足“捐”“受”双方行为选择上的自由，保障二者内在的价值与尊严。这一原则对大学筹款的意义在于，本着平等的精神，捐助者捐与不捐、捐多捐少、如何捐赠，这些都是个人依据一定的道德价值标准和实际情况所做出的自主自决的取舍。同样，大学作为受众，一方也有对接收捐赠与否，以及接受的方式等做出选择的权利。因此，双方在行为选择上的自由性决定了双方在人格上的平等。由是观之，捐赠行为应当在尊重彼此人格和意愿的前提下展开。

吕旭峰[③](2011) 认为，如今教育捐赠已超越单一的经济意义，集社会意义、教育意义与伦理意义于一体，成为多门学科共同研究的对象，因而必须给予高度重视。随着教育捐赠逐渐与道德观念、价值追求等层面产生关联，

① 张晓渝:《论捐赠的伦理原则》,《河北旅游职业技术学院学报》2010 年第 3 期。

② 郭健:《社会捐赠及其税收激励研究》，博士学位论文，山东大学，2007 年，第 32—33 页。

③ 吕旭峰:《我国教育捐赠问题研究》，博士学位论文，河南大学，2011 年，第 51—53 页。

从伦理角度可以用“企业公民”研究教育捐赠，即企业在创造利润的同时，还应该为社会尽一份公民的责任和义务。在这样的理念支配下，企业捐赠是自觉的社会道德行为。从大学作为学术组织与公共事业的属性考虑，直接体现社会正义和良知，理应秉持学术自由、民主公平等基本伦理底线。因而，大学在具有诱惑力的捐赠面前，不仅应当考虑捐赠双方的利益，还要考虑大学捐赠对社会和利益相关者产生何种影响。当捐赠的目的与大学认同的基本价值发生冲突时，就陷入进退两难的境地，因此教育捐赠必须接受伦理道德的问责。

赵丽丽[①]（2007）研究了美国高校捐赠的伦理关系与伦理原则，认为高校与捐赠者之间的责任关系是一种相互理解与尊重，诚实守信的关系。基于公平、公正的要求，高校有责任在不违背原则的前提下尽可能地尊重与满足捐赠人的利益诉求。同时也进一步指出，兼顾各方利益，规避其中的伦理冲突，就要对大学捐赠的过程进行伦理分析，即把对他人或社会有利这一标准纳入活动的评价过程中，对整个过程进行规范和监督，并贯穿于捐赠计划的制订和实施等主要环节。在通过何种伦理原则进行过伦理分析方面，研究者提出重点在于识别利益相关者、充分获悉利益相关者的意见和以相关捐赠法律和伦理规范为保障。该研究者研究厘清了美国大学捐赠中当事人的关系，对教育捐赠规模仍处在初期水平的我国大学具有一定的指导意义。

李洁[②]（2010）的研究认为，随着我国经济形势不断好转，人们的慈善意识也不断提高，通过社会捐赠拓展经费成为大学可持续发展的必然选择。但由于缺乏大学筹款理论与相关的制度保障，导致大学筹款中出现了诸多矛盾，其中既包含法制上的矛盾也包含伦理上的困惑。研究以利益相关者

① 赵丽丽:《美国高校教育捐赠研究》，硕士学位论文，河北大学，2007 年，第 16 页。

② 李洁:《大学社会捐赠运行机制研究》，博士学位论文，华中科技大学，2010 年，第 22 页。

为理论基础，认为大学是一种典型的利益相关者组织，综合分析了有可能受大学捐赠影响的不同利益群体，并指出在大学社会捐赠运作过程中，诸多因素都发挥着重要的作用。根据与大学关系的亲疏远近和彼此影响力，研究者把大学的利益相关者划分为四个群体，从核心利益相关者到边缘利益相关者。大学捐赠过程中应维护四个利益群体各自的利益诉求，而不能顾此失彼，本末倒置。该研究者研究为解释和预防大学筹款伦理冲突提供了理论上的依据。

➢ 动态评论

通过对中外研究动向进行梳理，可以看出国外以大学筹资和筹资伦理为对象的研究从内容上来分大致可以划分为三类：

第一类是针对大学捐赠基金的研究，这类研究将焦点放在美国大学基金会的管理与运作策略，但该领域较少涉及伦理方面的问题，体现的更多是大学捐赠与大学捐赠基金如何通过技术运营实现基金增值保值以及对大学财政拓展的意义。

第二类是各个院校为指导本校的大学筹资活动而开展的伦理规章和政策研究，更多地体现了应用伦理学的特性。这类研究一般是校本的和特定范围的，由于这些研究都是扎根于大学这一场所，使得研究内容和框架具有较大相似性。但这类研究从范围上来讲比较狭窄，在指导具体院校筹资方面具有约束性，但不具备普遍的指导意义，因而也很少能做出更深层的伦理学意蕴上的阐释。

第三类是针对大学筹资过程产生的各方利益冲突问题而进行的研究，这类研究是具有普遍指导意义的研究，该类研究较多出现在美国，这和美国大学筹资的悠久传统有关。第三类研究虽然具备一定的普遍指导意义，但更多倾向于就大学而谈大学，很少利用伦理学基本理论分析大学筹资伦理冲突产生的根本原因和是非对错，大学筹资治理与伦理学尚未达到较好的结合。

对于捐赠和慈善伦理研究方面，国内学者研究较多且较杂，从内容来划分较多集中于慈善伦理的制度与运行模式，与大学筹资的相关性不大。学者采用的研究方法也是单一的文献梳理，缺乏更加深入有效的方法，在研究内容上有待结合其他学科研究成果进一步深化。这些研究和我国慈善事业发展的状况有关，我国慈善事业总体发展并没有进入较为理想的状态，故此大多数也只能进行建议式的研究。以上作者的研究有一定的现实价值但也存在不足：譬如对传统慈善伦理挖掘不够，对西方优秀伦理思想借鉴不足，与时代精神的契合不紧，最重要的是没有从宏观结构上来构想慈善伦理基础问题。

中国慈善伦理基础的构建要体现“中西融会，古今贯通”的特征。而“以古为基，以中为本”应该是慈善伦理理论研究的指导原则。慈善伦理理论工作者既要把目光投向中国传统伦理思想，还要紧跟时代，放眼世界。精心筛选，潜心研究，为慈善事业的进一步发展和高等教育伦理治理体系建设做出应有的贡献。

高等教育筹款、捐赠的问题研究虽然常见于研究生学位论文中，以期为我国高校教育捐赠的拓展与管理提供一些借鉴和参考，并对我国高校教育捐赠的管理和完善以及教育投资体制的改革起到积极的现实意义。但其重点并非对大学筹款伦理问题进行研究，而是主要对高等教育捐赠的捐赠文化、法律法规、募捐方法与手段、组织机构和基金的投资升值运作等方面进行探讨与思考。大学筹款伦理问题的研究虽然也有所涉及，但是篇幅较小且导致深度受到一定局限，属于一带而过。在研究方法上多采用文献梳理和历史的方法，对于伦理学研究所学的访谈法、案例分析等并不多见，信息挖掘深度不足。

由此可见，在“双一流”时代，基于伦理视角对大学筹款、捐赠这一课题进行研究，实现高等教育多渠道汇聚资金和打造高校声誉名片促进“一流大学和一流学科”建设具有较大的价值空间。

众所周知，美国的大学诞生之初就依赖于施舍与筹款。历经风雨，现代美国学者每每回忆哈佛等一流大学的艰难历程总是对当时公众的慷慨由衷感叹。“殖民地时代由于资助匮乏，怀特菲尔德（Whitefield）和其他代表筹集到的资助少得可怜，人们往往捐出书籍，有时还有食物”。当历史进入20世纪80年代，随着美国的慈善事业进入了一个平稳发展时期，大学筹款迎来了筹款的黄金时期。“这一时期美国大学，把筹款计划提升到了一个前所未有的高度并提出了大宗筹款运动（capital fundraising campaign）”的概念，一个明显的特征就是大宗筹款运动筹募的资助开始以亿元计算。

在政府新自由主义政策和2007—2009年金融危机的双重作用下，英国大学的财政收入遭遇了前所未有的冲击，政府对高等学校的拨款至少减少了2.5亿英镑。在这种背景下，英国大学对未来大学领导附加了新的职责，希望他们能够作为大学的形象代言人效仿美国大学校长，在筹款方面发挥举足轻重的作用。正如学界所描述的那样——英国大学校长的角色也逐渐从传统的学术人演变成带有“首席执行官”（chief executive）特质的角色。

我国的状况是高等教育大众化进程不断加快而经费仍显不足的瓶颈制约着高校突破式发展。调和这一矛盾的路径之一是通过扩大非政府高等教育财政投入加以解决，因而开展社会筹款逐渐已成为广大学者与大学领导达成共识的解决之道，筹款在大学发展中由可有可无的角色开始向重要补充成分转变。然而，伴随大学筹款这一新鲜事物产生的不仅是社会资产的再次组合分配，随之而来的还有价值冲突与利益博弈。比如2005年华东地区某大学将捐赠人资助哲学系的善款转给法学院从而引发大学内部院系间的激烈争议，哲学系教师将此行为指为“学科歧视”，一时间成为网络媒体的关注焦点，也触发了网民对此举的猛烈批判。2011年，华中地区某大学教育基金会要求考生缴纳万元教育基金否则便不予录取，获利总额达300万，这种强迫捐赠的行为对该校的社会声誉造成恶劣影响。此外，华北某大学基金会接受捐赠并以捐赠公司的名号冠名校园设施，也引发了舆论争议和社会批判。这些筹款案例都折射出大学筹款中产生的现实伦理问题。

同样，即使在高等教育筹款历史悠久、筹款制度较为完善的美国和英国，因筹款产生的纠纷与冲突同样频频见于媒体。以美国 2013 年“撤资事件”为例，捐赠人沃尔什（Walsh）向维斯菲尔德州立大学（Westfield State University）提出了归还 10 万美元赠款的要求，使该大学遭受媒体的激烈批判，不利舆论造成该校次年上半年同期筹款数额减少了 60%。“撤资事件”的原因在于该校校长伊万·多贝尔（Evan Dobelle）违背筹款政策将校友捐赠本应用于学生奖学金的善款长期用于个人豪华差旅消费，大手大脚的花钱方式引发捐赠人的极大反感。经过慎重考虑，这位捐赠人最终决定终止与维斯菲尔德州立大学的合作。在英国，为解决大学运转经费不足的困境，甚至连一些知名大学也故意放那些无法通过考试的学生一马以筹募经费，被媒体以“出售学位破坏学术水准”为由对牵涉其中的大学进行严厉谴责。

解决问题应首先厘清问题的性质才能有的放矢。通过对以上大学筹款中遇到的问题进行分析，不难看出这些问题不是法律意义上的违法与否问题，而是伦理道德上的价值冲突。因此，对大学筹款的治理与评价应建立在一套伦理规范体系之上并以筹款伦理作为大学筹款决策的依据，以维护筹款的可持续发展和大学的终极使命。

（六）中外大学筹资现实伦理实例

如前文所述，通过筹资弥补财政不足已为世界大学领导人的共识，其中产生的伦理案例也因此层出不穷，无论中外，褒贬不一。这些伦理案例中，有的是坚持道义论、捍卫大学尊严的正当之举（案例 1），有的是笃信功利论、损害大学的不当之举（案例 2），还有的是因致谢资助人而颠倒大学利益相关者序列，损害核心利益相关者情感导致的伦理争议（案例 3）。

案例 1：耶鲁大学奉还 2000 万美元

奉还是恰当之举[①]

“即便在连常春藤联盟（Ivy League）院校也开始算计自己口袋里还有多少家底的时代，耶鲁大学竟然以不同寻常的姿态于星期二宣布耶鲁将向田纳西金融家、同时也是耶鲁大学校友的李·贝斯（Lee Bass）奉还一笔高达 2000 万美金的捐赠。”

这一宣布做出后，《华尔街日报》（*Wall Street Journal*）的一系列扣帽子文章便纷至沓来。最早的是在耶鲁做出宣布的那个周二，一篇措辞严厉的评论痛斥耶鲁因为“未能履行 1979 级校友贝斯 1991 年捐赠时提出开展西方文明课程的要求”。日报称，贝斯在“对耶鲁对待其捐赠的方式做出合乎逻辑的结论后”要求收回这笔捐赠。

最终引发这一善举无法调和的是耶鲁大学无法满足贝斯提出的掌握“贝斯西方文明常识学习课程”教师任免的要求，尽管课程是贝斯出资发起。贝斯认为这一课程致力于了解那些塑造了欧洲文化的古代思想家、艺术家和文学家，强化传统西方文化，因为现代美国社会正是建立在这些文化基础之上。

耶鲁大学的教师以及其他常春藤联盟院校教师称他们对这门课程给予关注但提出相左意见，有教授和学生认为这种课程是“传统的、没有生命力的、白人的、全是关于欧洲男人的学术议程”。当今时代本来就存在多元文化之争，校园中仍然进行单一的西方主流

① Elizabeth Mehren, *Yale to Return Bass' $20-Million Donation*, Los Angeles Times Mar.15, 1995. 见 https://www.latimes.com/archives/la-xpm-1995-03-15-mn-43008-story.html。

文化教育是危险的。在追求文化多元文化的时代，强调白人文化和忽视少数民族及女性对历史的贡献是非常有害的。

耶鲁大学校长理查德·列文（Richard Levin）声称“事情与报道的情况不符，耶鲁大学之所以推迟发起贝斯课程，其原因与课程内容无关”，真正的问题是贝斯又提出掌握“西方文明”课程上课教授的任免权，这一点让耶鲁无法接受。列文对贝斯课程未能以双方共同满意的方式实施表达了歉意，最终决定这笔捐赠从哪里来再回哪里去。

列文还进一步说明“我们承诺尊重与很多捐赠人达成的谅解备忘，我们同时也忠诚于大学基本的原则，既然双方在这件事情上明显地无法调和，奉还这笔捐赠是恰当之举”。

在位于福特沃斯（Fort Worth）的办公室里，贝斯说他对耶鲁大学不能制定步骤，最终使课程无法正常开展表示极度失望。美国上诉法庭（Court of Appeals）法官乔斯·卡布拉内斯（Jose Cabranes），同时也是耶鲁大学校董董事会成员之一，认为贝斯的错误在于附加了“不可接受的条件”这才“使他的课程无法正常开展”。

对此，耶鲁大学公共信息处主任盖瑞·福莱尔（Gary Fryer）承认贝斯的忧虑完全“可以理解”，毕竟课程已经搁置很久了，但他也表示赋予捐赠人教授任命否决权的做法实在是“前所未闻”。由于贝斯在捐赠上挥之不去的史无前例的要求，耶鲁大学别无选择只有退回捐赠，他坦白“耶鲁大学永远都不会接受附加那种条件的捐赠”。

尽管贝斯争议可能对耶鲁大学的筹资工作产生影响，但列文相信校友们会理解大学的立场。列文说“我认为大多数校友可以理解这次情况不同于寻常，这是一个非常规事例，正常情况下我们会把捐赠所得的财物打理得井井有条”。

也有人对列文退回2000万美元并丧失了开展西方文明课程的机会表示不满，认为这有损于学生的利益并体现了管理层缺乏能力，处理问题的方式僵化。对此，主管发展与校友事务的副校长泰瑞·霍尔库姆（Terry Holcombe）批驳，认为“耶鲁大学必须负起责任自己选任教师而不能把选择教师的权力交由他人，这是耶鲁的一项基本原则”。

列文还透露，即便没有贝斯的赞助，耶鲁也会继续开展西方文明课程并根据教师提议进行组织安排，课程教学将持续一个学期，因而不会影响对课程渴望已久的本科生。

耶鲁大学的这个案例一直为人们所津津乐道，因为当时耶鲁大学的财政状况并不乐观。90年代时耶鲁已经有过财政赤字的经历，2000万美元在当时并非一笔小钱，更难得的是出自开设课程的学术目的。但随着事态的发展，贝斯不仅提出了明确的课程内容要求，而且要求掌控上课教师的遴选大权。在这一点上，贝斯似乎已经完全忽视了耶鲁大学的独立自主，他的捐赠要求已经不知不觉地触及了大学的根本价值。如果说在课程内容上，耶鲁可以做出一定的妥协，但无论如何“放弃大学教授选拔自主权”这一权力是不可能的。众所周知，耶鲁大学是一所以人文学科为特色的世界一流大学，独立办学和学术自由的传统理念历经三百年而不衰。耶鲁人一直为能够坚持独立精神，不向外来的政治压力、物质利诱妥协而自豪。早在18世纪中叶，托马斯·克莱普（Thomas Clap）任院长期间，就坚持主张耶鲁是私立学院并十分强调大学的独立。为此，他采取一切可能的方式对地方政府的干涉进行抵制，直至诉诸法律。至20世纪60年代越战期间，美国政府对耶鲁大学下令，凡是自称以道德或宗教理由反战的学生一律不准得到奖学金资助。当时美国诸多名校全都遵照政府的指示行事，唯独耶鲁坚守自由独立的一贯作风，仍继续以申请者的成绩为考虑奖学金的唯一原则，完全漠视政府的规定。结果，耶鲁因此失去了来自联邦政府的一大笔基金，经济上几度陷入困境，但其信念依然不变。由此可见，在“贝斯事件”（Bass Affair）中，当贝斯企图染指耶鲁人事权时，被耶鲁拒绝并退回其捐赠也在情理之中，在金钱与大学独立自主的冲突情境下耶鲁毅然抉择了维护其独立风格。最后在列文的安排下相关课程得以继续开展，这一方面维护了大学的传统精神，也充分照顾到了学生和教师的权利，对各方利益起到了很好的弥补。

从伦理学上分析，人的行为既具有自然性也具有社会性。作为自然性的存在，人需要有维持自己生存和发展的行为，表现为个人利益，故人类有对道德权利的要求，这个要求在本质上体现的是人性的自然化。作为社会性的存在，人需要有维护社会稳定和发展的行为，表现为社会共同利益，故人类社会有了对道德秩序和道德需要的要求。在这一案例中，很明显列文校长的决策秉持了“道义论”的筹资伦理，赞助人贝斯则笃信“功利论”的伦理教条。基于双方的立场分析，贝斯认为捐赠给大学一笔可观的资助对大学发展极为有利，既然赞助的结果可以为耶鲁带来利益就可以忽略过程中的若干伦理要素，即耶鲁应当为其所提出的人事条件提供方便。但列文校长则立足耶鲁长期形成的独立办学精神，并将其视为大学的操守和决策中不可动摇的原则。尽管贝斯的贡献是用于教学课程开发，其结果合乎大学“教学、科研、服务社会”的使命，但“道义论”要求赞助人个人利益的实现，必然需要在有着道义规范的社会共同体中进行，这样人的自然性使人的道义具有了现实可能性，人的社会性使道义具有了存在的必要性。人性内在需要客观地受制于外在秩序，只有“道义”规范下的社会秩序的存在，社会实践中的人的需要才可能得以和谐实现，所以社会的秩序性为人的个体发展提供了前提。我们的实践行为不仅要符合我们自己的利益，更要符合他人的利益，这是一种责任。因此，大学筹资行为的动机、手段、正当性等则成为大学领导实践活动中最应该考虑的基本内容。

案例 2：LSE 捐赠风波

暴君的钱大学能不能要？[①]

2011 年 3 月，英国知名媒体《卫报》教育版块的一篇评论开篇就单刀直入地抛出一个十分尖锐的问题：大学能否避免一场尴尬的筹资，这就是所谓的卡扎菲（Gaddafi）家族向伦敦政治经济学院（LSE）捐赠一案。

该报声称，霍华德·戴维斯（Howard Davids），伦敦政治经济学院前院长不久前宣布辞职，原因是该校 2009 年接受过一笔卡扎菲第三个儿子的捐赠。这件事让正在考虑如何扩大大学收入的其他大学校长们不得不动动其他脑筋了。

文章报道，伦敦政治经济学院无论如何也想不到自己竟然和妮莉·费塔朵（Nelly Furtado）受雇于同一雇主，甚至连结局也和这位加拿大歌手一样——伦敦政治经济学院因与利比亚的关系而被推到了风口浪尖上。

尽管伦敦政治经济学院迅疾暂停了它与穆阿迈尔·卡扎菲（Muammar Gaddafi）所运营的“卡扎菲国际慈善与发展基金会”之间的关系，但这一快速扭转并没有使其逃脱一波又一波的批评，其中包括来自首相戴维·卡梅伦（David Cameron）的批评，最终导致

---

① Matthew Partridge: *Should universities take donations from tyrants?* The Guardian, Mar. 8, 2011. 见 www.theguardian.com/education/2011/mar/08/universities-donations-tyrant-lse-gaddafi。2007 年妮莉·费塔朵曾在为卡扎菲之子举办的私人家族音乐会上献唱。

校长霍华德·戴维斯引咎辞职。霍华德本人坦白“我认为接受这笔钱合理，没想到结果却是大错特错”，之前他也曾说过“那些说我当时没有充分考虑就做出决定的这种说法我不接受”，透露了英国政府鼓励他参与利比亚的财政改革。

沃尔夫勋爵（Lord Woolf）领导的独立调查小组对伦敦政治经济学院与利比亚的关系展开调查，并为这所大学开展筹资和接受国际捐赠建立指导规则。然而，因与的黎波里（Tripoli）存在暧昧关系而遭受批评的也不止伦敦政治经济学院，利物浦约翰摩尔斯大学（Liverpool John Moores University）也赫然在列，和 LSE 一道将面临着一系列来自议员罗伯特·阿尔丰（Robert Halfon）的质问。《利物浦回声报》（*Liverpool Echo*）的报道称该大学签订了一项达 130 万英镑的研究合同，但校长迈克尔·布朗（Michael Brown）告诉媒体与利比亚的伙伴关系从未超出这一基础，“我们没觉得难堪，我们在利比亚的工作是改善当地的医疗设施，因为当地的医疗条件确实很惨，对政府表示不满和帮助百姓要区别开来”。

这不是头一次由捐赠引发的争议，白金汉大学（University of Buckingham）教授安东尼·盖尔（Anthony Gale）三年前在给“社会凝聚力中心”的一份报告中称沙特政府和其他私人财源曾系统地为那些研究伊斯兰教和中东问题的大学院（系）提供经费，而这些系都是批评西方外交政策最严厉的机构，这有扭曲学术自由、客观的嫌疑。

LSE 学生联合会（student union）呼吁学院将来和外界打交道时“透明度要有所提高”，并建议“确立一套标准和民主决策过程，要让学生参与决策是否应该接受有争议的捐赠”。

大学与学院联合会（University and College Union）秘书长莎

莉·亨特（Sally Hunt）博士认为，所有大学都应就伦理问责问题签署相关协议，包括学生和教职工代表在内的委员会将被委以重任，专门负责对大额捐赠做出审核。

英国大学组织（Universities UK）总裁妮古拉·丹德里治（Nicola Dandridge）表示，大学在决定接受捐赠前肯定要对其中暗含的政治和伦理要求进行调查。但她告诫，英国与海外存在着既定的学术文化与商务关系，继续与这些关系交往很重要。

曾有丰富经验的筹资人迈克·斯密斯逊（Mike Smithson）指出，很多院校都已经建立了有效的捐赠审查机制。90 年代牛津大学成立了一个包括前国内文官长（Head of the Home Civil Service）巴尔特勋爵（Lord Butler）在内的委员会审查捐赠小组，这个小组向外部机构请教审查事宜，包括外交与联邦事务部（Foreign and Commonwealth Office）。斯密斯逊说基于委员会的建议，牛津大学曾决定拒绝若干笔不当捐赠。

斯密斯逊相信有效的筹资依靠有企业家眼光的开发团队，因此附加的条件越多，无论多么努力，效果也会打折扣。有希望的经费对捉襟见肘的大学极其具有诱惑，例如一直都存在着激烈争论，即涉及癌症研究的机构可不可以接受烟草行业的捐赠。

这个案例说的是大学接受“被玷污的钱”（或者称脏钱，spotted money）。卡扎菲是个声名狼藉的政治人物，作为所谓的“枭雄”，他杀人如麻、荒淫成性、专断独裁、践踏人权，这几点已经足够使任何一所秉持人道主义的大学与他及其家庭成员划清界限。作为大学管理者，大学筹资中有一条金科玉律应时刻牢记在心，即捐赠人的身份和资助的性质问题，无论捐赠人的目的是多么正义和符合逻辑。LSE 这种“来而不拒”的行为必然要为此而付出某些代价。在哈佛大学前校长德里克·博克（Derik Bok）所著的《走出象牙塔——现代大学的社会责任》一书中，博克鲜明地论及当捐赠来自一个据传闻说是通过不道德的手段赚钱的捐赠人时，或者这个捐赠人的行为举止与公共价值观念产生强烈的冲突时，这时就出现了两难的选择。另外几所大学因接受有关中东问题、伊斯兰教研究资金赞助而成为其政治利益代言人，明显地违背了大学的客观、公正与学术独立，让外来的利益绑架了学术，致使学术研究沦为政客发言的工具。事后，根据LSE的调查结果而形成了一份调查报告《沃尔夫调查——LSE与利比亚之关系及教训》（*Woolf Inquiry: An Inquiry into LSE's Link with Libya and Lessons to be learned*）对LSE今后的筹资治理做出了一系列规范指导，包括“LSE很有必要考虑什么样的机构有助于监控筹资的伦理危机和声誉风险，作为英国最好的大学之一，在世界也屈指可数，LSE在治理方略上拿什么和世界同行竞争？LSE的咨询委员会两年前才成立，缺乏一套深入人心的伦理规范，这就如同跨栏赛跑，非常不幸的是它在第一个栏杆前就摔了个大跟头”。

市场化的经济时代，“大学的作为似乎并不囿于使命与教育目标”[①]，这深刻揭示了大学精神与利益追求之间的强烈冲突。分析LSE接受脏钱不难得出，接受外国政治势力的捐赠并为这一集团充当喉舌本身就违背了“道义论”倡导的判断行为的正确与否并不是由这个行为的后果来决定的，而是由这个行为的动机和标准来决定的，注重的是这个行为的动机是否是“善”。“来者不拒”的心态反映了大学功利主义筹资心态，这一举动不仅违背“道义论”宗旨，还被“功利论”冲昏了头脑。LSE在整个捐赠接受过程中缺乏民主决策的精神，颠倒了核心利益相关者（教师、学生）与第三层次利益相关者的秩

① James Steve Counelis, *Toward Empirical Studies on University Ethics: A New Role for Institutional Research,* The Journal of Higher Education, Vol. 64, No. 1 (Jan.–Feb. 1993).

序。这些因素导致 LSE 筹资中伦理问题的产生成为迟早的事。

案例 3：清华大学“真维斯楼”事件

“真维斯楼”究竟有多扯？[①]

2011 年 5 月的一天，往来于教学楼的师生们惊异地发现清华大学第四教学楼的墙壁上突然多了几个金光闪闪的鎏金美术字体——“真维斯楼”，并配以英文标识“Jeans west Building”，四字之下有一块金色的牌子，上面写着“真维斯作为休闲服市场的领军企业……为国家教育事业贡献一份力量”。此外，“四教”的东侧墙也钉着四个竖排的金色大字“真维斯楼”。中国最著名的百年学府突然与一个商业品牌直白地发生关系，一时间这无异于一枚重型炸弹在校园内炸开，引发各种评论、争议、批评和赞同纷至沓来，在学界和社会都搅起了波浪。

清华大学一位老师转述学生的意见时这样说：“大家都觉得还蛮扯的，同学们其实更能接受以赞助人的名字命名的。清华的教学楼和真维斯的品牌形象不太搭。”

另一位清华的学生则对记者表示挂牌当天才知道第四教学楼已经改名，之前没有公示。听说以前食堂改名都是征集学生意见的，这次没有事先听说。她还补充说平时的教学楼是直接用人名命名的，学生们反应没有那么大，但是以品牌名称命名还是第一次，还是大家熟悉的牌子，觉得不太合适。另外大家都要去这个楼上课的，感情比较深。

---

① 熊丙奇：《“真维斯楼”究竟有多扯？》，2011 年 5 月 27 日，见 http://www.linkshop.com.cn/web/archives/2011/163720.shtml。

更有学生辛辣地嘲讽:“真维斯楼来了，班尼路楼和康师傅楼还会远吗?”

来自社会的其他批评就没有那么客气了，有人批评“清华大学穷疯了”。

对于真维斯楼的反感、质疑，主要是集中在“冠名的商业色彩过于浓厚”，不少师生认为“象牙塔内充斥着铜臭味”。但调查显示，大部分同学对于企业为学校捐款一事并不反对，但是他们认为直接以企业品牌命名教学楼，商业气息过于浓厚，并不符合清华大学自身的气质。

清华大学新闻中心表示，为校园建筑物命名是国内外学校筹资助学的通行做法。

有清华学生评论说:“把建筑的冠名用于学校的教育基金募捐，我觉得这是一件利校利民的好事，将社会上乐于教育公益的资本用于学校的建设，用于人才的聚拢，用于校园的改善，你情我愿，何乐不为。说起来，建筑冠名在清华大学已经不算一件稀罕的事了，我们也把这些名字叫在嘴边。这些令人尊敬的企业家，无私地把财富拿出来支持清华的发展，也是在支持国家的发展，于情于理都应该好好纪念，但具体该怎样纪念应该各方协商，谨慎操作。”

北京师范大学洪成文认为“这实质上是两个品牌的不匹配，其根本上涉及募捐伦理的问题，而募捐伦理应成为大学受捐的重要决策依据”①。真维斯是捐款方，清华大学是捐款接受方，两个品牌不一致，惹怒的不是别人而是那些曾经在第四教学楼学习和生活的校友以及在此教学楼学习和教学的师生。因为一座教学楼的名称变化不

① 洪成文:《募捐伦理应成为大学受捐的决策依据》,《光明日报》2011年05月27日。

但与大学利益相关，也与校友和在校生的利益相关，如果在挂牌之前有一个告知环节，如果在做出决定之前召开几次吹风会，那么也就不会出现今天的管理尴尬。

因为这一事件发生在中国最顶尖的大学，在重要的地点发生了奇特的事情毫无疑问能够造成一石激起千层浪的效果。这种“公说公有理、婆说婆有理”的两难，既是我国大学筹资中一个具有代表性的冠名案例，同时也是一个给中国大学筹资敲响伦理警钟的案例。按国外大学做法，通过社会筹资的方式获取政府拨款以外的经费作为大学发展的财力支持并无不可。很多企业和个人具有捐赠的积极性，这便涉及大学如何对待捐款以及如何处理与财富的关系。从本例来看，导致全校师生和社会大众对以“真维斯楼”命名教学楼颇为鄙夷可以归结为两处“硬伤”，其一是命名的内容，其二是命名决策的方式，后者成为事件发酵的主要原因。“真维斯”是一个休闲的服装品牌，从词性上来讲它是一个无法传达教育文化和科学研究的外来词，其承载和反映的直接信息是市场利益。作为精神文化上存在明显落差很难匹配到一起的企业名称，和“华为”（Huawei）或“苹果”（Apple）或“戴尔”（Dell）等象征高精尖信息技术、人工智能的企业名称不同，这也是为何大学里可以容纳后者而非前者。然而，伦理冲突产生的根本原因在于命名一个公共教学设施的决策方式——对建筑有强烈情感的师生在信息获取不足的情况下被冠名，企业利益凌驾于作为核心利益相关者的师生之上。这种混淆利益相关者层次的行为是造成此次风波的关键。正如有学生所述，之前食堂更名通常采用了征求意见的方式，所以反应并不像这次这么大。而这次缺乏民主、不透明的操作无疑无视了师生们的合理利益，助推了对清华的批判。

正如学者针对这一冠名事件的评论一样，大学的冠名应坚守价值追求和伦理操守，广泛征求意见民主决策，让不满发生在冠名前而非冠名后。如果清华大学召开几次吹风会，充分维护核心利益相关者的诉求，及时消解潜在的伦理冲突，这是值得所有高等院校反思的。

第三章　大学筹资的伦理标准

大学筹资是高等教育时代发展的必然要求，运用得当对大学发展产生的正面意义和因行为失范产生的恶果都不需赘述。作为社会高度关注的功能独特的公共组织和筹资主体，大学“要像一个魔术师一样妥善处理各种对抗性的义务和利益”[①]。因此，如何促进筹资的合理性与正义性极大地考验着大学筹资人与相关领导的治理能力和伦理水准。然而这一问题的关键在于怎样明晰哪些筹资行为契合大学精神，在其中大学应当肩负什么具体德行责任，筹资怎样运作符合行业道德等。故此，摆在大学领导人面前的是一个伦理自洽问题，即怎样抉择和依据什么做出抉择才能确保大学筹资跳出伦理冲突的怪圈，这就产生了对伦理标准的需要用以区分和规范大学筹资行为。然而，伦理标准的形成是一个相当复杂和困难的过程。首先，这是因为随着新技术、新思潮和新的生活方式层出不穷并极大影响甚至主导人的社会生活与交往内容，使得伦理也变得日趋复杂，最简单的低层次伦理要求已很难适应时代，为日趋复杂的社会伦理现象建构衡量伦理的标准本身就有一种“有心无力”的感觉。其次，标准是“仁者见仁智者见智”的问题，而非绝对统一的，一个族群与另一个族群所认同的伦理不可能是等同的（如对待安乐死，世界大多数国家在伦理方面并不认同安乐死，但荷兰和比利时则情况不同），这就为伦理标准的适用范围提出了新的

① ［美］特里·L. 库柏:《行政伦理学：实现行政责任的途径》，张秀琴译，中国人民大学出版社 2001 年版，第 224 页。

问题。尽管伦理标准是复杂工程，但这又是能最有效提高从业人员工作效率与节约智力成本的参考资料，也是对大学筹资负责任的体现。“一般来讲，大学筹资伦理标准（code of ethics for fundraising）是我们根据联邦政府、州政府和大学颁布的相关法规，例如《维多利亚州人权宪章与责任法》《信息隐私法》《墨尔本大学法案》，加上其他我们认为有必要的伦理元素制定的，由校委员会（Council）通过；是参与大学筹资人员顺利完成工作必须了解的标准化操作（standard operation），只对墨尔本大学负责。”[①]

（一）大学筹资伦理标准的哲学基础

伦理标准的设定是大学筹资实践中极其重要的环节，这关系到大学筹资人如何确定善款是否符合伦理，是价值判断的重要参考。因此，有什么样的道德观为指导，就决定了有什么样的伦理标准。

➢ 一元道德论的局限性

正如前面章节的论述，大学筹资与其他社会行为一样需要特定伦理道德加以规范。规范既指明文规定或约定俗成的法式，如道德规范、技术规范等，又指按照既定法式、规范的要求进行操作，使某一行为或活动达到或超越规定的标准。标准是为了在一定的范围内获得最佳秩序，经协商一致制定并由公认机构批准，共同使用的和重复使用的一种规范性文件。它以科学、技术和实践经验的综合成果为基础，经有关方面协商一致，由主管机关批准，以特定形式发布，作为共同遵守的准则和依据。

标准化是为保证事物发展所必需的秩序和效率，并使这种一致规范与

① 2013 年 11 月，墨尔本大学筹资办公室主任访谈记录。

被取代的对象在功能上达到等效，对事物的形成、功能或其他特性，确定适合于一定时期和一定条件。标准形成的背后必然是对事物属性、本质和普遍规律的把握。伦理的哲学基础是价值论，大学筹资伦理的基础也自然是价值论，因此，确定价值选择是确立大学筹资伦理标准的前提。价值论是从主体的需要和客体能否满足及如何满足主体需要的角度，考察和评价各种物质的、精神的现象及人们的行为对个人、阶级、社会的意义。价值选择是对人的生存活动或实践活动、实践方式的取向选择，某种程度上，价值选择深受道德的影响，因为“只要我们还活着，就要同道德这样的价值问题打交道”[①]，“道德选择，就是在事实上的善与恶、是与非、美与丑、重与轻、利己与利人、保全与牺牲、高尚与低下等价值之间进行取舍”。[②]

根据汤普逊（D.F. Thompson）政府伦理与政策的逻辑关系，“政府伦理是制定良好公共政策的前提，就此意义而言，政府伦理比任何单个的政策都重要，原因在于所有的政策都依于伦理”。[③] 在高等教育环境下，大学伦理是制定良好筹资政策的前提，就此意义而言，大学伦理比任何单个政策都重要，原因在于所有的政策都依于伦理。因此，大学筹资伦理标准的确定，关键取决于从事大学筹资的人员秉持何种伦理道德理念。大学筹资应该坚持何种伦理标准，不同院校、不同风格的筹资人和院校具体情况的不同，对这一问题的回答也不尽相同。“功利论”信奉者认为大学筹资应当坚持功利原则，也就是要尽可能多地获取善款并追求效益最大化；“道义论”信奉者认为应坚持动机正义，排除一切不道德行为，保持大学筹资内外部环境的纯净。从是否合理的层面考虑，上述两种伦理标准皆有意义，功利论倡导的给相关者创

① ［美］J.P. 蒂洛：《哲学——理论与实践》，肖峰等译，中国人民大学出版社 1989 年版，第 74 页。

② 李德顺，孙伟平：《道德价值论》，云南人民出版社 2005 年版，第 97—99 页。

③ 张国庆：《行政管理学概论》，北京大学出版社 2000 年版，第 536 页。

造实惠、快乐、好处、利益的最大化，正是大学筹资追求的切实目标。根据罗尔斯（John Rawls）的倡导，“正义是社会制度的首要价值，正像真理是思想体系的首要价值一样……法律和制度，不管它们是如何有效率和有条理，只要它们不正义，就必须加以改造或废除”[①]，对行为动机及过程正义的追求也是大学作为公共事业不应忽视的要点。因此，一元论道德观对大学筹资具体的、多样化的环境下，所面临的活生生道德问题显得苍白无力。

➢ 道德相对论——对一元道德论的超越

综合以上两种观点，可以认为大学筹资伦理标准应辩证地建立在功利论与道义论的基础之上，即以道德相对论（ethical relativism，亦作 moral relativism）作为大学筹资伦理标准的哲学基础。割裂二者关系、单纯宣扬筹资的伦理一元论，就忽略了大学的责任和大学筹资的根本目的。明确大学筹资伦理标准的哲学基础，为大学伦理规范标准的形成指明了方向。受企业伦理思潮的影响，对话伦理和契约伦理渗透到大学筹资领域，专业筹资组织将是否存在对话和契约作为衡量筹资人是否符合筹资伦理的一个重要指标。对话伦理倡导企业从利益相关者的认识中通过对话寻求共识，解决企业伦理冲突问题，成为理性建构的一种方式，它的内在根基是理性人的内在默契和心灵承诺。对话伦理对大学筹资的实践启示是：大学筹资必须建筑在“形式的一程序性的”基础之上，大学应有这样一种道德敏感性：任何一种接受外来赞助，在其后果有可能影响其他人的情况下，原则上就必须放弃。如果不放弃，就必须通过和平的对话或交谈，在理性论证和自愿的条件下，形成一个包括大学与被大学行为所影响的人在内的所有当事者都能接受的共识，保

① ［美］约翰·罗尔斯:《正义论》，何怀宏等译，中国社会科学出版社 1998 年版，第 3 页。

护利益的共享和后果的共同承担。契约伦理则要求企业与其相关者双方在合意基础上达成契约，蕴含了权利和义务的观念；从而提供道德责任限度，构成了大学筹资道德规范的重要源泉之一。它的意义在于，“当这些现实的但通常非正式的社会契约以自由而明智的一致同意为基础时，并且当它们提出的规范与更广泛的伦理学理论原则相一致时，它们显然就成了强制性的”①。捐赠大学属于慈善行为，而慈善是对伦理道德要求极高的一项事业，慈善界出现的诸多问题很大程度上就是缺乏契约，单纯依靠人际关系所导致的。从功利论到道义论的一元论争辩，再由道德一元论到道德相对论的统合为大学筹资伦理标准的设定铺垫了理论基础，大学筹资的伦理标准设计正是要沿着道德多元的主线，充分权衡多方利益相关者的道德认识水平，辅以对话和契约等基本伦理保障技术，达到维护各方利益，最终创造“多赢”局面。

（二）大学筹资伦理标准产生的社会背景

就目前形势来看，如果对世界大学筹资业绩划分等级，第一梯队无疑当属美国，英国和加拿大大学可以列入第二梯队。尽管大学筹资能力分别属于不同梯队，但在筹资伦理实践方面又体现着极大的相似性，即大学都通过业务部门发布筹资伦理标准和设立伦理仲裁委员会作为工作方式，进而评估大学筹资是否存在违反伦理的行为并继续更新修订以回应最新形势。筹资伦理标准的制定成为院校筹资的里程碑，不仅影响了当事院校的发展，也推动世界其他国家和地区大学筹资伦理实践进程。

美国是慈善筹资制度最发达的国家，美国大学筹资的理念和技术又是美

① ［美］托马斯·唐纳森、托马斯·邓菲：《有约束力的关系》，赵月瑟译，上海社会科学院出版社 2002 年版，第 26 页。

国社会慈善的缩影，这促成了大学筹资伦理标准设计最早发端于美国。在近代美国慈善筹款历史上，20 世纪早期新闻业作为一个正式的新型职业和学术学科得到了迅速发展。新闻业的扩张带来日报、期刊的激增，这造就了一大批大发横财的出版社，同时也为投机倒把的新闻媒体提供了采用不道德手段提高报纸发行量的机会。新闻界毫无根据地大肆炒作和“挖脏”行为（dig-dirt，即耸人听闻的揭露丑闻）变得甚嚣尘上，社会风气浮躁又充满猜疑。新闻业大鳄们对大学的影响是向大学进行慈善捐赠，这种行为激起了学术界内外的憎恶，很多人严厉批评这些新闻巨头企图用捐赠金钱的办法影响美国社会和高等教育。尽管存在反对声音，但并没有对商人资助进入高等教育领域起到多少限制作用，这些富人们还是纷纷成立基金会，成为基金会先驱。新成立的基金会为了迎合大学筹资需要，给高等教育注入大量资助，从而导致美国大学发生重大变革。

随着富人基金越来越多地涌入高等教育，便产生了两难的问题——一方面大学既需要富人的资助投入，另一方面又要提防富人资助改变大学的学术性质与既定角色。大学怎样与富人阶层打交道才能实现既从中获利又不至于招来社会舆论的责难，否则“鼓励大学校友和社区的捐赠，所有这些既有积极作用，也有消极作用的影响”[①]。正由于这类左右为难的问题层出，对筹资规范标准的需求变得日益迫切。一直到 20 世纪后期，美国大学筹资仍然不时发生令人担忧的问题，如宾夕法尼亚大学筹资大获成功但财政预算却是多年来最紧张的，教师们难以置信地问道：“我们为大学筹集了超过 10 亿美元善款，预算怎么还是紧缩了？钱都到哪儿去了？”相同的事例还有俄亥俄州立大学，大学聘请了数百名人员为大学开展盛大规模的筹资，但最终还搞不清筹善款到哪里去了。布坎南（Buchanan. P.）回顾这一时期大学筹资的主要问题时深

① 已故布朗大学校长，方斯（W.H.P. Faunce）1928 年致亚伯拉罕 · 弗莱克斯纳的信中语。

有感悟:“反思我们的行为，重新审视筹资活动的问责标准，因为我们的筹资运动是学术界最为引人注目的活动之一。”[①] 丹尼尔·兰恩（Daniel Langan）在对联合黑人学院基金会（UNCF）筹资上取得令人瞩目的成绩进行评价时说:“公众的信任是所有慈善团体安身立命之本。”[②]

这些有关规范标准的讨论为高等教育筹资伦理标准的制定产生了极大影响，“我认为伦理标准的起源与大学筹资盛行及伴随的乱序（chaos）有关，是专业组织用以辅助筹资领域中从事工作的人”[③]。为获得持久的公众信任，高等教育领域开始吸收和借鉴美国筹资委员会理事会（Council on America Fundraising Committee，CAFC）、全国筹资执行官协会（National Society for Fund Executives，NSFE）和全国遗产捐赠委员会委员会（National Committee on Planned Giving，NCPG）等业界核心行业组织率先通过了明确的从业道德规范标准。1964 年以后，筹资专业人员委员会（Association of Fundraising Professionals，AFP）制定的《专业操作伦理规则与标准》（*Code of Ethical Principles and Standards of Professional Practice*）提供了参考依据并为大学所接受，教育促进与支持委员会（CASE）最终介入大学筹资为大学筹资活动制定标准。基于 CASE 的标准，大学又根据学校情况加以增加和调整内容，成为各个大学的筹资伦理标准。需要声明的是，大学筹资伦理标准是规范性标准而非客观性标准，因为伦理本身就是人们对行为特性的道德分类，同时也是动态和多元的。它的作用是为大学筹资人在具体环境中提供行为道德与否的一般参考，从主流价值角度分析筹资伦理问题，为有效地解决伦理冲突，找到较为合理的方法和途径。

---

① Buchanan. P., *Some Blunt Talk about Fund Raising,* New York: AMACOM, 1991, p.57.

② Lowery. M., *United Negro College Fund: 50 Years and Going Strong,* Black Enterprise, 1994, p.132.

③ 2015 年 1 月美国筹资学创始人，印第安纳大学基金会总裁电子邮件访谈记录。

（三）大学筹资伦理标准的一般内容

要想使筹资事业获得成功，大学管理者和筹资人士必须认识到大学务必维持良好声誉，违背行业道德标准，最终只能给依赖慈善捐赠的组织带来极大损害。库克（Cook W.B.）调查结果凸显组织形象和声誉的重要性，调查总结了筹资互动成功的先决条件：组织良好的形象，对组织有效的管理、诚信、信赖、对捐赠服务管理有方……组织具有意义重大的使命，先决条件的形成依赖公平经营和道德行为守则。

“有一张庞大而复杂的关系网把大学和社会其他主要机构连接起来”①，这反映出当代大学不可避免地要与组织、社区及个人等利益相关者产生联系。根据大学筹资中利益相关者的分布，明确各个群体的权责义务，建立伦理标准内容框架，为不同群体提出具体伦理要求。大学筹资涉及的群体按空间分布划分通常可分为两大部分，即大学内部群体和大学外部群体。按照受筹资影响的群体可分为代表大学的大学筹资人（包括负责筹资的大学领导与操作人）、资助人、校内相关者和社会相关者。一般地，群体划分及其不同的道德权责构成了下表所示的框架：

表 1 大学筹资群体及其基本伦理要求

群体名称	基本伦理要求
大学筹资人 （大学领导、大学筹资组织者、工作人员等）	明辨捐赠是否与高等教育原则、标准与核心价值一致 明辨善款来源、性质是否合理合法 明辨捐赠人身份与捐赠动机 公开透明处理捐赠财产，接受监督 有权拒绝不恰当的善款 ……

①［美］德里克·博克：《走出象牙塔——现代大学的社会责任》，徐小洲，陈军译，浙江教育出版社 2001 年版，第 7 页。

（续表）

大学资助人 （企业、个人、基金会、其他组织等）	保护捐赠人信息安全 尊重捐赠人善款使用意愿 给予捐赠人合理感谢 捐赠人不可对善款附加违背大学核心价值的条件 不得隐瞒善款的事实 尽量不要对善款附加过多条件 ……
校内相关者 （师生、员工）	筹资无损于师生员工利益（物质的和情感的） 师生员工参与筹资民主决策 ……
社会相关者 （社会个体、大学所在的社区群体）	筹资遵守社会公序良俗 对环境的影响（生态的和社会的） ……

以上文的加州州立大学和南加州大学为例，南加州大学经过了洛杉矶市政府部门的相关审查并获批筹资许可证明，这表明该大学的筹资行为符合洛杉矶市的慈善募捐条例，筹资许可证在市机关存档备案。为妥善治理和推进筹资事业，南加州大学制定了本校的筹资管理规范——《捐赠接收规范与程序》（*Gift Accepantance Policies & Processdures*）作为大学接收和管理筹资的依据。这部规范由董事会和校长共同参与决定，制定目的是要求学校促进职能部门对大学筹资的理性认识和正确行为。

加州州立大学筹资办公室（advancement office）制定的《加利福尼亚州立大学扶持政策与程序 2010》（*Advancement Services Policies and Procedures Version 2010*，CSU），其宗旨在于通过学生、教职工、校友、家长、各界朋友、企业、基金会以及立法人员对大学理解，鼓励公众参与大学的发展和支持大学目标的达成。大学也将竭尽全力为公众塑造一所卓越而高标准的院校，并为所有支持大学的人士负责。为进一步强化保护私人对大学的资助，大学特意对本规则进行修订和更新，并知会那些从事筹资的工作人员希望他们能维护和致谢公众的慷慨。因此，“对我们来讲，无论是负责筹资的个人还是作为一个公共部门的大学，慎之又慎地保管他们出于信任而交付到我们手中的资产至关重要。这些资产务必要以最上心、最诚实和最正直的态度来对待，只有这样才能凸显我们的管理特点。本规范希望能为管理社会赠予资源起到参考和指导的作用。我们高度认可为大学筹资做出卓越贡献的资助人，因此我们也保证捐赠人的资源将运用在他们的名义和意愿之下”。[①]

两所大学的筹资伦理标准在某些地方具有相似性，如都强调对大学筹资人的规范、哪些类型的捐赠必须拒绝以及如何处理捐赠人信息安全问题。

例如，对于加州州立大学，筹资人什么样的行为符合伦理标准，大学的《扶持政策与程序 2010》给出了明确答案，大学有义务明确以下事宜：

（1）捐赠是否与高等教育原则、标准与核心价值相一致。

（2）捐赠是否会对大学实现其未来使命、目标和目的的能力带来挑战。

（3）接受捐赠会不会将大学置于黑暗不光彩的境地，会不会造成捐赠人与大学之间的利益冲突。

（4）确定捐赠对大学具不具备慈善性质和奉献意愿。

（5）接受某项捐赠与其他筹资活动或筹资所得是否能够相互兼容。

（6）如果因筹资问题产生争议，产生的影响会不会削弱大学在各方面的功能。

（7）捐赠人和捐赠财务的状况是否让世人信服。

（8）实物赞助的形式会不会产生现实问题，譬如是否有以赞助商之名行广告之实的嫌疑。

（9）捐赠人是谁？筹资款项来自个人还是企业？捐赠是否有利益冲突之嫌或捐赠人的目的与大学使命是否相符？

（10）捐赠可以鼓励更多人士奉献还是让人与之背道而驰？接受特殊性质的捐赠对大学今后的劝募能力有什么影响？

---

① 加州州立大学 *Advancement Services Policies and Procedures Version2010*。

南加州大学规定大学的权利责任在于：

● 南加州大学可以接受赠给某一学院、部门和项目的具有明确指示的捐赠。但是，如果捐赠人从民族、国籍、祖籍、宗教信仰、性别、性取向、年龄、生理心理障碍等方面要求受益人或获奖者，抑或存在其他有悖于大学阐明的平等与反歧视政策要求，这类捐赠必须拒绝。

● 大学不允许捐赠人指定个人作为捐赠受益人，例如捐赠人不能将捐赠赠予指定学术委员会主席、某一具有教授资格的人或某一特定个人作为奖学金的获得者。

● 条件允许的情况下，对相关财物的使用限制应备注为“仅供参考”，以便允许大学将来更加有效地使用捐赠财物。反之，若条件不允许，大学希望董事会能对捐赠财物保留权限，当目标落空或情况发生变化时对财产变更用途。

● 除非负责大学筹资的常务副校长放弃，否则关于财物捐赠的协议中必须包含计划落空和情况变化的标准条款。

● 南加州大学的筹资只有在负责大学筹资的大学校长、教务长（provost）和常务副校长的指令和控制下方可执行，并接受学院院长、筹资办公室、负责大学外联关系的副校长、体育部部长和其他部门领导的直接监管。

除了共同关注的问题，两校也展现出不同点，加州州立大学对劝募与善款利用及如何对筹资人员提供报酬方面进行了伦理标准的规导，但这些内容没有成为南加州大学关注的重点。目前，自然科学与技术标准可以通过数学计算的方法将其越来越精确化，但仍无法形成各国通用的统一标准。受到体制和文化的巨大差异的作用，社会生活领域的标准更难以求同。由此可见，大筹资伦理标准不是一套统一的、可供所有院校采纳的规则，但为了促进筹资事业的良性发展，每所大学都有责任和义务开发对自身有意义的筹资伦理标准。

（四）大学筹资伦理标准的价值追求

“随着大学筹资事业的蓬勃兴盛，为保障大学不因形象和声誉影响资助人的捐赠热情，专业的大学筹资人需要在两方面表现突出：筹资技术与筹资伦理”[①]。当大学筹资进入竞争时代，“洁身自好”成为大学筹资行业的道德要求，制定筹资伦理标准（code of ethics for fundraising）约束大学筹资主、客体利益膨胀与明确责任归属成为维持大学筹资秩序的当务之急。价值追求，简单讲就是个体或组织为什么要从事某个活动，希望从他从事的活动中达到什么样的目的。正如马克思所言，人“全是具有意识的、经过思虑或凭激情行动的、追求某种目的的人”[②]。大学筹资伦理标准制定的根本价值在于守望大学精神、规范筹资人和资助人行为、协调与利益相关者的关系和扩大筹资效益。

➢ 守望大学精神

美国教育家弗莱克斯纳（Abraham Flexner）认为，大学是“学问的中心，致力于保存知识、增进系统的知识并在中学之上培养人才……是民族灵魂的反应”[③]，大学精神是大学的堡垒，具有提高人的境界、丰富人的思想、激扬大学生命力的重大功能，是维护大学纯洁与独立、平等、自由、民主的盾牌。基于这一高度，有志之士们希望大学有所为有所不为，当市场经济大潮汹涌澎湃地冲刷社会每一个角落也包括个人思想之际，对大学也产生不容忽视的侵蚀作用。正如菲利普·阿特巴赫（Philip G. Altbach）所述，“毫无疑

① 2015 年 1 月美国筹资学创始人、印第安纳大学基金会总裁电子邮件访谈记录。

②［德］马克思、恩格斯：《马克思恩格斯选集》第 4 卷，中央编译局译，人民出版社 2012 年版，第 243 页。

③［美］亚伯拉罕·弗莱克斯纳：《现代大学论——美英德大学研究》，徐辉、陈晓菲译，浙江教育出版社 2001 年版，第 201 页。

问，盈利性高等教育已经成为一个重要的全球现象，而且它还会继续扩张，高等教育体系应加以调整，以应对这一趋势”[①]。然而，“大学不是温度计，对社会每一流行的风尚都做出反应，大学基于一定的价值体系，与社会保持一定的距离，保持合适的批判性抵制，有助于避免愚蠢的近乎灾难性的莽撞。”[②] 这要求大学恪守理性正直和不入俗流，尤其在利益面前敢于对社会现实进行针砭、批判并科学地进行分析和评价。筹资，是大学谋求财富的重要手段，但财富并不都是白白赠予的，其中往往附加条件，这些条件往往与大学精神和价值追求产生冲突。以牛津大学为例，2004 年一位名叫赛义德·瓦菲克（Wafic Saïd）的富翁曾主动向牛津大学提出捐款 2000 万英镑的请求，用于设立一个专门培养未来工业界巨子的商学院。捐赠者的唯一要求就是这个学院要以他的名字冠名，并且要求将学院建在牛津大学体育场的中央。但赛义德曾因为涉嫌向伊拉克出售“超级大炮”而被英国法院传讯过，而且此前不久刚刚向中东地区各国出售了价值 200 亿美元的武器。牛津校委员会认为捐赠人四处售卖军火是对和平与生命的践踏，牛津大学倡导人文关怀与人权至上，靠军火发家的钱与牛津大学树立的筹资伦理标准悖离，于是拒绝了这笔捐赠，捍卫了大学精神。

➢ 规范筹资人和资助人行为

大学筹资是筹资人与资助人共同参与的活动，带有不同价值追求的双方往往存在价值冲突的可能性。基于社会交换理论（social exchange theory）主张，人类的一切行为都受到某些能带来奖励和报酬的交换活动的支配。因此，人类一切社会活动都可以归结为一种交换活动，人们在社会交换中所结成的社会关

① [美] 菲利普·阿特巴赫:《民办高等教育：从比较的角度看主题和差异》，李梅译，《新华文摘》2001 年第 3 期。

② 肖海涛:《弗莱克斯纳的大学理想考察》，《南开教育论丛》1999 年第 1 期。

系也是一种交换关系。资助人关注捐赠大学能为个人换来什么名利收益或其他类型的益处，筹资人更关注能为大学募集多少财富。冲突的根本原因在于利益博弈，只要有不同的利益追逐，就必然会有冲突存在。① 大学筹资伦理标准，通过对筹资人和资助人权责义务的明确，限制与大学作为学术组织以及与捐赠作为慈善事业不符的各种行为，达到“过滤”和“净化”的作用。以加州州立大学提出的《加利福尼亚州立大学扶持规范与程序》(*Advancement Services Policies and Procedures*) 为例，政策对筹资单位的规范是：

“大学筹资办公室的职员们肩负重要责任在社会上代表大学与学院开展工作。因此，他们身负特殊使命成为院校服务质量的最佳典范，同时还要遵循个人和职务最高执行标准。为实现这一点，他们应通过不断努力促进院校实现卓越以及通过教育促进自身优秀，不能对院校形象造成毁损。他们的言行应体现在对公众真诚、公正、自由质询和他人言论的尊重上。为避免潜在的或实际的利益冲突，在对事情拿捏不准的情况下，大学筹资工作人员可以从正规的机构那里寻求专业指导。大学筹资人员应遵循法律精神和对大学筹资事业产生影响的各项规定。”

南加州大学的《捐赠接受规范与程序》(*Gifts Acceptance Policy and Procedure*) 对捐赠人的伦理规范是：南加州大学接受并尽力为所有捐赠人的慈善财物提供容纳场所。然而，大学不能接受以下类型的捐赠：

· 违背本规范条款的；

· 来源不明或手段不正当的；

· 难以管理或管理成本太高的；

· 会产生不可接受的不利影响，或导致大学将来付出不可预料代价的；

---

① 宋永平：《价值冲突的本质与表现》，《西安交通大学学报（社会科学版）》2003 年第 3 期。

· 捐赠目的不能推动大学使命前进的；

· 对大学声誉造成损害的；

· 损害大学免税地位的，或为捐赠人提供有经济价值的物品、服务以换取所谓的捐赠，除非这一价值在时间和方式上符合联邦和州法律法规的要求而完全公布。

➢ 协调与利益相关者的关系

根据利益相关者理论，企业经营是一种合作活动，离不开所有者、员工、顾客、供应者、社区、政府、公众的合作与支持，甚至也离不开竞争者的存在。随着这一理论的应用从工商业组织扩散到教育管理领域，大学领导人也开始正视影响大学发展的内外部群体。伦敦政治经济学院（LSE）校长霍华德·戴维斯（Howard Davies）在分析当代大学利益相关者如何对大学战略管理过程施与影响时认为，资助者——无论他们是校友、私人机构的集资委员会还是基金会、或者公司，都是要纳入考虑的对象，他们是捐资人也是一所院校对社会贡献的标志。[①] 乔治·梅森大学（George Mason University）校长约翰逊（George. W. Johnson）倡导“相互作用大学”，与社会建立良好合作关系。副校长吉利（J. Wade Gilley）也认为“相互作用的大学基本发展战略是要大学与它所在社区的企业界、公众及政界的领导建立起一种积极的、双向作用的伙伴关系，为实现社区经济繁荣和社会公正的共同目标而努力”[②]。

大学筹资伦理标准的制定在于通过伦理技术协调双方利益，从而实现关

---

① ［英］霍华德·戴维斯:《制定 21 世纪大学的发展战略规划》,《第二届中外大学校长论坛论文集》，中国人民大学出版社 2004 年版，第 177 页。

② 葛守勤、周式中:《美国州立大学与地方经济发展》，西北大学出版社 1993 年版，第 85 页。

系的调和。南加州大学校长马克思·尼吉亚斯（C.L. Max Nikias）在筹资致信中提到“回望历史，南加州大学一直仰仗着认同我们追求卓越使命的校友、朋友、企业和基金会，他们的慷慨对于大学跻身世界最佳私立大学的前列发挥着至关重要的作用……我们会确保将通过筹资运动获得的财物用于推动大学既有目标的前进，服务于大学最迫切的根本目标”①。具体举措通过下面的筹资条款可见一斑：

常规：南加州大学有很多员工和志愿者，为帮助捐赠人实现资助大学的慈善目的而努力工作。这些条款的制定就是为了帮助所有参与筹资工作的人员明确他们至关重要的角色，以及他们对大学和对捐赠人应尽的责任。

涉密：所有关系到捐赠人与大学交易的信息都必须由南加州大学严格按照保密方法掌握，只有获得捐赠人许可的前提下才可以公布（法律要求除外，在此情况下将提前通知捐赠人）。

匿名：南加州大学尊重每位愿意资助大学的捐赠人发来的质询，不公开其姓名，并采取合理措施保护捐赠人的身份。

通过保护捐赠人隐私，公正和公平对待捐赠人财物、对待捐赠积极负责，获得资助人的信任与好感，为激励他们今后的再次投入打下了良好的情感基础。

➢ 扩大筹资效益

“好大学需要源源不断的资助”②，这决定了大学筹资必然以创收为最终目的，没有创收的筹资不具有任何意义。大学筹资与其他广募经费的慈善组织具有相似性，即对信任具有极大的依赖。慈善组织公信力是慈善组织的灵

① Jason Dean. C.L. Max Nikias, *Scaling the Walls of Higher Education,* The C-Suite, 2014, pp.15-17.

② 吴挺：《牛津校长：好大学需要源源不断的资金》，《东方早报》2010 年 4 月 30 日。

魂，一旦受到质疑不仅影响到对慈善组织至关重要的声誉，还会影响到慈善组织的捐款来源和人们对慈善组织的支持。信任是慈善的生命线，学者们将社会认知理论应用到对慈善组织的研究中，发现人们对慈善的认知会影响到人们的慈善捐赠行为。英国证券交易所（London Stock Exchange）前主席兼阿伯丁大学高层管理唐纳德·克鲁克山克（Donald Cruickshank）分析，人们找机会捐赠是要为具体的事情而捐，也是为了计划而捐。大学用这笔钱做什么？作为捐赠人对伦理的考察纯粹建立在其财政系统可靠不会崩溃的基础上，捐赠的钱可能被浪费但不能转入校长的腰包。

加州州立大学校长狄默塞·怀特（Timothy P. White）认为“社会之所以大手笔捐赠加州州大，充分证明了放眼加州可知加州州大是一所值得信任与支持的大学”[①]。这体现了获得捐赠人的信任对大学筹资效益的影响，而信任正是大学筹资伦理要求的内容。大学捐赠之后资助使用不透明，无法知晓资助的使用情况和利用率，人们舍弃对它继续捐赠或转投其他大学也就不难理解了。由此产生的负面效应让一些潜在的捐赠人望而止步，有损于大学筹资的效益。因此，实现大学筹资的经济目标实际上就是要调动社会的资助积极性，而激发积极性的根本在于增强大学的公信力。大学筹资伦理标准制定的目的之一就是指导大学筹资沿着伦理道路前行，以伦理增进社会对大学的信任，为大学创造更多财富。

（五）大学筹资伦理标准确立的原则

原则是确立大学筹资伦理标准基本指导思想的具体化准则，集中体现了

① Josh Dulaney: *CSU Chancellor Aims for $50 Million in New Spending to Boost Student Success,* Long Beach Press Telegram, Jan.29,2014. 见 www.presstelegram.com/2014/01/29/csu-chancellor-aims-for-50-million-in-new-spending-to-boost-student。

大学筹资的基本性质、内容和价值取向。对筹资事业刚刚起步或机制、技术尚不完善的大学，参考和选择性借鉴成熟大学的筹资机制不失为一条有效发展的途径。然而，无论是参考借鉴还是独立设计，除了内容上谨守“良善与正义”这一道德原则外，按照美国大学公共关系学会（ACPRA）对大学筹资给予的建议，高等教育筹资坚持规范性与相对自主性的统一。该学会提出平衡约束与激励、大学筹资自治、超越组织边界及长远发展原则成为大学筹资伦理标准的引领。

➢ **平衡原则**

平衡原则是指大学筹资伦理标准的设计应力求达到激励与约束之间的平衡，其着力点应是“规范”，而非“限制”。大学筹资关涉不同群体的利益，应当对其实施严格的监督和管理，以维护多元利益相关者。但监督与管理的最终目的是促进大学筹资的有序发展而非为管理而管理。作为慈善的一种形式，大学筹资的技术与法则应以社会慈善基础建设为参考。世界范围内，尽管很多国家都建立了关于慈善募捐的法律法规，有些国家甚至采用比较严格的管控方法，但 21 世纪以来关于慈善法制规则强度的讨论却越来越多，因为讨论者深信一个成熟运作的公民社会，所需要的绝不是一套束手束脚的募捐条例。另外，有关非营利组织以及公益募捐立法中长期遵循的“秩序中心主义”立法理念，也正在遭受着越来越多的争议和挑战。因此，怀有一个正确的态度和原则对于慈善筹资实施的法律或规制十分必要，即那些对公益募捐实施较多限制的期望推行起来难度不言而喻。对于尚未制定筹资法规或者正在设立法规的大学，如不借鉴其他国家和地区大学的经验而一味追求建构性的强制秩序，结果或许可能做到“防弊”或“约束”，但绝不能做到“兴利”或“激励”。鉴于大学筹资的主要目的在于吸收社会财富满足大学发展的经费需要，在限制中寻求鼓励、在法规条例与实际筹资中实现平衡应成为大学筹资伦理标准的要义之一。

➢ **大学自治原则**

美国政治理论家阿伦特（Hannah Arendt）认为，在公共领域中展现的任何东西都可为人所见、所闻，它与体现主观情绪和个人感受的私密性或私人性完全相异。根据哈贝马斯（Jurgen Habermas）的理论，公共领域是一个公开的场合，人们可以就共同关心的问题进行批判和讨论。基于高等教育所具的准公共产品属性、大学筹资要求的公开透明，从高等教育利益相关者角度考虑大学筹资与评价也有必要让多方参与，才能实现过程的开放与透明。评价结果是公开的，从而提供观察大学情况的不同视角，因此大学可以被认为是一个相对独立的公共领域，而公共领域在通常情况下是能够做到自我组织和自我治理的。规制与强制具有实质性的差别，对大学筹资实施伦理规制本质上并不是强制，也不是对慈善筹资法制化的否定。在国家层面上通过立法手段对公益募捐和慈善筹资实施规制，需要考虑在规制手段和方式上，克服"全能国家"的集权式理念，充分尊重并利用非营利组织自我治理以及其他市场化和社会化治理手段，并实现两种管理模式、手段之间的协调。考虑到大学筹资伦理标准由大学筹资部门根据院校自身实际情况而设定，切合院校意志与特点。因此，大学宜本着筹资领域充分自治，与政府管理相得益彰互为补充的原则着手制定筹资伦理标准。

➢ **超越边界原则**

超越包含两层含义，第一是大学筹资伦理标准应该超越狭隘的个人和组织利益。大学筹资伦理标准的目的是维护筹资的合理与合法性，但这里的"大学"并非指单独某一所、某一地区或某一类具体的大学。因为回归到伦理的属性，伦理应是具有普遍指导意义的，也就是说伦理不仅要体现"己所不欲，勿施于人”，而且要体现“己所不欲，勿施于外”。这里的“外”，就是指人自身之外的一切，不仅包括人类自身，也包括自然界等，而不仅仅是指一个人自身之外的一部分。因此，在大学筹资活动中，不能将伦理的范围界定在狭小的范围内。比如，大学都认为，筹资不得有损于大学战略的实现和相关者利益，同时大学也不得有损于其他院校的利益。这便需要大学筹资伦理标准不限于本校范围，而应超越具体筹资高校。第二是要超越国界，随着大学筹资规模的扩大，将会有来自海外的资助流入大学，这要求大学筹资伦理标准超越国界。因为世界多元文化下，在甲国视为合乎伦理的行为在乙国不一定合情，有前瞻眼光的筹资人皆应有所意识。

➢ **发展原则**

发展是指事物的前进、上升，世界上任何事物都不是静止不动的，万事万物都处于不断的变化之中。要认识和改造外部世界，同样也不能用静止的眼光。这也警示了人们要不断研究新情况，发现新问题，总结新经验，提出新方法，才能使主观适应不断变化的客观现实，把各项工作做好。随着时代的发展，大学筹资所遭遇的伦理挑战在形式上越来越多样化，要求大学筹资从业者不断反思现有的伦理标准是否适应新的问题，并发展和更新筹资伦理标准。例如，筹资能否提成一直是个令业界难以说清的问题，尽管在很多国家（例如美国）法律没有明文禁止筹资提成，但也确实有不少公益慈善机构用这种方法激励筹资人员。对这一问题的解决，仍然需要理论和实践的不断探索和完善。

具体到大学，大学的规则标准并非一成不变的，如南加州大学之前的文本对限制性资助的伦理管理并没有给出方案。但在后来的规则维护和更新过程中试图适应新的筹资环境解决新问题的规则又继续发展了相关内容。2014 年 1 月大学更新的《指定捐赠与限制捐赠》（*Donation Designations and*

Donation Restrictions）又对未能给出答案的问题进行了更明晰的回答，其中包括如何对待限制性财物和如何保管所接受的馈赠（参见附录）。

讨　论

“不以规矩，不能成方圆”，这一俗语集中体现了规范、标准对保证组织稳定健康和不断发展所起的积极作用，也是各行各业从业者的心头警钟。伦理标准是从实际事物的道德内涵中抽取出来的纯粹的最基本的标准，可作为构建新的道德标准的依据，或评价现实操作中道德行为的优劣，尤其对于评判现实中道德选择的冲突。由此可见，标准或规范不是先天俱来的，而是后天构建的，“伦理标准之标准本身就是最基本的道德标准，所以它的第一种意义就是以它为根据，针对一些新情况，构建一些新的道德标准”[①]。随着筹资对大学的影响越来越大，大学愈来愈重视筹资的专业性、技术性与规范性。除了筹资历史悠久的美国、加拿大、英国等国家的大学注重伦理规范的推行，亚洲院校也呈效仿趋势。譬如，殖民因素影响的香港中文大学以《香港中文大学捐资接受守则》（*CUHK Guidelines on Acceptance of Donations*）作为筹资伦理标准，台湾成功大学和新加坡国立大学则分别制定了《个资蒐集利用声明》和《新国大——捐赠标准条款和条件》（*Stadard Terms and Conditions for Gifts*，NSU）。审视我国大学基金会专业化问题，筹资从业人员的专业化水平偏低和相关制度不完善是制约大学专业筹资的两大瓶颈。当前，筹资秩序的维护还主要依靠刚性的法律和行政条例约束，结果导致大学筹资的自治与自律无法凸显。因此，宜尽快完善大学基金会这一组织筹资实

① 朱桂莲、周佳:《论公益广告的公民道德教育功能》,《合肥工业大学学报》（社会科学版）2009 年第 6 期。

践的伦理标准，实现筹资有道可依。完善大学基金会伦理标准需要思考两大问题，一是如何对待舶来标准与本土文化的适应性，二是政府层面法律制约与大学自治如何协调。国外大学对筹资伦理的问题格外重视，他们所开展的理论研究与实践活动扎根于本国的文化土壤。我国大学基金会有必要学习其优点，吸收和借鉴有用之处，但同时也要考虑能否适应本土文化，毕竟没有一种伦理标准具有普世价值。我国目前存在两部与大学基金会治理相关的法案，分别是《基金会管理条例》和《捐赠法》，但无论是条例还是法规，都属于刚性范畴。法规治理虽然保障了大学基金会的合法地位，但也造成大学基金会缺乏自治的积极性。因此，在遵守法规的前提下，应探索大学基金会组织治理机制，而自治机制的完善则需要大学建立起符合自身特点的价值规范或标准体系。

第四章　大学筹资伦理的建构与路径选择

大学筹资伦理的建构是指通过将大学筹资与伦理相结合，形成一套适用于大学筹资的伦理规范（如标准、技术、制度），其核心目的在于保障大学筹资道德上的正当性。合理的大学筹资伦理体系应定位于公益慈善领域，定位于资助人利益与大学利益相结合，定位于目的与过程在道义上的有机统一。实现大学筹资道德上的正当性，大学应该主动地承担道德责任，赞助人应该用道德来明确自己的身份并自觉地调控自己行使权力的范围，以权利与义务作为指导筹资行为的双重价值向度，形成积极参与大学筹资的动力与道义。

大学筹资伦理不仅要求大学与资助人建立在诚实、信任、公正、善良等诸多德行基础之上，而且要以公益和慈善为目的。由于大学作为学术组织与公共组织而存在，这与作为自然人或法人的资助人基于不同利益立场，对大学筹资的理解和要求并非一致，这便导致二者在实际执行上出现伦理冲突的可能性。例如，某家企业打算与大学合作，企业为大学科研人员投入巨额研究经费，但要求教授全部身心投入企业产品的研发。在企业看来重金延聘人才为企业服务无可厚非，但就正直意义而言，大学教授满口应允是否合乎伦理要求？毕竟将所有精力用于企业指定的研发，就必然牺牲教授履行人才培养的本职，即牺牲对学生的教学和交流。如果大学筹资缺乏制度性规范，仅依靠筹资双方个人的主观判断与道德操守，利益冲突则难以避免。

（一）大学筹资伦理建构的必要性与重要性

研究数据表明，欧美发达国家的大学通过筹资这条重要渠道为大学筹集的经费数目相当可观。蓬勃兴盛的筹资运动不但与国民经济能力、社会文化特点有关，而且与大学筹资背后的伦理操守有着莫大关系。哈佛大学筹资办公室专门负责募款的前主任斯蒂芬·霍恩（Steven Horn）认为，哈佛大学之所以深受公众恩惠，在于哈佛总是按照协议很谨慎地利用客户的馈赠。中国大学筹资最近十几年才蹒跚上路，尽管大学接受的资助数额明显逐年增加，但筹资收入所占大学总运行经费的比例依然较小甚至可以忽略，筹资运行机制仍待完善，制度仍需健全。从大学发展的视角出发，大学筹资伦理的建构对于大学既必要又重要。

首先，大学筹资伦理是维持大学公信力的保障。与其他类型的慈善事业一样，教育慈善的存在与发展也是建立在一定公信力的基础之上。大学发起筹资运动，资助人将自己的财产交由大学按照其意愿行使权力，突出人们对大学的高度信任，这是大学筹资得以进行的基本道德前提。早在1900年，德国社会学家盖奥尔格·齐美尔（Georg Simmel）就对“信任”进行了研究，并指出“社会生活必须建立在信任基石之上，……对对象有欠充分的归纳性知识并伴以个人利益的所求，是信任产生的典型场合”[①]，而大学一旦缺乏信任便会陷入“塔西佗陷阱”。所谓塔西佗陷阱，实际上是指政府或公共部门失去公信力时，无论说真话还是假话，做好事还是坏事，都会被认为在说假话、做坏事。可以设想，一旦大学陷入伦理陷阱，它遭受的损失将有多大。校友作何考虑？潜在的捐赠者作何考虑？是否还有人愿意为大学出资？因此，违背筹资伦理，大学

① ［德］盖奥尔格·齐美尔：《货币哲学》，朱桂琴译，华夏出版社2002年版，第24页。

遭受的不仅是经济上的损失，更重要是的声誉和信任危机。

其次，大学筹资伦理是调和利益相关者利益的依据。由斯坦福大学学者首先提出的利益相关者理论，认为与企业效益攸关的人员以及组织包括员工和消费者、供货商、政府、金融机构等，因此他们全都参与了商品和服务的交换。企业要经营就要和复杂的社会环境共同生存，企业也必须意识到自己负有的社会使命。所有部门都要理解企业不仅要对与其直接相关的方面负责，还要对整个社会负责。同理，考虑到大学发展是各种力量汇聚的结果，教授、学生、资助人、社会都可以视为利益相关者。大学筹资的过程和结果应如何对上述人员合理利益负责及如何解决其中的利益冲突并使利益最大化，这不仅需要相关规制的约束，同样需要伦理考量作为依据。就我国高校筹资形势而言，大学筹资属于基本的起步阶段，但随着我国经济和社会事业的飞速发展，已不断有成功校友和社会爱心人士向高校捐资助学，而且这一现象正变得越来越流行。慈善事业规模的扩展也给社会筹资带来了许多亟待解决的问题，诸如各类群体在捐赠大学的同时也提出了某些利益诉求。对待利益相关者，大学应以恰当合理的方式适度满足其利益诉求，同时还要坚持以大学精神价值为中心的伦理之维。低级迎合、暧昧交换的关系亵渎了人们的慈善心灵和志愿者精神，对于慈善事业和教育组织声誉是致命的打击。教育代表着神圣，大学意味着净土，大学筹资伦理明确规定大学及利益相关者的责权义务是大学精神使命的必需品，也是调和与利益相关者关系的必要品。正因如此，健全的伦理规范将会激励更多秉持慈善家精神的群体踊跃贡献。

最后，大学筹资伦理是实现大学治理制度化的重要补充。传统上人与人的交往模式以血缘、亲情和地缘为纽带和保证。基于这样一种模式，人与人之间形成一种“因亲而信”的信任模式。人们看重的是关系，是对亲近角色规范的深信不疑进而滋生出的情感信任。但这种信任有着难以克服的缺点，那就是人们在活动中常常是以感情亲疏代替规则。然而对于陌生人，他们之间的信任多由契约产生，可以说是一种“制度化信任”，其秩序主要通过法律体系、各种规则规范等手段来维护。现代市场经济给人们带来了太多的利益纷争和博弈权衡，关系不再是信任产生和维系的保证，人们会通过理性的利害权衡，从“因亲而信”转向“因利相关”的信任模式。社会逐渐从传统的“熟人社会”向“陌生人社会”转化，只有靠各种制度才能维系社会在更大范围之内的信任。随着现代大学制度理念在高校的推行，大学围绕发展的方方面面完善了制度建设，构筑了依法办学的保障和监督体系，但这些制度多为刚性和规定性的。然而，大学治理体系不仅需要建立在制度法规等外在刚性基础上，而且需要伦理的柔性力量保证大学的根本价值，因为刚性力量可以回应“合法与否”，但无法决定“合理与否”。随着大学筹资的规模愈来愈大，中外诸多大学已跻身年入亿元的“大宗筹资俱乐部”。大学吸纳资助的能力大小与办学历史、教学质量与学术水平及社会声誉有关。一般来讲，大学的办学历史越悠久、教学质量与学术水平越高、培养的优秀校友越多，社会声誉也就越高，能吸引的社会资助也就越多。另一方面，从捐赠动机满足程度上看，赞助人更愿意把钱捐赠给那些具有良好社会声誉的大学，因为社会声誉好的大学能更有效地满足赞助人的期望。有效利用和保管捐赠资助既是对赞助人负责的体现，更是大学治理水平的体现。追求资助人与大学的双赢，创造良好的社会文化是双方追求的共同目的。达成上述目的根本出路在于以大学筹资的专业化和规范化为保障，而实现“两化”要求大学筹资在公正、守信、效益、透明等方面实现卓越，这些方面恰恰是大学筹资伦理的内容。因此，大学筹资伦理是对筹资道德审视与筹资自律，也是大学治理中对刚性制度不可或缺的补充。

（二）大学筹资的伦理使命

赫伯特·西蒙（Herbert Simon）认为“管理就是决策”[①]，从这一意义上说决策效果即为大学治理能力的一种标志。随着我国高等学校办学自主权的不断扩大，高校直接面对的各种问题和形势更多了，伴随而来的是责任与风险的不断扩大。“大学的问题只能靠大学自身来解决，更需要学校科学地决策，以保证学校决策的正确性。”[②] 决策的困难之处在于假如几个重要选项在道义上彼此产生冲突该如何抉择？正如孟子所言“鱼，我所欲也；熊掌，亦我所欲也。二者不可得兼，舍鱼而取熊掌者也。生，亦我所欲也；义，亦我所欲也。二者不可得兼，舍生而取义者也”。在选择“鱼”或“熊掌”以及选择“生”或“义”的决策过程中，背后必然有一套支持其选择行为的价值理念或价值比较。大学筹资伦理关注大学筹资行为“应该不应该、恰当不恰当”，是在“正义正当”与“财富效益”的冲突中做出抉择的问题。大学筹资的伦理使命在于坚守大学正义，即“使命重大、理想远大、精神伟大、学问宏大、声望高大、爱之恒大”[③]，这就需要大学筹资对其目的、程序、用途及管理进行德行规约。

➢ 大学筹资的目的正当

在“功利论”道德观里，道德的根本意义是对人的行为本身的价值评价，行为的善、恶、美、好、坏的性质和程度最终皆由该行为达到的目的来决定。也就是说，行为正当性与否倾向于通过目的的正当性来判断，这种认

---

① 赵文明：《世界经典管理箴言精度精解》，中国物资出版社 2009 年版，第 97 页。
② 高建勋：《关于提高高校教育决策水平的思考》，《黑龙江高教研究》2001 年第 6 期。
③ 陈皓：《识大学之大，守大学正义》，《中国高教研究》2015 年第 1 期。

识显然有其不足之处，因为人们不可能认同为了实现一个正当的目的而采取不正当的手段。然而这却从另一个角度体现了行为目的的重要性，目的是所有行为的价值取向。如果大学筹资从一开始所从事的某行为目的就是非正当的，则建立在其基础之上的一切建构也很容易被推翻。例如，第一次世界大战之后，大量移民涌入美国而犹太人占了相当大的比例，犹太学生勤奋好学，因而进入大学的比例较高。造成的结果是，美国的大学课堂里犹太学生的比例越来越大，为了控制这一局面，美国大学越来越多采取所谓的“传承”，即为大学捐款的校友子弟得以优先录取。这种情况下，刺激校友进行资助已变为控制外籍学生的手段。根据《天选之民：哈佛、耶鲁与普林斯顿关于招生与排斥的不为人知的历史》一书中所披露，这个潜规则一开始目的就是“合理地”拒绝犹太人及其他移民的入学。当时的平等主义呼吁者猛烈抨击之并斥责“它不仅充满着铜臭，而且带着挥之不去的种族歧视的影子”[①]。因此，正当的大学筹资应以促进教学科研、促进大学发展的战略使命为己任，将收益与道德进行结合，从伦理视角审查捐赠动机是否与大学教育原则、标准与核心价值一致；捐赠是否会对大学实现使命、目标的能力构成威胁；劝募和接受捐赠是否会将大学置于不光彩的境地；会不会造成捐赠人与大学之间的利益冲突。

➢ 大学筹资的程序正当

如法律执行的过程一样，大学筹资过程中的每一步程序都应该是合理恰当的，这是“道义论”倡导的内容，每一部分的合理是与否是判断大学筹资全程合理与否的标准。一般来讲，大学筹资包括发起筹资倡议、组织筹

① Jerome Karabel, *the Chosen: The Hidden History of Admission and Exclusion at Harvard, Yale, and Princeton* Boston: Houghton Mifflin, 2005, p.68.

资小组、潜在客户联系、部署筹资方式（如劝募、义演、赛事、协议等方式）、款项收取、备案记录等必要环节。在这些相关环节中，大学应该以坦诚、诚恳、信任、透明的态度对待，比如募款倡议中应该明确大学因为什么而面向社会筹资、大学需要筹资的金额是多少、这些社会筹资的主要用途是什么、筹资团队的专业证明、参与筹资人员的身份等具体信息对外开放透明可查、对有问题的捐赠进行彻底审查等，这是大学筹资中无论怎么小心都不为过的事情。2012 年学生因削减经费游行而焦头烂额的剑桥大学意外收到一笔 370 万英镑的捐款却让剑桥大学更加头痛。剑桥大学接受了一笔善款以设立一个新的终身教授职位，由于捐款来自一个中国基金会，引发了英国舆论和剑桥校内一些学者的质疑。这笔 370 万英镑来自一家音译为“崇华基金会”（ChongHua Foundation）的组织，英国媒体表示在北京民政部注册的慈善机构、各种慈善联合团体以及中国的公司注册部门都没有找到“崇华基金会”或者其他类似的机构名称。剑桥大学政治系资深讲师特拉克·巴卡维（Tarak Barkawi）坚决不满大学领导层的决策，因为他“怀疑中国有没有这一合法的基金会而剑桥校方却不考虑这一点。在 LSE（伦敦政治经济学院）的丑闻被揭露以后即便我们很需要这笔捐赠，剑桥做出的这次举动（指接受来源不明的捐赠）是极其鲁莽和轻率的，是拿剑桥的声誉做赌注”。[①]

➢ 大学筹资用途的正当

对于慈善捐赠，人们一致地认同筹资所得的财物应用以救助弱势群体或定向筹资用于某类公益事业以改善相关人员的生活、工作、学习条件。因此大学筹资的根本用途应用于大学软硬件的建设和师生员工的根本利益。在有

① Alex Spillius, Peter Foster, Malcolm Moore: *Mystery of Cambridge University's £3.7 million Chinese benefactors* The Telegraph, Jan.30, 2012. 见 www.telegraph.co.uk/education/universityeducation/9050447/Mystery-of-Cambridge-Universitys-3.7-million。

些特定的情况下，捐赠人对其贡献财物之用途有着比较明确的希望，大学不应私下违背捐赠人的意图和契约，即使大学认为这笔资金用于其他地方更能促进大学的发展。例如发生在我国大学的一个案例，一名爱心华侨打算向华东某大学哲学系捐赠一笔高达1000万美元的捐助款并与哲学系负责人达成一致。由于这名爱心人士是位哲学爱好者，他非常希望能为该大学兴建一栋哲学楼，再拿出一部分经费用来邀请国内外一流哲学大师来此办讲座。帮助该校哲学系建设成为国内第一、国际一流的精神中心，最终使之成为一个学者大师聚会的地方。同时，中心面向社会开放，是整个社会向大师讨教的地方，聚合社会各种重大问题，为社会寻找最终的出口。双方还打算成立一个发展基金，用于资助教师的深造、研究和资料采购。但最终校领导却再次出面与资助人接洽，准备说服捐赠人将这笔资助捐赠给法学院。哲学系教师上下自然十分愤怒，认为这不仅有违于捐赠人关于资助用途的原本意愿，更有厚此薄彼的专业歧视嫌疑，从而联名上书公然反对，一桩本为善举的捐赠硬生生惹得各种非议和批判纷至沓来。

➢ **大学筹资的管理正当**

筹资是资助人为公共利益而自愿投资的行为，是一种施恩与分享的风险，对提高社会大众的生活质量有重要意义。为确保大学不辜负公众的尊敬和信任，大学在对捐赠财物的管理上务必严格遵守相关的伦理条例，这些条例一般涉及管理的透明、参与以及隐私保护等问题。

透明管理：大学应充分使其管理透明化，以便资助人了解大学的具体使命以及如何运用所捐资源；还应让资助人了解大学是否具备有效利用捐赠资源实现既定目标的能力。资助人有权了解募捐工作人员的身份；有权要求管理人员在日后肩负起谨慎判断的责任并可以了解大学最新的财务情况；大学应对资助人就捐赠财物的质询给予直接、迅捷、真实的回复。

参与管理：资助人为大学发展有所奉献，在某种程度上与大学发展休戚相关，自然可以被视为利益相关者，因而被赋予权利参与大学管理的决策。捐赠者对大学管理方面拥有发言权，而且他们的决策和建议对大学行政人员、董事会和教授们都有非常重要的影响。作为财物的支出主体，资助人充分享有监督、指导和协调财物使用的权利，包括在必要的时候撤回捐赠。

隐私管理:《国际募捐伦理守则》(*International Statement of Ethical Principles in Fundraising*)明文强调募捐要尊重捐赠者的权利；尊重捐赠者的隐私以及尊重其意愿；尊重受赠者的权利并且维护他们的尊严及自尊。体现在具体操作层面，具体举措包括大学与资助人订立备忘录，专人管理个人信息，承诺个人信息仅用于学校相关目的并定期通知资助人高校当前的计划，征求资助人意见，根据资助人的意愿采取相应措施如匿名、不见报端等。

➢ **大学筹资的致谢方式正当**

为了激励社会人士积极参与大学筹资，大学通常本着建立情义、长期合作的宗旨应对资助人进行合理致谢或回报。但是回报有诸多种形式，采用何种致谢方式既能调动资助人的热情，又能避免冒犯其他利益相关者，也是大学领导者所要面对的难题，这便涉及大学筹资致谢方式的正当和得体。哈佛大学前校长尼尔·陆登庭（Neil Rudenstine）曾说募捐不容易，多数人捐赠的目的并不仅仅是济贫。由此可见，募捐的动机不可能是绝对单纯的，即便是慈善家也不可避免在捐赠中带有某种附加利益追求，这种利益可能是名声上的、经济上的或其他形式的。大学发展需要社会资本的注入，因此基于市场法则，关注资助人的需求特点，使其享有利益补偿权是大学在对待资助人应普遍所持的态度。资助人是为学校发展做出重要贡献的群体，学校有必要将发展惠及他们，使他们从捐赠大学中获得满足和尊重，形成长期合作关系。

大学对贡献突出的资助人提供利益激励也是常见的举措。但是对资助人感激应该以什么形式，达到多大程度，乃至于是否接受资助人的一切要求都是需要做伦理思考的。一般而言，只有当其诉求与大学精神、使命、文化、目标、师生利益不产生冲突的情况下方可接受。对于那些可能会与大学精神、使命、文化、目标、师生利益产生冲突的要求则应三思而后行。国内外常用的致谢方式是以冠名的方式回报资助人。印第安纳大学筹资排名在美国跻身第十名，该大学基金会总裁、美国筹资学创始人之一尤金·腾泊（Eugene Tempel）博士认为，“大学及非营利机构筹资人除了要出污泥而不染，还要遵循最高的伦理标准进行筹资实践，针对企业和基金会的筹资与命名也需要遵循价值和伦理准则来考虑”。[①] 大学作为知识的圣殿，其纯洁性和神圣性不容侵犯。尤金·腾泊指出，大学在筹资时一般不特别愿意以企业和机构的名字冠名，特别是用企业和机构名字来命名学术和研究有关的项目和设施，因为大学需要维持学术和研究独立自主的形象，而不是成为企业和机构的“附庸”。[②] 因此，如果大学致谢方式缺乏必要的伦理考虑，就极有可能产生伦理问题的风险。

（三）大学筹资伦理建构的路径选择

大学筹资虽然是国内外高校通用的办法，然而由于国家体制、文化传统、社会心理和其他实际情况各有不同，因而大学筹资伦理在建构上不可能全然统一、步调一致。但不可否认的是在人类社会中人们对善恶美丑和是非对错的判断和认识存在相似之处。大学筹资伦理建构仍然可以从世界大学的经典实践中寻找具有共同性的方面，通过批判式的借鉴吸收实现符

① 瑞森德：《美国大学基金会筹资之道》，《中国财富》2012 年第 6 期。
② 瑞森德：《美国大学基金会筹资之道》，《中国财富》2012 年第 6 期。

合国情的大学筹资伦理建构，在路径选择上亦可分为理论层面和实践层面。

➢ 理论层面的路径选择

理论包含思想与观念，理论不仅是对实践的抽象概括，还是指导实践的规律、概念和原理，是人们对事情的主观与客观认识的系统化的集合体。大学筹资伦理的实践也毫无疑问应建立在伦理理论基础之上。世界各国，无论政治体制、经济制度和文化发展存在怎样的差异，都对人在社会中的道德和行为存在多元的视角、理解和评价，这就为在理论层面上探讨大学筹资伦理提供了选择。

（1）增强大学伦理自觉，传播大学筹资伦理观念

所谓伦理自觉，是指对伦理地位作用的深刻认识、对伦理发展规律的正确把握、对发展伦理历史责任的主动担当，自觉承担起用先进文化引领社会进步的责任、提高精神境界的使命和责任。大学精神、使命及其公益性决定了大学筹资不仅是一个“利益团体”，而且是一个“伦理团体”，应谨守教育教学和筹资伦理为促进社会进步发挥积极、向上的影响。伦理自觉要求“行为主体对行为事实的尊重以及按照优良道德的要求去行事的自觉”[①]，具体到筹资方面，要求大学领导人和筹资负责人具有较强的使命感、责任心和敏锐的伦理管理意识，充分显示出伦理上的责任担当和极大觉醒。

大学筹资伦理观念的生成与培育是大学筹资事业的心理积淀。从慈善事业大格局来看，发展慈善公益事业必须有良好的社会环境和人文关怀氛围。大学筹资亦必须在明确的伦理空间内进行，涵盖权利、义务、契约、问责等道德要素。但形形色色的冠名争议、不当财产来源争议、善款保管争议暴露

① 吴然、高杉：《大工程视野下工程师的伦理自觉》，《石家庄铁道大学学报》（社会科学版）2011 年第 4 期。

出来的是大学筹资伦理观念的淡薄。作为大学，筹资伦理应未雨绸缪走在筹资实践之前并向社会传播和强化这一观念，使之深入筹资从业者和大众的脑海，成为大学筹资不可或缺的指导思想。现代社会，公众对慈善组织的了解主要是通过媒体实现的，媒体对公众的影响越来越大了。因此，为了促进大学筹资事业的发展，大学除了应形成完善的筹资伦理规章还要充分利用外部媒体（报纸、网站、电台等）和自媒体（微博、微信等）从外部为传播现代大学筹资伦理观念而努力，加强对现代大学筹资伦理文化的宣传，使之成为大学筹资领导者与执行者共同关注的内容。

（2）将大学筹资活动的创新实践上升到伦理层面

伦理作为一种重要的意识形态，不是僵化的而是动态的，这意味着伦理是可以变更的，它总是随着社会历史发展的脚步而处在不断嬗变的发展过程中。对所有的社会慈善组织而言，理念发挥着类似导向的巨大作用，它告诉慈善组织如何行事。正确的理念产生恰当的行为，而错误的、不合时宜的理念必然产生误导作用和错误的后果。慈善组织公信力的实现依赖于慈善组织行为，理念、制度公信力蕴含于行为公信力之中，通过具体的慈善社会实践活动体现出来。故此，大学在筹资中体现的价值操守将为大学的社会公信力产生增值或贬值的功能。大学筹资，通过伦理以实现大学利益与捐赠人诉求，尤其是那些打破传统的创新筹资行为对大学起到镜鉴的作用，成为大学筹资中践行伦理的杰出模式，并转化为大学筹资伦理的观念财富。例如，在电话与网络等新型筹资媒介盛行之前，美国发生过一系列电话、电邮筹资诈骗案以及行骗者冒充筹资人员骗钱，造成极坏的社会影响。后来，从业者开创了筹资网站认证制度，保障了筹资的安全，进一步根据新媒体筹资的特点发展了相应的筹资伦理规范，如《电子慈善筹资实践伦理》（*ePhilanthropy Code of Ethical Online Philanthropic Practices*）。

（3）注重中外伦理元素的整合

人类历史不同时期以及不同社会文化下存在着最基本的共同伦理和行业伦理规范，以中国为例，中华民族自古以来就有着乐善好施的优秀传统，在许多经典著作里都反映了这种良好的传统，同时也有衣锦还乡不忘桑梓出资办学的义举。从历史来看，最早由孔子个人出资兴办私学到元、明时期开明地主、乡绅对书院的贡献，再到近代华侨陈嘉庚、邵逸夫捐资助学，无不体现了中华民族对教育的慷慨和仁爱、博爱理念、推己及人理念、诚信理念等。这些理念是人类精神文明长期发展的结晶，为人民大众所认同，也是现代大学应该秉持的伦理观念。罗素认为“中国至高无上的伦理品质中的一些东西，对现代世界极为需要，若能够被全世界采纳，地球上肯定比现在有更多的欢乐祥和”。[①] 同样，西方国家资本主义制度中盛行的平等意识、契约伦理及管理伦理和个人主义道德观也对西方大学的筹资实践发挥着重要作用，折射出资本主义经济体制下特有的伦理光芒。故而注重对中外教育筹资伦理元素的整合，吸收借鉴是建构大学筹资伦理在理论层面上不可或缺的路径选择。

➢ **实践层面的路径选择**

在实践层面，政府部门、行业组织和作为筹资主体的大学需在借鉴先进经验的基础上积极探索和完善大学筹资制度建设，不断优化大学筹资环境和慈善主体的结构与活动方式，逐步培育实践着的慈善伦理现代性。

●推进慈善公益领域运行的制度建设

制度是人们在长期的社会交往中，为实现共同的目的，由社会成员意识积淀形成共识，进而产生的规约或行为的准则。在公益慈善事业制度建设

① ［英］罗素:《中国问题》，秦悦译，学林出版社 1996 年版，第 167 页。

维度，政府相关部门应该尽早对已有涉及慈善主体的法律制度进行梳理，从制度上厘清政府权力和民众权利在慈善法律关系中的边界。政府管理部门应积极推进现行慈善制度的改革，建立和完善以慈善业务年审为主要手段的监管制度，重点加强对公益慈善类组织的信息披露、财务报表和重大活动的监管，以确保慈善事业的公开透明之原则。在国家慈善管理大方案的指导下，大学作为筹资主体根据组织自身的特殊性设计符合大学特质的筹资伦理规范。一旦慈善公益事业的大环境以制度化、法制化、正规化的方式确定下来，大学筹资作为其中一个领域则拥有了管理上的条例依据，从而规避各种认识上和实践上的误区使大学筹资更加符合法规制和价值追求。

●加强对大学筹资的全方位监管

信息公开是筹资机构赢得公信的前提。因此需要为大学的筹资活动建立严格的审核和监督机制，随时公布善款的来源和流向并建立完全透明的公众查询系统。从大学组织的外部考虑对大学筹资的监审，关键是要形成和完善包括政府监督，独立的第三方评估，以及媒体、公众的监督与评估在内的三位一体的机制，加强对大学公信力考核。大学通过定期向有关部门、捐助者和社会公开其经费收支情况，实行财务公开、专款专用、透明管理。实行捐赠者监督机制，募捐组织开设专门的账户、列出专门的计划、拨出专门的款项、用于专门的项目。财务透明，信息公开，形成有效的监督和信息查询系统，不仅是衡量大学筹资健康发展的指标，从广义上讲，更是中国慈善机构理性成长和整个慈善组织能否获得健康发展的重要指标。

●着力打造一支专业化从业队伍

成功的大学筹资不仅使捐赠人乐于解囊相助，而且捐赠人与大学建立起长期合作的友好关系，形成大学筹资的可持续发展。反之，筹资的伦理危机不但可以造成潜在的捐赠人对大学丧失信心，更可以危及大学的声誉与形象，甚至对大学管理者个人都无异于一场灾难。因此，筹资行业早有共识——大学筹资不仅是一门技术，而且是一门艺术，必须由专业化人员操作与执行。专业化的人员是通过相关技能培训的工作人员，以澳大利亚的大学为例，参与筹资的人必须是通过募捐伦理培训的人士，主要筹资的领导更是资深筹资专家。专业化的从业队伍的作用在于以丰富的经验帮助大学寻找到那些可以成为客户的人员，一方面可以提高大学筹资的效率，另一方面通过公关和媒体的作用化解筹资中出现的危机，避免产生伦理和利益的冲突。在伦敦政治经济学院接受一笔来自卡扎菲第三子的国际慈善与发展基金会（Gaddafi International Charity and Development Foundation）的捐赠导致校长辞职后，英国对慈善立法和伦理的呼吁甚嚣尘上。教育促进与扶持委员会（Council for Advancement and Support of Education）便开始对英国和世界其他国家的筹资组织进行伦理决策培训，希望为各机构提供专业人士，更好地服务于高等教育筹资。

●大学筹资中发扬民主决策

民主决策是在大学筹资决策由与大学产生利益关系的利益共同体共同做出。在大学内部，与大学休戚相关的不仅有校长和院长，还有广大教职员工与学生等不容忽视的群体。大学筹资的目的与这些群体利益相关甚至影响巨大，故而关于筹资的决策应将这些成员容纳进来。有些情况下，大学领导者做出的决策并非出自师生的意愿，而在科层组织盛行的某些国家大学里大学领导层几乎可以直接拍板，但决策结果首先冲击的却是师生利益。在一些大学筹资的现实中，有不少伦理问题产生的直接原因便是决策层和基层之间缺乏必要的信息沟通，导致决策层与基层的价值对立。2011 年 5 月 19 日，一场风波席卷位于中国广州的百年名校暨南大学，事件的导火索是大学将学校标志性建筑教学楼冠名为“富力教学大楼”引发学生不满。关于是否支持冠名教学楼的网络投票显示近 87% 的学生表示反对。学生们普遍认为，作为知名的百年名校暨南大学教学楼和其他设施受到利益左右不断更名有违大学精神。大学新闻与传播学院学生 L 同学表达了其感受，“我认为现在商业行为对于学术和大学精神的冲击特别大，学校一心只顾接受捐款，但没有考虑我们学生的感受”[①]。这充分体现大学筹资中因相关利益相关者的决策缺位而导致伦理问题产生。

对此，教育部工作人员给出的意见则是针对高校接受企业捐资冠名一事，教育部已经表态即允许企业和个人捐资，但高校接受捐资冠名前应该充分考虑学生和教师意见，进行广泛听证。而教育学家熊丙奇的一番评论也许恰到好处地解释了隐藏在事件背后的深层原因，他认为值得探讨的是国内外的高校企业冠名都存在“争议”，不同的是国外是在冠名前发生争议，而我国则是在冠名后出现争议。“出现这个的根本，就是决策机制和决策程序的不同”[②]。“国外高校在接受企业捐资之前，就会向校董会、普通师生进行征求意见并确定所接受捐资具体用处、被冠名设施名称等一系列问题，而且全程会定期向师生公示”[③]，正是因为这样的公开、透明、民主的决策机制，使得国外大学在接受捐资后不会出现相关伦理争议。

（四）大学筹资伦理的技术保障

无论是伦理要求还是制度建构，最终必然落脚于大学筹资伦理的实现，而目标的实现离不开必要技术辅助。所谓技术，是指人们从现实到达（或者说实现）理想目标所必须遵循的综合操作方法，包括相关的真理性认知、科

① 刘子瑜:《富力地产冠名暨南大学教学楼引发学生不满》,《新快报》2011 年 6 月 3 日。

② 罗知锋:《暨南大学教学楼以地产商冠名引发巨大争议》,《广州日报》2011 年 5 月 21 日。

③ 刘子瑜:《富力地产冠名暨南大学教学楼引发学生不满》,《新快报》2011 年 6 月 3 日。

学理论、经验、工具、设施、环境等。筹资是实践性较强的事务，国外大学在这一领域做出了较多探索，积累了丰富经验，可以为后来院校提供技术参考。大学筹资伦理归根结底是从技术上对筹资主体（大学）与客体（资助人），直接受益人（个体）和间接受益人（社会）伦理的规范。

➢ 对筹资主体的伦理保障

作为筹资主体，大学对规避伦理冲突和维护组织社会声誉责无旁贷。为避免大学在筹资中陷于不利和被动，采用必要的技术辅助是大学发扬德行和规避伦理瑕疵的普遍行动。对于一般的资助捐赠的伦理审查既有内部审查也有外部审查。内审是制定大学的独立筹资规则并向社会大众推广，既用来说明情况和指导大学筹资工作，又作为对外释放信息明确大学的立场和禁止接受的财产类型，实现从源头上把关。外部审核包括大学与第三方合作（如税务部门或安全部门），对资助人是否存在不良记录，财产来源是否干净、资助人身份是否清白等进行审核。大学筹资部门再对善款的附加条件进行审核，评估善款是否过分干涉大学事务，最终双方以签署协议的形式固定双方的权利与责任。此外，针对特定捐赠人群体开发相应技术维护筹资对人的尊重，如与患有痴呆症的资助人合作需要对工作语言有所考虑，控制好环境，筛选对方答复的选择性问题，辨识情绪等技术有所掌握。针对大学筹资中产生伦理的冲突，则需要由危机管理和公关技术来解决，这些方方面面的技术促进着大学筹资伦理的实现。

➢ 对筹资客体的伦理保障

筹资客体是那些为大学提供经费资助的人或组织，是筹资的经费来源方。欧美国家普遍遵循的《资助人权利法案》（*Donors' Bill of Right*）明确了筹资客体的一般权利。大学资助人享有法案规定的权利，但也因筹资主体的特殊性受到限制，如资助人不能对善款附加与大学精神相违的条件。为确保资助人及其善款符合法律与伦理，大学通常联合第三方组织进行共同审核。此外，大学制订详细而又周密的筹资计划、善款基金运行方案、接收捐款政策与程序、冠名与致谢办法以及筹资运行中的危机处理方式等帮助筹资者合理接纳和对待资助人提出的意图和诉求，从而实现对资助者负责，保障资助人的正当意愿和利益。

➢ 对直接受益人的伦理保障

直接受益人是指善款直接惠及的对象，通常是大学内部的核心利益相关者，如学生、教师和其他工作人员。在直接受益人伦理保障方面，无论是对善款还是实物资助凭证成为一种强制性的制度，每笔善款的进入，每件物品的收受都要给付相应的接收凭证。接收凭证由大学筹资主管部门监督印制，载明接收资助的时间、地点，资助的性质与数额，资助人的姓名或名称，直接受益人（个人或群体）的名称等事项。但大学制定的筹资伦理规范又对资助性质加以补充说明，只有资助直接受益人的善款不对其他群体造成冒犯，不对大学倡导的平等、民主、独立造成冲突，方可接纳。大学对直接受益人是否符合资助条件有进行审核的义务，还要配合有效的定期回访与抽查制度，以确定直接受益人具有获得善款资助的理由（如某学者对某一课题研究经校方审核属实后可获批善款资助）。资助人对善款必须通过正规的交付渠道进行分发，通过缔结资助协议（gift agreement）确定在资助钱财与实物分配过程中的义务与责任。

➢ 对间接受益人的伦理保障

间接受益人是指善款间接惠及的对象，可以是个体，也可以是个体所处的社会，如大学筹资直接惠及学生教育质量的提高，间接惠及雇主和社会。

在对间接受益人伦理保障方面，主要强调大学筹资应遵循社会公序良俗和法律规范。由于大学等非营利组织的核心架构在于为社会福祉而履行使命，这成为筹资得以开展的基础。社会大众普遍对大学寄托很高的期望，因此也对大学筹资提出较高的伦理要求。大学筹资能否为间接受益人认同或接受很大程度上由筹资行为所带来的社会心理舒适度决定。这很大程度上依赖于某些行为技术，如沟通、认知文化环境、筹资部门与执行部门分离。具体来讲，沟通技术是在筹资单位与资助人之间建立对话机制，发布和反馈信息，澄清谣言与不实，赋予资助人信心。文化认知技术，是要明晰社会文化特征，采取最佳筹资策略，规避因对环境与文化的无知造成的伦理失误，例如，在女权运动社会中，筹资应避免对性别话题的过度牵涉，筹资与执行分离技术，则是为了避免不透明，内部交易等问题。

第五章　国际视野下大学筹资伦理探究

大学社会筹资已成为世界多国高等教育财政拓展的举措，这种共性为各国大学相互借鉴、吸取教训、总结经验提供了国际的视野平台。伦理是大学筹资事业得以开展的核心前提，重视大学筹资伦理构建，完善大学筹资的制度建设，制定符合本国国情和院校特点的筹资伦理规范，并培训大学筹资人员提升自身专业化水平已成为世界知名大学筹资重点选择。鉴于美国、英国大学开展筹资的历史比较悠久，筹资业绩突出，产生的问题也具有典型性和警示性。澳大利亚在过去的10年中，由于高等教育拨款呈现下降态势开始效仿美国式的院校募款。因此，通过对美国、英国以及澳大利亚三国大学筹资伦理历史、伦理生成和实践的比较研究，以期对我国大学在“双一流”时代的筹资基础建设有所启示。

（一）美国大学的筹资伦理

美国是世界高等教育龙头，大学的办学理念和治理机制在一些国家通常作为样板而学习，在利用社会筹资吸纳大额经费的实践上更是令其他国家大学望尘莫及。美国的大学在筹资方面可谓是下足了功夫，据相关统计，大学校长约有一半的工作时间花在大学筹资上，衡量大学校长对大学的贡献时，筹资的数目是一个绝对重要的指标。正因为美国大学在筹资道路上走得早也走得远，在这一长期的历程中，美国大学筹资从简单走向复杂、从小额走向大宗、从无序走向有序，既经历了大学筹资实践的伦理失误又对大学筹资伦理有所发展。人们认为，任何事物的生发发展都是时间的函数，只要把时间理清楚就会摸索到研究对象的轨迹和自在规律，从而更好地为人们服务。因此，要充分认识一件事物必须回望其历史发展过程，探讨美国、英国、澳大利亚大学筹资伦理问题也必须回到这些国家大学筹资的源头。

➢ 美国大学的筹资历程

美国大学以私立为主，而其中为数不少的大学正是通过社会慈善和筹资才得以兴建并薪火相传达到今天领先全球的地位。美国大学的筹资历史可以追溯到英国殖民地时期的哈佛学院（Harvard College）及其之前的英格兰。据史料记载，1641 年，马萨诸塞湾区殖民地派遣了三名神职人员肩负使命返归英国，他们的任务是为哈佛学院筹集资助。其中一名名为威廉·西本斯（William Hibbens）的牧师在一年之内为哈佛学院带回 500 英镑，之后又获得更多的募捐资助。[①] 另外两名牧师托马斯·维尔德（Thomas Weld）和休·彼得（Hugn Peter）则在英国停留了较长一段时间，他们写信给在北美的殖民地当局，要求获得积极介绍哈佛学院和新英格兰（New England，即美国的六个州地区，由北至南分别为缅因州、新罕布什尔州、佛蒙特州、马萨诸塞州、罗得岛州、康涅狄格州）的小册子，于是诞生了美国第一份关于筹资的市场推广材料。这本小册子详细描述了为建立美国第一所学院的筹资目的和过程以及清教徒对教育慈善的重视："上帝把我们安全地带到新英格兰之后，我们建立了房子为我们的生活提供了必需品……我们渴望并努力寻求的目标之一是推动教育事业，永远福及子孙后代……当我们思考和商量如何进行这一伟

① Morison S.E, *The Founding of Harvard College,* Cambridge: Harvard University Press, 1993, pp.12–14.

大工程的时候，上帝高兴地激发哈佛先生（一位生活在我们当中的虔诚绅士和酷爱教育者）的爱心。他捐出自己一半房产约值1700英镑和他所有藏书来建立一所学院。另一个人随其后捐出300英镑，更多的捐款随之而来，其余的部分由州里拨出公款补足。大家同意将学院设在一个环境优美舒适的地方并根据第一个创始人的名字定为哈佛学院。”①

哈佛学院的筹资者首次为美国殖民时期高等教育开创了一个相当典型的策略性做法，这为美国大学募集资助提供了可操作性的经验。从那时起，哈佛学院经常性地聘用学院代表，或者是学院校长为该校寻求筹资。历史的车轮继续前进，到1745年新殖民地地区又成功建立了两所高等教育机构，分别是弗吉尼亚州的威廉玛丽学院（William and Mary College）以及康涅狄格州的耶鲁学院（Yale College）。②这三所院校依靠英国国王或者学院所在地的州政府为其提供资助或补贴，然而这种补贴数目极其有限，很难满足教学与采购的需要，学院缺乏充裕的资金成为经常发生的事情。这些学院当时能够艰难地维持是因为有一群关注学院教育受过教育的人士的解囊相助，这些帮助既有金钱上的，也有物资上的。正如麦克阿涅尔（McAnear）指出的那样，“由于人们对高等教育的关心变得日益广泛和深切，促使了美洲和英伦三岛数以万计的人们纷纷慷慨捐赠，集腋成裘，聚集成相当可观的一笔数目，从而挽救了这些学院”③。早期的这些社会募款并非绝对自发的，募捐是通过与学院有直接联系的人倡导，有系统、有组织地开展。殖民地时期的美国，筹资是一项高尚和文雅的行为，对于富裕人士往往采用公开注册的办法逐个实行认捐，而对于低收入的社会

① [美]弗兰克·奥利弗：《象牙塔里的乞丐——美国高等教育筹款史》，许东黎、陈峰译，广西师范大学出版社2011年版，第1页。

② Sears J.B., *Philanthropy in the History of American Higher Education,* New Brunswick, NJ and London: Transaction Publisher, 1990, pp.69–71.

③ [美]弗兰克·奥利弗：《象牙塔里的乞丐——美国高等教育筹款史》，许东黎、陈峰译，广西师范大学出版社2011年版，第2页。

群体则是通过发行彩票的方式获得资助，所获得的收入归学校所有。不过后来这种发行彩票的行为被废止，因为州政府认为抽奖买彩票是不道德的，这种做法对于学院和彩票购买人都是一种赌博。

而在英格兰，为殖民地学院举办筹资活动则是建立在严格程序基础之上。筹资之前，学院的代理人或校长应得到教区的批准方可执行，批准的证明是人人皆知的一种简短的说明性文件，文件必须明确阐述此次筹资任务。批准文件由负责主管教会的专门组织签发，之后要举办布道以宣传此次筹资的具体目的，布道宣传完毕，筹资的执行人将任务文件的副本交给教会管理人，由他们去挨家挨户拜访教会成员，将筹资的金额和捐赠人的名单一同带回。这种严格的、近乎程式般的筹资方法监督学院筹资的真实性并保证筹资的严肃性，无疑是规范早期学院筹资的伦理意识和技术手段。因为美国殖民地时期的学院多由宗教牧师发起募捐，学院的建立有培养殖民地需要人才的目的，即培养统治阶层的作用，另外还带有宗教性质，扮演着维护某一教派纯粹性的角色。殖民当局往往把其所认为的正统教会的教义作为治理殖民地和规范殖民地社会道德准则的理论依据，因而这时期学院筹资的举行受到宗教道德的规范，这些宗教道德在某种程度上成为早期殖民地学院筹资的伦理来源。

为回报早期资助人的慷慨，殖民地时期美国学院更多采用以贡献卓越资助人的名字命名，因为这既可以是一种表达致谢的有力证明，又是进一步刺激更多人员参与对学院贡献的有效途径。这种方法在以后的美国大学筹资中得以更广泛地发挥，哈佛、耶鲁、布朗、罗格斯、达特茅斯等名校都是为回馈主要资助人的贡献而以他们的名字冠名。故此，有人认为美国大学的历史也可以说就是美国慈善与高等教育发展的历史。

1776 年，北美通过战争的方式脱离英国殖民地建立了独立国家，这造成了战争期间已建立的学院从作为宗主国的英国那里获得的资助变得日益减少直至消失。导致这一结果的原因概括起来有两点，第一是英国在一个很难说将来是否还属于它的地方赞助学院几乎等于白白投入，第二点则是双方在具体筹资做法上互相不兼容，学院筹资代表没有兑现符合英国方面的承诺，即公布资助人名单并清楚交代筹资的数目和使用情况，但在英国将资助人的名字公布以示感谢作为光荣榜样是通行的筹资惯例。断绝了英国方面的资助扶持，美国学院的生存与发展变得越来越困难，尽管在宗教价值观和世俗道德观念的洗礼和教育的熏陶下，人们将乐善好施视为习惯，但受当时社会经济条件所限，能够获得的慈善捐赠依然不乐观。但经过 1776 年到南北战争这一历史时期，美国高等教育经历了不同凡响的发展，宗教势力不再成为唯一的大学兴办人（这有别于殖民地时期美国最早院校的兴办人为清教徒），因为政府官员们都发现不为宗教服务的大学另外有其自身的作用。这一时期美国的社会形态也发生了天翻地覆的变化，产业结构由种植园农业社会飞跃进入以工业和商业为主要结构的社会。南北战争结束后营造的统一稳定的社会激发美国人的创业热情和民主思想，大学数量已经从 9 所殖民地大学发展到 250 所。[①] 但筹资的方式并没有改变，依然靠个人或院校代表出面，用登记认捐的方式乞求捐资承诺，资助人之所以可以放心捐赠则来源于捐赠的条件有益于某一群体的利益实现。据记载，布凯瑞 · 托马斯（Carey Thomas），一名约翰 · 霍普金斯大学（John Hopkins University）董事的女儿，为帮助该校建立一所医学院与医院发起筹资运动成立该校妇女委员会，该委员会提出优厚条件保障女子与男子同样平等地进入新成立的医学院促成了筹资的大获成功。[②]

① Rudolph F., *the American College and University: A History, Athens,* GA: University of Georgia Press, 1990, p.71.

② Solomon B.M., *In the Company of Educated Women,* New Heaven and London: Yale University Press, 1985, pp.123-124.

1862年，南北战争期间农业生产方面受到影响导致了农民利益受损，这促使美国通过了高等教育颁布的最为重要法案之一的《莫里尔土地赠与法》（*Morrill Land-Grant Act*，亦称《增地法案》）。[①] 该法案由议员贾斯丁·莫里尔（Justin Morrill）提交三次终获成功，确立了联邦对美国高等教育的资助计划并以实践性课程内容吸引更多学生，它的课程面向工农业生产技术，为鼓励私人捐助地方性大学起到了很重要的作用。

19世纪末20世纪初期，美国大学筹资开始向专业化方向发展，影响这一趋势的主要是两大筹资思想，它们分别是来自基督教青年会（Young Men's Association of Christianity）的思想和哈佛大学毕业生威廉·劳伦斯（William Laurence）的思想。[②] 在这两种筹资思想的推动下成就了两家专业筹资公司，在前者影响下成立的是约翰·普莱斯·琼斯有限公司（John Pulas Jones Company Limited，以下简称琼斯公司），受后者的影响成立了一家瓦尔与希尔联合公司（Ward and Hill Associated，以下简称联合公司）。这两家公司在用人方面有着各自的特点，琼斯公司喜欢聘用新闻媒体界人士，如用记者担当主要筹资人，而联合公司则倾向于招聘和使用具有宗教信仰的人，美国以后的高等教育筹资运动被这两个公司前所未有地影响。

在琼斯公司的筹资中，该公司极大地运用基督教青年会思想，即在筹资运动中筹资人放弃原来的长期作战方式，改变以往长期乞求捐款的吃力方式，通过安排一段紧凑的时段采用高密度的发挥记者作为筹资主要负责人的公共媒体优势，通过强大的社区舆论宣传达到公众集会筹资目的。因为这种

① 黄建如:《比较高等教育——国际高等教育体系变革比较研究》，社会科学文献出版社2008年版，第121—123页。

② Worth M.J., Asp J.W., *the Development of Ficer in Higher Education: Toward an Understanding of the Role* [M]. Washington D.C.: The George Washington University, 1994, pp.78–79.

方式对公民的心理产生极大的热潮，能引发如同旋风扫落叶般的效应，故此这种方式有人用“旋风筹资运动”（whirlwind campaign）来形容其煽动性。公司在充分发挥这套策略的同时也形成了一整套固定的原则，其中一些条例包括：筹资主管人应该做好充分准备，在筹资活动拉开大幕的时候以身作则，率先捐款；通过媒体对公众广泛进行宣传让其了解捐款的必要性；公布筹资总额注意讲究时刻，恰当的时候可以作为一种战略战术；将潜在的慈善团体列入名单宣传时候择机突出等。这些做法中有些颇为令人不喜，比如琼斯公司宣传的时候往往会在能力与责任及义务这些伦理方面大做文章，有些大财团虽然财大气粗但是却对捐赠毫无意愿，琼斯公司他们列入重点劝募名单对其造成不小的社会压力。

联合公司对琼斯公司那种利用媒体轰炸，用狂热的气氛激发公众的热情的做法持明显批判态度，正如威廉·劳伦斯（William Laurence）所揭露的："（琼斯公司）对公众隐瞒信息，有意拖到最后一刻才宣布筹资成功的做法让人深恶痛绝……我不会使用那种方法……这使筹资的可信任度降低……对于这种坦诚，人们知道事实往往比我们想象的更加乐于行善。"[①] 有鉴于此，联合公司在筹资时更趋向使用平稳的方式，利用基督教教义熏染下人心平和诚实的优点以获得公众的同情与支持，由捐赠人自己自由选择所要捐款的公司，亲自向其捐赠。在宣传力度上联合公司认为宣传在于质量而非传单漫天飞，那纯粹是浪费纸张和墨水，宣传信息应该简明让人一目了然。比较二者，前者虽然声势大见效快，但诟病也多；后者则是更多以坦诚的姿态，较之前者有不少符合人道主义的做法。

1944 年第二次世界大战即将结束之际，美国国会通过了《退伍军人权利

① ［美］弗兰克·奥利弗：《象牙塔里的乞丐——美国高等教育筹款史》，许东黎、陈峰译，广西师范大学出版社 2011 年版，第 65 页。

法案》(*The GI Bill of Rights*)旨在帮助从战场回来的老兵们能通过技术培训与专业学习更好地实现角色转变和适应社会平民生活。[①] 整个社会都在呼吁高等院校要不断增加空间为与日俱增的人员提供高等教育服务，这无疑进一步增加了美国大学对资助的需求。美国募款策略协会（America Association of Fundraising Counsel）认为当时的学生如潮水般涌入大学或学院，学校已经难以承受重负，而由于战争时期国家对钢材等资源的限制使得大学建筑无法更新，大学对资助的需求也一直被压抑着。战后，经济方面的巨大增长和国家向超级大国角色的转变成为满足高等教育资助需求的有利条件——慈善基金会大幅度增加，实力也越来越强大，这也成为美国大学筹资的有利条件。50年代对高等教育的自愿支持取得了很大发展，捐赠的增长速度惊人，捐赠金额每年几乎以17%的增长率递增，大学开始意识到慈善捐赠对大学筹资有着巨大的有待挖掘的潜力。

50年代对美国大学筹资而言出现了一种新鲜事物，即公司慈善。出于对美国私立大学的关注，一些公司管理层开始以较大规模参与专门针对高等教育开展慈善活动。对大学的慷慨捐助使公司的社会声誉和公共形象大为提高，并与大学研究人员建立互动关系。过了10多年，美国公众开始对公司慈善产生了一些质疑和批评，原因在于尽管10余年来通过公司慈善活动捐助给大学的资助有持续增加的态势，然而这并非单纯无私的举动，而是与公司的战略目标存在密切联系。公众怀疑公司慈善行为被用来作为提升公司声誉、形象的市场影响手段。此外，大学与公司关系走得较近有可能会导致利益冲突，为大学赞助特定研究项目或提供博士或教授的头衔成为大公司在学术界的实际招牌，为公司创造相当大影响力的宣传效果。

筹资数额的激增、新的筹资方式的出现以及筹资中新问题的出现无不

① 黄福涛:《外国高等教育史》，上海教育出版社2003年版，第327页。

呼吁另一种类型的机构———筹资咨询公司出现。第二次世界大战后的美国专业化的筹资顾问缺少，各行各业大量人员参战导致有的专业人员在战争中殒命，有的回归社会后工作方式和内容发生变化，造成对专业筹资顾问的需求增加。随着资源依赖、资源拓展等理念在大学出现和发展，大学纷纷招聘专业募款人员并成立筹资办公室或筹资委员会，期冀可以持续稳定地促进筹资事业的蓬勃发展，而“发展”也成为筹资的代名词。在社会层面，针对筹资事业如日中天的势头，旨在为大学或其他募款单位提供专业技能参与和指导筹资的需要，有人不失时机地组建了筹资咨询公司为客户提供统一和高品质的服务，并最终从中收取一定费用。美国最大的筹资公司凯彻姆有限公司（Ketchum Company Limited）即由此发展起来。

随着美国筹资事业愈来愈朝着专业和大规模方向发展，同时伴随20世纪后期信息化时代大幕的拉开，有关大学筹资方法、所募资助的渠道与来源、募款是否符合道德伦理、政府如何整治筹资等信息广泛流传。[①] 适用于新的筹资形势的各种机构层出不穷，目的在于规范筹资的道德与进一步提高筹资的专业化程度。其中最为重要的当属20世纪60年代初期成立的全国筹资人协会（National Society for Fund Raisers，NSFR），其成立的直接原因是讨论是否需要为筹资人员设立一定的道德规范，是否需要为美国筹资行业成立一个全国性的组织。本着“交流想法、交流经验、收集与传播对筹资人和公众有价值的信息”这一信念，组织成立后快速发展壮大并实行和推广筹资认证考试，考试要求从业人员必须掌握扎实的筹资知识和全国筹资人协会的道德规范。这为美国大学筹资专业化提供了理论和实践的指导，为美国大学以后的全面筹资局面的打开起到了巨大的推动作用。

① Scott M. Cutlip, *Fund Raising in the United States (Its Role in America's Philanthropy)*, Transaction Publishers, 1990, pp.57–58.

➢ 美国大学的筹资伦理

“美国大学对伦理的纠结由来已久，筹资与伦理相伴相随。”[①] 正如前文所述，殖民地学院筹资中州政府认为依靠博彩筹资是不道德的，以及哈佛学院严格建立在基督教基础之上的募款程式无不体现了早期美国大学对筹资伦理的重视。实际上在学者的眼里，美国大学筹资的职业道德一直都是一个值得探讨的问题，而且筹资伦理问题也非大规模筹资之后才产生的。据哈佛大学校史记载，早在 17 世纪 40 年代哈佛学院成立之初，托马斯·维尔德（Tomas Weld）作为前往英格兰筹资牧师中的一员，将在英国筹到的一笔捐赠奖学金匆忙寄回马萨诸塞湾区殖民地，因为其子约翰·维尔德（John Weld）正在哈佛学院读书，根据维尔德的贡献可以享受到一定的利益。但没有想到约翰是个不争气的家伙，他潜入叔叔家偷窃的时候被人赃并获抓住并带到学院，其结果是约翰被校长用鞭子教训了一顿后开除了。随后，由约翰父亲筹得并寄给学院的那笔钱财则被移交到殖民地议会用于马萨诸塞州的各种基础设施事务。为了弥补哈佛学院由约翰不端行为造成的损失，州当局最后付给学院一些资助。以后，哈佛在设立附属学校时，经过千方百计查询古籍终于查找到当时捐款给托马斯·维尔德的那位慈善女性安妮·拉德克里夫（Ann Radcliff），并以安妮的名字冠名附校，这应该算是美国大学筹资历史上最早的一桩和伦理相关的案件。

在悠久的筹资历史中，美国筹资人士也逐渐意识到一直都有着一些不法分子利用公众的慷慨与爱心进行一些不道德的行为。资深筹资人考尔德威尔（Caldwell O.R.）和卡特尔（Carter. T.G.）曾尖锐地指出：“筹资行业里不少人的道德标准都比较低，因为他们以为自己要做的就是不择方法地获取资

① P.G. Altbach, D.H. Kelly, *American Students: A Selected Bibliography on Student Activism and Related Topics* Lexington, Mass.: Lexington Books/ D.C. Heath & Company, 1973,p.66.

助，虽然一时会取得一定的效果，但究竟不是长久之计，利用不道德的手段招致的后果就是毁灭性的打击。”[①] 美国最大的筹资公司发起人戴维·凯彻姆（David Ketchum）也对筹资中的道德深有感触，因为“有一些只会讲大话的人进入筹资行列，任何人都可以挂个牌子开个公司冒充专家”[②]。为保障筹资善行不被浊化，大多数专业筹资团体都制定和颁布筹资的道德标准或伦理规范，旨在消除筹资中的伦理冲突和争议，指导团体筹资成员的职业活动。从国家高度和行业顶层角度出发，美国筹资的全国性协会包括美国筹资委员会理事会（Council on America Fundraising Committee，CAFC）、全国筹资人协会（National Society for Fund Raisers，NSFR）、全国遗产捐赠委员会（National Committee on Planned Giving，NCPG）都通过了明确的筹资道德规范和伦理标准并得到推广，因为人们越来越多地明白只有使筹资组织具备良好的社会声誉才能使筹资事业获取成功；违背筹资伦理和职业道德的做法只能给以筹资为主要渠道的机构带来极大的隐患。

筹资界内部于80年代中期开始呼吁对全面筹资制定行业标准，出发点很简单，如果整个筹资行业没有一套标准约束的话，则以后必然会有政府来监管，但难免会为今后筹资事业的发展带来行政印迹和官僚色彩。因此职业筹资人应该需要有自己的组织发挥建设性作用，完善法则和税法修订以及其他相关事宜而不能依靠监管被动地做出反应。巴恩斯·罗氏有限公司（Barnes and Roche, Inc.）总裁约翰·巴特勒（John Butler）就明确表达了对无行业标准这一威胁的担忧，“政府要对本行业实施控制的可能性越来越大，必须要提高警惕，但如果我们还不能用自己的标准自我约束，出于保护公众，政府

① 弗兰克·奥利弗:《象牙塔里的乞丐——美国高等教育筹款史》，许东黎、陈峰译，广西师范大学出版社2011年版，第139页。

② 弗兰克·奥利弗:《象牙塔里的乞丐——美国高等教育筹款史》，许东黎、陈峰译，广西师范大学出版社2011年版，第139页。

必然要借机插手监管”[1]。

1986年12月，美国全国检察长协会（National Association of Attorneys General，NAAG）提出一部示范法在州一级层面上规范职业筹资活动，该协会建议将在所有50个州内提出这部示范法，州的慈善活动无一例外地将纳入到此示范法的统辖之下，包括大学筹资。但这部示范法一经提出就没有受到欢迎，恰恰相反，大学和学术界对其进行了强烈的批评，在大学看来学校举办筹资是基于实际办学和研究的需要，比如扩建实验室购买实验器材、提供奖学金和帮助来自经济弱势群体的学生，都必须随时采取行动。而这部法规带来大量不必要的手续问题，对筹资中所涉及的方方面面都要登记，被行政统辖的大学对筹资自主利用和效率都将大打折扣。教育促进与支持委员会（Council for Advancement and Support of Education, CASE）对NAAG进行游说，希望协会可以按照长期以来的通常惯例对大学取消纳入注册，最后的结果是有些行动快速的州已经在全州实施，对大学并无特殊优待。随着有些州以后的形势朝有利方向变化，大众的注意力从高等教育移走而并没有按照此法统一贯彻。但对高等教育而言，迫于形势所逼，完善自身的各种筹资条例已摆在眼前，否则将仍由所颁的示范法进行统筹。20世纪80年代后期到90年代后，社会上几种针对慈善和筹资行业监管的浪潮一个接一个而来，对高等教育筹资运动的发展方式、发展方向无不产生了重大影响，指引着未来大学筹资的道路。

在关于筹资伦理、行业标准讨论与反思的大环境下，气氛在20世纪80年代之后开始波及筹资活动一直不受监管的美国高等教育机构。大学开始对筹资应该遵循什么样的伦理德行进行审视。大学的价值观如何在筹资运动中得以体现？在从私人或企业手中获取经费资助的时候大学和大学的主要领导

---

① 弗兰克·奥利弗著:《象牙塔里的乞丐——美国高等教育筹款史》，许东黎、陈峰译，广西师范大学出版社2011年版，第147页。

人面临什么样的伦理考虑？大学的筹资人在寻求私人资助的时候如何根据大学和个人的价值观不偏不倚地平衡考虑大学和个人的伦理底线，诸如诚实、信任、公开和平等。还有那时美国院校所遭遇的前所未有的两难经历也折射出大学筹资伦理已成为亟待考虑的议题，而那些不加留意的院校的则招惹麻烦上身。例如，80 年代的威顿学院（Wheaton College）从一次重要的筹资活动中获得了一笔不菲资助，学院委员会成员和其他负责人商讨是否要将这一女子学院改造成男女同校学院。不料这一结果刚一公布，学院立刻就被一纸诉状告上法庭。状告的理由是学院有什么权力能改变校友捐赠用于支持女子学院发展并提供高质量女子教育的初衷。主动把这笔钱还给捐赠人是学院做出的一个英明的抉择，也让学院感觉更合适。[①]

在另一桩案例里，1985 年维拉诺瓦大学（Villanova University）在一次筹资中从一位名叫约翰・杜邦（John Dubon）的富人那里获得了 5 万美元的赞助用于支撑大学聘请一位优秀的篮球教练。第二年杜邦又给大学捐赠了大约 40 万美元为学校培训一支摔跤队，尽管大学校长并没有想成立摔跤队的意愿但却没有拒绝这笔捐赠。但由于大学没有足够的场所和相关人员满足这一摔跤队，摔跤队仍暂在捐赠人家中训练并聘请了陪练，捐赠人只是象征性地为陪练提供每年 1 美元的工资，但为其提供 20 万到 30 万的免税奥林匹克信托基金。可是，几次令人讨厌的事件发生之后大学校长毅然决然取消了摔跤队，这些事件包括“摔跤队因非赛季期间外出比赛而被禁赛一年，教练带学生运动员深夜外出喝酒，陪练之间爆发斗殴等丑闻不断曝出，严重损害了大学的声誉”。[②]

---

① Barbrara.E.Brittingham, Thomas.R.Pezzulo, *The Green Campus: Fundraising in Higher Education,* George・Washington Univerity Press, 1990, pp.72–73.

② Barbrara.E.Brittingham, Thomas.R.Pezzulo, *The Green Campus: Fundraising in Higher Education,* George・Washington Univerity Press, 1990, pp.77–79.

此外，80 年代美国还有个别大学把投资人的财产用在南非，和实施种族隔离（apartheid）政策的公司合伙做生意，后来被媒体曝光，一时间学生游行和舆论谴责给院校带来了意想不到的压力，这使筹资伦理的问题显得更加突出。在大学接受和利用善款这一举动上，大学的领导人开始变得如履薄冰、小心翼翼。有的大学筹资负责人通过查阅案例对可以做出拒绝捐赠的情形进行了概括性描述，具体来讲包括四种类型，分别是：

（1）赠款的来源影响了或可能影响到大学的客观与自由；

（2）善款的来源不干净，这样的资助不可收纳；

（3）对资助所附加的限制条件对大学而言是不可接受的，就没有必要接受；

（4）如果会使大学不可脱离地过度依赖某种资助，这样的资助也不要接受。

后来又有美国高等教育研究会（Association for Higher Education Study，AHES）的芭芭拉·布里丁汉姆（Barbara Brittingham）等人将其推广并继续深化研究院校筹资怎样才能使行为更加符合伦理规则，并有人总结了关于大学筹资应充分考虑的五个方面：

（1）大学筹资是否应该和学校整体的首要使命有关；

（2）大学与资助人之间如何建立起恰当的关系；

（3）在筹资这一行为中大学应提供什么信息并要求捐赠人提供什么信息；

（4）哪些情况下应果断拒绝捐赠财物；

（5）筹资方（这里指大学）对大学以及更大的社区承担什么职业责任。

这为今后大学筹资事业的良性发展起到了先导的作用，为大学筹资制定建设性政策和手续指明了方向。

进入 90 年代后，西方学院（Occidental College）的万斯·彼得森博士（Dr. Vance Peterson）组织了一批大学筹资的执行人员为如何在大学全面筹资的时代制定业内有关标准进行商讨。经过激烈而专业的讨论，身临一线的大学筹资人员和来自全国大专院校行政事务官员协会（National Association of College and

University Business Officers，NACUBO）就筹资的行为方式和最终目的达成了若干重要共识。其中包括：筹资的大学必须以容易理解的方式向社会明确阐述自身的需求，大学必须公正、诚实地向公众汇报目标的进展情况，如果大学不能实现在筹资中设置的目标就不能宣布筹资获得成功，需要对社会做一个明确的交代。对大学来讲，一项轰轰烈烈的筹资工程完成的好坏并不能只看账户上筹集到多少资产数额，衡量大学筹资成败的标准应该是看大学能否很好地满足发展的需要以及是否能把握大学的精神和使命。在对大学筹资的监管和要求越来越严格和规范化的时代，为保障越来越多的社会资助能收入囊中，各大学的筹资办公室开始制定符合本校实际的募捐伦理规则和治理结构（图 3）。

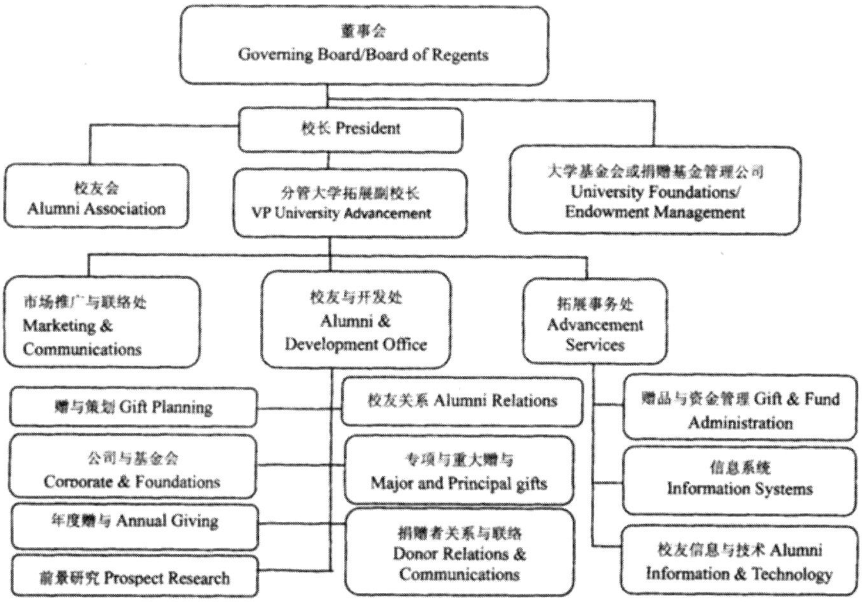

图 3 美国大学筹资治理基本结构图

➢ 美国大学筹资伦理的成因

美国大学筹资蔚然成风，为大学筹资伦理的塑造提出了现实需要。对大学筹资中伦理的重视和实践操作早已深入人心，这既有文化因素的影响，也有制度方面的影响，还有一校之长的角色影响。

●基督教文化因素的影响

从社会文化的角度来看，美国人多数信仰宗教且形成了浓郁的基督教文化氛围。基督教教义中倡导的仁慈、关爱、罪恶、清白、淡泊名利、品德等内容，“原罪论”又给教徒植入了“人生来带有罪恶”的意识，因此必须要散尽家产广施爱心方能获得解脱，这对社会慈善意识和慈善行为的生成与发展带来不容置疑的促进作用。美国著名哲学家亨利·艾伦·莫（Henry Allen Moe）曾就宗教与慈善事业的关系作过精辟的概括：“宗教乃慈善之母，不论是从思想上、还是产生过程中，莫不如此。”① 在人们慷慨解囊和奉献爱心的同时，谨遵“纯洁的爱”这样一种教条使奉献成为纯洁奉献而不被其他欲望所裹挟。所以，对宗教人士而言，捐赠慈善事业是对宗教信仰和道德原则的最好实践，慈善捐献能给捐献者带来内心得益和声誉得益。内心得益就像教徒奉献那样从而获得内心的平衡或内心的满足；慈善捐献得益的声誉部分，具有交换或交易的性质，捐资人一定要能够从捐献中得到他预期的声誉享受。② 为大学捐赠奉献作为美国人首选的慈善方式之一，前文所述的宗教伦理必然会对其行为产生影响。

●制度方面因素的影响

如果说宗教文化因素是形成美国人筹资伦理的因素之一，那么毫无疑问这种因素是内化了的因素，在生活实践中由内向外地发挥作用。制度方面的因素则是通过外在的人或机构确立一套清晰的“可为”和“不可为”规则，对大学筹资中的行为进行约束，是从外向内地发挥作用，与文化心理相辅相

① Henry Allen Moe, *Notes on the Origin of Philanthropy in Christendom,* American Philosophical Society, 1961, pp.141–144.

② Harbaugh , William T,*the Prestige Motive for Making Chari Table Transfers,*The American Economic Review, Vol. 88, No.2(May1998).

成。从美国早期学院诞生时候的零星筹资到现在空前规模的普遍性筹资，几百年的历史发展中就筹资这个行业而言，形成了大量的筹资组织和组织规章制度，既有官方出台的维护筹资秩序保证筹资合理合法的法规，又有协会性质的自我规范。同时制度赋予人们平等的监督、管理、参与以及问责权利，使大学筹资从开始到结束都在透明环境下进行，这是维护大学在筹资中遵循一定伦理操守的外在力量。

●大学校长的因素

校长对美国大学筹资的重要性不言而喻。作为大学最重要的领导人，大学校长对待筹资的一举一动无不影响大学与社会的发展关系，强烈吸引公众的注意力。众所周知，美国大学校长的重要工作之一就是为大学筹集资金。在部分高校中这项工作甚至可以占据校长们 70% 的时间和精力。早期的美国大学校长要扮演多面角色，他们既是大学的管理者又是大学的精神领袖，有时还是亲临一线课堂的哲学教授，甚至是道德的权威和行为的模范。如今，一些美国大学已发展成多元巨型大学，对资源的渴求使校长们为大学投资大开门户。在资源蜂拥进入大学之际，这对大学校长既是机遇又是挑战，大学校长的决策往往直接影响到大学的声誉和形象。前文所述的耶鲁大学前校长列文为维护大学聘用师资的自主权毅然决然地拒绝了捐赠人贝斯的大额善款，在关乎大学根本利益和长久发展问题上保持了大学应有的精神和操守，使得耶鲁的形象在公众心目中得以提高。而圣约翰大学（St. John’s University）华裔女校长章曙彤（Cecilia Chang）以自己为学校筹资多达 2000 万美元而居功自傲，挪用了 100 万善款被捕入狱并在牢里自杀，事件对大学的社会声誉产生了极大的负面影响。由此可见，主导大学筹资的校长自身对大学筹资是否有清醒的伦理认识影响着大学筹资的伦理实践与伦理制度的建立。

（二）英国大学的筹资伦理

英国大学在募集资助方面也创造着优秀的业绩，老牌资本主义国家雄厚的综合国力为英国目前紧随美国成为第二大高等教育强国提供了坚实的后盾。如同美国一样，英国大学的筹资事业也是建立在一定伦理规范之上，而那些一味追求经济利益违背大学筹资伦理的院校也真正体味到了难以下咽的苦果。

➢ 英国慈善治理之路

英国慈善事业的历史久远，早在大约 12—13 世纪英国就开始创办慈善事业，出现了 500 多家民间慈善机构，形成了互助的社会风气。由于宗教势力影响很大，当时的慈善事业基本上由教会、教堂等宗教组织操作，慈善组织的体现方式是由宗教组织创办慈善基金会。伊丽莎白一世（Elizabeth I）统治期间（1558—1603 年），英国掌握了海上霸权，民间财富显著增加，除以往的教会外，兴办民间公益性事业的个人和团体渐多，客观上产生了由国家立法进行管理的需要。为满足日益增长的慈善、公益事业发展需要，英国于 1601 年颁布了世界上第一部慈善事业管理法，即《慈善用途法》（*The Statute of Charitable Uses*, 1601），从此开始了对慈善事业监管、指导的历史，并触发了以后更加详细规程的颁布。

随着第一次工业革命在英国的发生并对社会经济产生巨大的促进作用，进入 18 世纪后英国涉及公益性和慈善性的非营利性组织在数目上不断增多，慈善的活动范围日益扩大，活动包含的领域逐渐越来越广，如有关宗教事业的慈善活动，扶贫救济的慈善活动，关乎医疗卫生的活动，社会及社区福利，各类教育资助，保护环境和改善生态，历史文化艺术遗产的保护，动物保护及福利，业余体育运动，促进人权与和解，针对无家可归者提供住处，科学研究及普及等。

为适应复杂历史时期慈善事业的不断发展的进一步需求，英国政府工业革命之后在慈善事业方面陆续出台了多部法律，主要包括以下几部：1853 年颁布《慈善信托法》(*The Charitable Trusts Act*)，1872 年颁布《慈善受托人社团法》(*Charity Trustees Societies Act*)，1888 年颁布《永久营业和慈善促进法》(*Permanent Business and philanthropic Promotion Act*)，1958 年颁布《休养慈善组织法》(*Law of Charity Organization Restoration*), 1960 年颁布《1960 年慈善法》(*The Charities Act 1960*)。现在英国施行的是 2006 年的《慈善法》(*The Charities Act 2006*), 2005 年《慈善和信托投资法（苏格兰）》(*Charitable Trust and Investment Law Scotland*) 以及 2008 年《慈善法（北爱尔兰）》(*The Charities Act North Ireland*)。这一系列法律制度的颁布和实施确立了英国慈善事业的基本原则与制度，构建了基本慈善保障，对慈善和公益事业按照条文加以监督管理。其中包括保护捐赠人和公众利益的账目审计、捐赠中提供虚假信息定罪、登记注册以备公众和官方随时检查等，即便皇室也难以例外，这为英国各行各业的筹资清扫了障碍。

➢ 英国大学筹资之路

各国大学在任何一个历史时期脱离了一定的经济基础都无法生存和发展，对于英国早期大学而言毫无疑问也必然遵循这一定律。经济基础对早期英国大学的推动是为大学增添了基本的教育设施，投入的来源既有来自政府的资金也有占重要地位的来自民间的社会贡献。早期的大学和教会有着千丝万缕的联系，教会组织也为其提供可观的经费来源。随着英国海上霸权的确立和海上贸易的日趋繁荣，民间资本积聚的增加为英国大学从社会获取援助提供了可能。16—17 世纪英国人口增加，适龄人口对大学教育的需求提出更高要求。这种情况下，社会乃至王室资助大学进而满足人们的教育需求。[①] 16—17 世纪社会各界的资助对英国大学产生了巨大的影响，因为社会资助，大学才得以扩大校园和完善教学所需的各种基础设施。同时，大学成立多样化的学院也满足了社会人口增长所提出的教育需求，也揭开了英国大学社会筹资的序幕并发挥重要的作用。

筹资成为英国大学至关重要的经费来源大约在 20 世纪 70 年代中后期，造成这一状况的原因是那一时期世界高等教育私有化趋势的影响。[②] 70 年代中后期之前，英国政府是主导大学财政来源的部门，负责资助分配的大学拨款委员会（University Funding Commission）是大学和政府之间的桥梁。英国政府对大学的拨款涵盖了所有的教学和科研经费并尊重大学的学术自治，尽管也对学生收取学费，但学生的学费实际上也由国家承担，因此依靠巨额资助打造的导师制方能继续得以实施和保留。

进入 70 年代中后期，世界高等教育呈现出私有化的趋势，即大学的经费来源由原来的国家提供全额经费向大学通过自己努力获取政府以外的经费来源转变，大学经费中的私有部分不断扩大。这一趋势对英国的大学也产生了不可抗拒的影响。英国曾是政府支持大学的楷模，但自 1981 年起，撒切尔（Thatcher）的保守党政府大大削减了高等教育经费，在以后三年又削减了高等教育政府经费的 17%，致使英国成为 80 年代政府削减高等教育经费的最突出的典型。[③] 导致的结果便是许多英国大学校长不得不转变自己的工作重心，开始由主要抓统筹管理工作向谋取更多的筹资发展变化，尽管这是以前接触不多感到陌生的领域。另一方面，近十几年随着亚洲各国大学的迅猛发

① ［英］奥尔德里奇：《简明英国教育史》，诸惠芳、李洪绪、尹斌苗译，人民教育出版社 1987 年版，第 54 页。

② 顾明远：《世界高等教育发展的基本趋势和经验》，《北京师范大学学报》（社会科学版）2006 年第 5 期。

③ 钱秀菊：《高等教育的外部性与我国高等教育投融资体制改革》，博士学位论文，河北大学 2005 年，第 14 页。

展，英国作为世界第二高等教育强国的地位正在不断受到冲击，大学国际排名已显示出明显的下滑趋势，优势被反超。不少大学校长认为政府对大学投入的减少是根本原因，如果没有充裕的经费保证，英国大学很可能会在以后的国际竞争中处于更加不利的地位。2009 年，牛津大学前任校长约翰 · 胡德（John Hood）的离职演说中讲道“牛津预算连续 4 年亏损，面临严重财务危机，未来 10 年需要超过 10 亿英镑的投资，以将学校‘老旧’的设施提升到世界一流水准。”① 同年，针对泰晤士大学排名，南开普敦大学（University of Southampton）校长的意见更为明确，如果大学没有充分的经费保证，英国大学在世界大学的排名会继续降低。故此，效仿美国大学利用社会募捐获取经费的办法，通过发动社会力量和校友力量进行筹资是英国大学争取资源的重要趋势。

2009 年，为庆祝剑桥大学成立 800 周年，大学借机开展了英国有史以来规模最大的高校筹资运动，力图 2012 年年底筹集到 10 亿英镑。尽管受到金融风暴的威胁，但剑桥大学的校友们依然慷慨解囊，捐款结果远远超出校方期待。英国政府也对大学筹资高度赞成，一方面，对没有成立大学筹资办公室的年轻大学和学院拨款 10 万英镑成立自己的大学筹资部门；另一方面，采用补贴的方式即大学通过筹资每获得 2 英镑政府对其补贴 1 英镑，希望通过 2 亿英镑的刺激促使大学实现 4 亿英镑的筹资。在过去的 20 多年里，在英国大学筹资方面发生了诸多代表性事件，包括 80 年代牛津大学发起的“为牛津筹资”运动（the Campaign for Oxford）、1989 年举办大学管理者协会（Association of University Administrators，AUA）的第一次筹资专题会，1994 年成立教育促进及支持委员会（CouncilforAdvancementand Support of Education，CASE）欧洲部、发展部主任论坛（Development Directors Forum）等。

① 林培:《牛津——世界一流的“穷”大学》,《东西南北》2010 年第 10 期。

➢ 英国大学的筹资客体

所谓大学的筹资客体也就是指大学从什么人群、什么机构获取赞助与支持，英国大学的筹资客体主要是自然人、工商业组织或者其他专门从事慈善活动的社会组织和信托机构，这些个人或机构成为英国高等教育筹资的主要捐赠者。欧美国家慈善的内在本质实际上就是个人的慈善，因为基金会等慈善机构无非是集中了个人的财产进行集体保管与再利用。

英国的个人捐赠行为受到两个因素的影响。第一个是宗教的原罪思想，捐助社会或救助他人是一种无私的爱的奉献，可以减轻人与生俱来的罪过。第二种因素是用于慈善的遗产可以减免税收。此外，企业也是英国大学筹资的重要来源，企业向大学捐赠基于若干目的，其一是大学接受企业赞助从事“产学研”结合，企业采用大学科学研究的最新成果进行产品生产和升级；其二是企业主要负责人本人对高等教育的发展感兴趣或具有强烈的社会责任感；其三是社会大众对公司怀有期望以及公司希望通过资助大学树立良好的形象。信托机构亦即基金会性质的组织，他们积极用捐款的方式扶持本地公益事业的发展，高等教育也成为他们捐赠的优秀对象。信托机构对英国大学的资助数目相当可观，据 2009 年的统计，英国的慈善基金会共计向高等教育机构捐赠了 25 亿英镑的财产用于大学基础设施修建和科研器材的完善。[①] 相对于前面提及的个人捐赠和企业资助，信托机构一般来讲目的较为纯正，因为其本身就是以慈善、公益事业为目的。前者是自然人和由自然人操作的法人，不可避免地在捐赠动机上有所诉求，因此产生伦理争议的主要是前两类捐赠。对捐赠客体的认可标准和认可方式也是大学筹资伦理中一项必不可少的值得关注的内容。

---

① 谷贤林、王铄:《英国高等教育捐赠主体、制度保障与回馈方式分析》,《比较教育研究》2011 年第 10 期。

➢ 英国大学筹资的伦理问题

英国大学的筹资历史虽然悠久，但不像美国大学的筹资那样兴旺发达，无论是大学筹资的能力还是规模都在美国水平之下。然而，近30年来筹资产生的伦理问题却依然存在，且数量不减。

大学筹资伦理首次进入英国高等教育管理者的视野在21世纪初，阿伯里斯特维斯大学（Aberystwyth University）大学发展与校友关系办公室（office of development and alumni relations）工作人员朱利安·史密斯（Julian Smith）接待了一位阿根廷人。这位阿根廷人带来一只公文箱表示要捐赠给大学，箱子打开后显露里面是一摞摞用世界银行标签纸捆扎的现金，据估算约有好几万英镑。尽管史密斯觉得这件事有些蹊跷但没有理由证明此举不合规定，但他仍然向校长和财务主管进行了汇报，让他们决定是否应该接受这笔捐赠。最终，捐赠者通过了史密斯设计的一系列标准调查，证明了该捐赠人与犯罪或不道德活动无关，这笔捐款才被接受。尽管这并不是一桩失败的筹资案例，但大学对待筹资的伦理态度为众多英国高等教育机构提供了借鉴。大学对筹资中必需的伦理有了比较清晰的认识，此后有些大学也开始制定本校社会筹资和财物收受的许可条款。

此后对大学筹资产生伦理争议的分别是诺丁汉大学（Nottingham University）和德伦大学（University of Durham）为应对政府削减预算而进行筹资时遭遇的问题。据BBC报道，前者2000年从英美烟草公司（British and America Tabaco）接受了一笔高达380万英镑的捐款用来创建“企业社会责任研究中心”而引发癌症慈善机构和反吸烟运动人士的抗议，这笔巨款也被禁烟组织称为“带血的钱”（blood money）。后者2010年也从上述公司接受了12.5万英镑的捐赠。德伦大学表示该笔捐款是在“审慎考虑”过后才接受的，捐款用于设立一项特殊奖学金帮助五名喀布尔大学（Kabul University）女生到德伦大学攻读硕、博士学位。反烟机构“吸烟与健康行动基金会”（Action on Smoking and Health Foundation）政策与研究主任马丁·德克芮尔（Martin Dockrell）表示：“德伦大学接受该笔献金真是令人感到遗憾”，同时他陈述该公司针对阿富汗女性设立奖学金的缘由：“亚洲是国际烟草公司尚未染指的处女地，这些大公司正努力通过宣扬精致生活与西方风格提高亚洲女性的吸烟率，不禁让人感其处心积虑。”这些争议给英国大学管理层带来的亟待解决的课题是是否能做出合情合理又能维持高等教育筹资持续健康运作的决策。

导致英国大学筹资伦理真正从“意识”层次转向“必须”层次的代表性事件是前文案例中所提及的伦敦大学政治经济学院接受与利比亚卡扎菲政府有关的捐赠。这一事件引发的后果是时任校长被迫辞职，学校接受有关调查部门的调查并对英国高等教育界产生了不小的冲击。该事件暴露出大学筹资方式的合理和合法性存在严重问题，媒体和学界也指出这一事件的发生说明英国大学从国外政权筹资方面在伦理指导上存在不足。然而，英国大学部部长戴维斯·威利茨（Davis Willets）表示，政府不会就大学从国外政权争取筹资为国内高校提供现成的指导，即便大学从国外政权获取资助会违背外交政策目标。因为英国的大学都是自由的大学，英国高等教育体制的优点之一就是大学自治。大学应该按照慈善委员会的指导接受捐赠，政府如果处在大学和其他国家之间充当裁判角色那是高等教育灾难性的下滑，故此政府不会为大学提供这方面的指导。

基尔大学（Keele University）筹资办公室官员罗宾·克劳斯（Robin Cross）认为“我们已经进入了更加关键的时刻，要求我们做出合乎伦理的正确决策，对于我们的筹资应该了解它的来源，它违不违法，接受了会冒犯什么”。[①] 基尔大学起草的一份声明中规定，“筹资专家对我们的捐赠人、大学和事业有三重代理人的责任，我们的行为必须由使命来引导，由我们的正直之心来引导，由我们和捐赠的关系来引导。大学筹资的核心在于确保捐赠人对我们的信任不会受挫，这就要求大学筹资的公开、透明与尊重”[②]。

英国文化委员会马丁·戴维森（Martin Davidson）认为，从大学的使命来讲，大学无法决定一个政权是否合法或正义，但大学和学术机构应该比过去更具备大学筹资的伦理治理意识，大学在研究方面还应该谨慎与国外的军事机构联系。[③] 在国家层面不予提供筹资伦理指导的情况下，由大学自身完善筹资机制规范筹资行为变成了大学共同面对的局面。

作为慈善受众，英国大学从国内和国际获取捐赠。2009 年近 20 万个捐赠主体对英国大学进行了赞助，通过筹资获得的资助达到 5 亿多英镑，在支持高等教育方面发挥了极大作用。这些善款用于各类研究以解决公民社会可持续发展的问题以及其他日趋紧迫的国际性问题，这种社会赞助也形成了英国高等教育部门卓越的全球声誉。教育促进及支持委员会欧洲部（CASE Europe）是推进英国大学筹资伦理建设的重要机构，认为欧洲大学拓展这样一条至关重要的资助渠道需要由清晰的政策和手续来引导，这样就可以对财产接受的标准问题进行规划，以确定一些筹资活动中的捐赠或者某些捐赠人的财产是否应该接受。作为独立的大学，委员会鼓励每一所大学筹资管理部门根据院校的实际情况制定自己的决定，成立专业筹资办公室的大学对待这

① Hannah Fearn: *Knowing when to say no,* Dec.16, 2010. 见 https://academic-cms.prd.the-internal.com/features/knowing-when-to-say-no/414585.article。

② Keele University: *fundraising code of practice,* 2 Jul.2019. 见 https://www.keele.ac.uk/policyzone/data/fundraisingcodeofpractice/。

③ Yojana Sharma. *UK: LSE debacle exposes lack of ethical guidelines,* 13 Mar. 2011. 见 https://www.universityworldnews.com/post.php?story=20110313084349315#:~:text=The%20resignation%20。

一要求极为认真。随着筹资规模的不断扩大、筹资重要性的提升以及英国公众对大学慈善热情的高涨，CASE 欧洲部提出了一套能使大学普遍接受和认可的核心原则，希望对大学在发展、调试筹资标准和手续时有所帮助并反映大学的独特结构和事业重点。这十条核心原则包括：

（1）大学寻求的慈善赞助应当与大学的价值追求、战略目标及财政需要相契合，这样的赞助才能成为大学合法的、可持续的和极其重要的财政组成部分。

（2）所有大学关于接受捐赠的官方伦理指导规范也应适用于公共领域。

（3）公正、科研独立、学术和教学是知识得以进一步发展的基础，大学如果对捐赠情况不了解或没有经过各方同意就不应该接受这笔捐赠。

（4）大学作为慈善主体，必须严格遵守慈善法和其他相关立法中关于接受和支出资助的规定和要求，关于接受和拒绝捐赠的最终责任由各个大学的主管部门负责执行。

（5）受大学校长和其他高级学者或高层领导委任的捐赠收受管理部门应清晰明确理解大学筹资中对待财物所要执行的伦理规则和手续责任，并将这些规则始终如一地应用于实际工作。

（6）大学应采取所有合理方式确保大学对每一笔赞助的来源都清晰无误并妥善处理，要做到让人信服这笔费用资助并非通过非法手段获得或者并不违背公正独立的研究、学术活动和教学这一价值核心。

（7）在筹资初始之际，大学合适的决策者应考虑与那些潜在的捐赠人展开商谈，因为他们可能会引发重大公共利益问题或者接受捐赠会引发复杂性问题。大学决策人应充分知晓潜在资助人的目的、背景和资助来源。

（8）在检验一笔提议资助是否可以接受时，潜在捐赠人的法纪和声誉状况也应该视为竭力调查的一部分。就这一点而言，应明确谣言或猜疑和既定事实或法制调查之间的区别，同时大学还要考虑到公众认识对特殊捐赠人引发的声誉风险。

（9）对于重要捐赠（由各个大学确定是否重要），捐赠人必须签署并接受合理的捐赠协议以确认慈善赞助项目的管理与治理完全取决于大学。各大学在不损害核心原则的框架内通常可以选择赋予捐赠人机会或权利继续参与资助活动。在关乎招聘、招生、雇佣、采购、晋升，对教育、科研、外联、资本拓展、学生奖学金计划的管理方面大学应当采用符合标准的程序。

（10）如果以后的事件或以后额外信息有利用的需要，大学应有完备的程序审视和重新思考之前关乎接受某一特殊捐赠的决定。对这种情况的反馈应该透明，要与产生的特殊情况对应。

继此之后，鉴于某些情况下在大学筹资中有些问题并非根据管理条款就能轻而易举地辨出“应当”或“不应当”，也为了解决一些随着时间发展引发的新问题而条文规定中没有涉及的缺漏，就需要一定的决策方法论来解决。为此，另一个知名的国际筹资指导机构“筹资学院（英国部）”（Institute of Fundraising，IOF UK）又提出了筹资伦理决策模型以帮助筹资的组织（包括大学）在筹资事务中自我检测及利益相关者在一道共同解决伦理两难的问题，从而实现高质量的抉择，维持和增强公众对筹资主体的信任。这样的伦理决策模型需要花费必要的时间，收集关键的信息并引入恰当的利益相关者，提出者玛丽莲·费舍尔博士（Dr. Marilyn Fischer）认为“经常使用筹资伦理决策模型的组织准备得更加充分，当危机来临时处理得会更好一些……做出好的伦理决策部分上依赖于有没有提出足够多的好问题”①。

在做出决策时要关注三个终极方面：组织使命、关系和个人正直，遭遇伦理问题的时候首先要审视问题，然后以图表的形式（表 2）针对问题找出

---

① Fischer M., *Ethical Decision Making in Fundraising,* Wiley Publishing Company, 2000, pp.156–158.

所有可能的解决方案，包括清晰体现显露的和暗藏的。通过考虑一切可能性范围，决策人就有可能比单一采用筛选法而更具可能实现创造性的运用。此外，通过加入明显的不合伦理的备选方案，可以发现哪些意见导致决议不明确，发现更好的解决之道也更容易了。一旦所有解决问题的可能性都在图表上得以体现，决策者就可以回答一系列问题，一次性得出问题的解决方案。

表 2

观点	备选方案		
组织使命：备选方案能够促进组织使命或基本目标还是使之发生偏转？基本的慈善价值是什么？	1	2	3
这样的备选方案如何影响最终接受服务的组织？			
公共关系：备选方案能否长期增进与同行、捐赠人、志愿者和社区/社会的关系？			
个人正直：备选方案以何种方式帮助你（或妨碍你）发展成你希望成为的人？它怎样增进或弱化你的人格正直？			

CASE 欧洲部建议的这十条伦理核心原则和筹资学院提出的筹资伦理决策模型为英国大学制定更加详细的筹资伦理规范和实现伦理实践提供了启发和借鉴基础，不少英国大学负责筹资的部门在此基础上又增添了细节内容，形成本校的筹资指导政策。除了修订筹资部门的工作指导条例，英国大学最常见的应对各种伦理问题的途径是成立大学伦理仲裁机构——大学理事会（University Council）。理事会下设各级事务委员会负责解决各种大学内的管理事务，其中包括大学筹资中产生的伦理争议。其工作的一般机制是，当大学筹资部门怀疑或认为筹资所得的某一捐赠的可接受性值得商榷，则由该机构上报到大学执行委员会，由负责这方面事务的学校高层领导具体研究解决（图 4）。

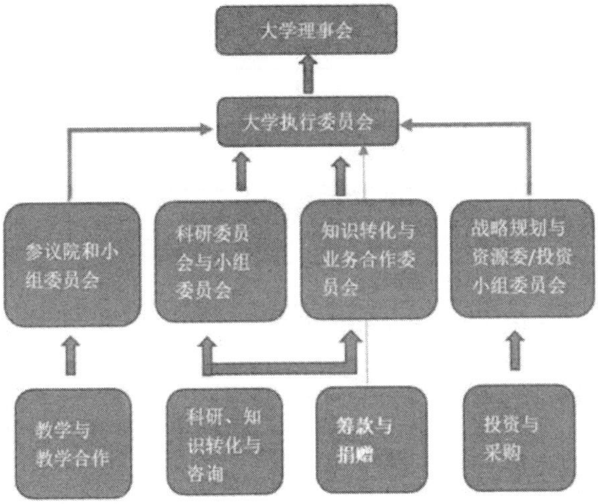

图 4 英国大学伦理决策结构图

正如前文所述，英国大学筹资的主要客体为个人、企业和信托机构。尽管都是支持高等教育的行为，但前两者的慷慨行为较之后者不可避免地带有某种利己的诉求，但大学却不能无限制地接受附加条件或采用不恰当的方式给予认可。故此，英国大学所制定的筹资伦理规范针对捐赠人责任、权利、义务等方面都做出了明确。从大学立场出发，在对捐赠人的认可和鸣谢方式是英国大学通常采用在实物上冠名、授予荣誉头衔、身份、报告捐赠使用情况等，有时也会邀请捐赠者参加学校举办的相关活动，在校方的各项报告中予以感谢等。下表中列举牛津大学对待捐赠人的方式：

表 3 牛津大学捐赠者权利 ①

关于捐赠资源使用方式的受告知权；获得校方按既定用途有效使用捐赠资源的承诺。
关于捐赠资源的影响和牛津大学进一步发展需要的受告知权。
了解牛津大学最新的财务账目。
关于募捐者身份（志愿者或大学雇员）的受告知权。

① The University of Oxford: Donor Charter，见 http://development.chem.ox.ac.uk/donor-recognition.aspx。谷贤林和王铄在《英国高等教育捐赠主体、制度保障与回馈方式分析》一文中翻译。

（续表）

捐赠的隐私权受到尊重。（牛津大学完全遵守 1998 年颁布的信息保护法）。
在与捐赠者磋商后公布捐赠者的捐赠信息。
向捐赠者提供捐助活动的进展报告。
当捐赠用于增加教师岗位时，应将招聘和任用过程告诉捐赠者。
当捐赠用于资助学生的时候，应将选拔进入大学学习的学生告知捐赠者。

表 4　牛津大学对捐赠人回报方式

1. 命名与认可（Naming and Recognition）
牛津大学长期以来一直有着公开感谢捐赠者的历史，主要是通过以捐赠者姓名来命名建筑、图书馆、椅子、奖学金、奖章和荣誉榜等。阿什莫尔博物馆和牛津大学图书馆都是为纪念捐赠者而得名，这些捐赠今天仍然在为牛津的发展做出贡献。
2. 参加校长庭院的捐赠者聚会（The Chancellor's Court of Benefactor）
如果某个个人、企业、基金会或组织向牛津大学提供了大额的捐赠，校长就会邀请捐赠者参加校长庭院的捐赠者聚会。牛津每年都会为新成员的加入举行典礼。在这个典礼上，捐赠者或捐赠组织的代表有机会接触到牛津大学校长、副校长、各院院长和资深学者，还可和其他成员进行沟通，并与牛津大学及其学院建立更好的私人关系。
3. 在克拉伦登拱门上题名（The Clarendon Arch）
作为纪念，参加校长庭院捐赠者聚会成员的名字可能被雕刻在牛津大学入口附近的克拉伦登拱门上。牛津大学历史上最慷慨的捐赠者的名字都被雕刻在这个拱门上。这些名字包括托马斯·博德利爵士（Sir Thomas Bodley）、女王伊丽莎白一世（HRH Queen Elizabeth I）、约翰·拉德克利夫（John Radcliffe）、赛西尔·罗斯（Cecil Rhodes）、IBM 公司英国总部（IBM UK）、查尔斯·西蒙尼（Charles Simonyi）。
4. 加入校长的社交活动圈（The Vice-Chancellor's Circle）
这是 2009 年启动的用以感谢个人、基金会和公司企业等捐赠者的一种活动。参与这个活动的成员除了可以与牛津大学的副校长和其他高级官员进行常规的交流外，还会被邀请参加副校长社交圈的特别会议。在这一会议上将展示牛津大学的知识广度及其校友和支持者对社会的贡献。
5. 授予谢尔登奖章（The Sheldon Medal）
牛津大学授予个人捐赠者的最大的荣誉是谢尔登奖章，这一奖项因为一个为牛津大学的发展战略做出巨大影响的捐赠者而得名并保留下来。每年只授予一个人，且必须授予参加校长庭院捐赠者聚会的成员。

➢ 英国大学筹资伦理的成因

●文化基础

英国大学筹资伦理形成的原因与美国有着相似的内容，英国也是宗教信仰十分盛行的国家。基督教和天主教文化是人们推广筹资、捐赠和互助的社会文化和心理因素，这影响到人们乐意慷慨解囊散财于社会组织或他人，同时社会组织也深受宗教中“人与物的关系”伦理影响，要求人们负责任地选择一种职业并且尽心尽力完成自己职业的要求。所谓负责任地选择自己的职业需要认识到自己要选择的职业的道德性以及所需要的技能和要求，并且能清楚地认识自己在这方面的才能。工作者的责任就是要尽心尽职不断提高自己在本行业的技能。这些宗教伦理要求不仅维持着宗教关系和宗教行为的正常进行，也在一定程度上潜移默化影响并支配人们的其他领域活动。这些活动包括慈善义举，而大学筹资与捐赠则作为慈善的一部分被宗教文化伦理所深刻影响。

●法制基础

在前面的章节里已经论述了英国历史悠久的慈善行业和行业管理的法律体系。17 世纪伊始，英国就确立世界上第一部《慈善法》(亦称《伊丽莎白济困法》，*The Elizabeth Poor Law*)，继而又相继颁布了更为具体的法律典籍对慈善事业进行管理。法制的作用在于警醒和约束，用严格的强制力量作为慈善事业管理的必要手段倒逼慈善行业从“要我正规”向“我要正规”的方向发展。为遏制慈善中不良现象的产生提供了有利条件，从而提升了慈善组织的社会信任程度。英国的一项研究表明，在英国慈善组织最受信任，有 56% 的人对慈善事业的“信任”甚至高于政府事务，其次为教会，最后是政党。慈善组织一旦注册成功就应当履行相应的义务，这样可以确保它们能够继续得到公众的信任，同时也不会因为不适当的行为被慈善委员会制止。英国法律规定，慈善组织应当向慈善委员会和公众开放，必须准备随时诚实地回答委员会的质询。在公众提出疑问后，慈善组织要尽快予以答复，让公众清楚地了解它们的政策，这些法律措施迫使慈善组织必须在实际工作中遵循一定的程序和伦理，保证事业的合法合理性。

●经验基础

在英国大学开展筹资运动的历程中，对筹资政策产生重大影响的组织是“高等教育志愿捐赠特别工作组”（Task Force on Voluntary Giving to Higher Education）。这个组织在调研的基础上于21世纪初发表了一份针对大学筹资的白皮书《高等教育的未来》（*The Future of Higher Education*）向英国政府建议学习和借鉴美国大学的筹资模式。正是在这份报告的影响下，英国大学在校内积极成立“发展与筹资办公室”和培训从事筹资人员以提升专业水准，推行大学筹资的过程与善款使用的相关信息公开化、财务透明化等措施。这些从北美借鉴的经验对英国大学筹资伦理建设起到一定积极作用。

（三）澳大利亚大学筹资伦理

“和美国及英国相比，澳大利亚大学筹资规模和影响力都小得多，但并非一无是处，筹资在澳大利亚大学维持卓越中正扮演越来越重要的角色，因为政府的拨款在减少。以墨尔本大学为例，大学高度重视社会筹资，据我所知，为了将大学筹资继续推向更大成功，我们大学从英国聘请了有着十几年筹资经验的优秀专家打理筹资办公室。”[①] 澳大利亚政府轮换带来的高等教育政策频繁更改而引发的拨款削减是澳大利亚大学面临的一项挑战。为此，澳大利亚大学扩宽资助渠道有三个常用措施。一是大学希望通过提高学费获取充足的经费，但每次学费的提高都遭到澳籍大学生的游行反对。二是通过裁减大学工作人员的方式节约支出，但这仅能保证不过分地激化赤字，有时还逼走一部分优秀员工。三是通过社会筹资实现新的经费增长点。像美国和英国一样，这项工作仍然由校长牵头，协同大学募捐办公室按照筹资标准和伦

① 2013年11月墨尔本大学马丁高等教育研究所研究员访谈记录。

理进行管理。

➢ 澳大利亚的慈善历程

对于一个仅有2300万人口和100多年历史的国家，澳大利亚称得上是个慈善事业比较发达的国家。1813年英属澳大利亚出现了最早的慈善团体——慈善堂（Benevolent Society），成为在新南威尔士州和附属岛屿传播基督知识和奉献爱心的团体。1818年这一组织更名为新南威尔士慈善堂，主要致力于悉尼的贫困救济问题。澳大利亚已知的最早资助型基金会（grant-making foundation）是怀亚特慈善机构（Wyatt Benevolent Institution）。该机构于1888年首次设点至今仍存在，其间共计向南澳人捐献了5000万澳元财物。

尽管19世纪时期的澳大利亚是个相对富裕的地区，大批人被国际贸易影响着，这对澳大利亚的就业产生着巨大的影响，然而在19世纪40年代和90年代遭遇了严重的经济萧条。澳大利亚的非政府性质慈善堂是在大多数人身处贫困的历史环境下产生的，澳大利亚慈善的历史是人们付出时间、辛劳与财物的历史，直到如今这种模式仍然发挥作用。对于当时慈善活动的管理，政府扮演的角色是一种特殊的方式，把管理慈善机构作为解决殖民政府面临社会重大问题的一个手段。

整个19世纪，慈善机构绝大多数由宗教背景的慈善机构所占据，这些机构的成立目的在于解决无人照顾的儿童、无家可归者、残疾人和贫困人口等问题。英国殖民当局特别支持这类机构，成为慈善在澳大利亚得以迅速兴起的重要推动力。然而到了20世纪，慈善机构作为一个部门开始寻求其自身的独立出路，不再希望依托于当局支持而发展，因为这样会影响到慈善机构资助的责任问题。因为早在19世纪20年代，悉尼地区最大的慈善堂仅依靠志愿捐款就无法满足开支所需，从那时就开始以各种方式和数目接受政府的补贴，引发的争论是从政府处接受补贴是否妥当，接受这种补贴会不会造成慈善堂的责任受政府裹挟并降低整个部门的独立性。

20 世纪前半期，随着宗教组织与慈善组织的增长和得以平行延伸，政府继续有选择地介入社区福利事业，管理的体制与以往的老式管理有所不同。第二次世界大战后的若干年，贫困作为现代社会现象逐渐开始减少，而新的项目如兴建图书馆、学校等又随着时间产生，通过社区捐赠获取更多筹资的活动以前所未有的规模开始进行。规模较小的筹资单位还是按照较为传统的方式进行，而大的慈善机构则已经将筹资运作进行商业化处理并高端推广筹资运动。筹资一改过去的登门劝募，而是利用电视筹资、彩券筹资、庆典筹资、慈善会餐筹资和其他方法。澳大利亚国民对慈善事业的重视和信赖是澳大利亚慈善筹资得以发展的社会基础。根据对 135 个国家的盖洛普调查（Gallup poll）结果得出的全球慈善指数（global philanthropy index），澳大利亚人从 2007 年至 2012 年连续五年间为社会慈善投入的捐赠名列慈善指数排行榜第一名，2013 年至 2018 年连续五年依旧名列前茅，因而被誉为“最乐善好施的国家”（most generous country）。

表 5-1 世界五年慈善指数排行榜（2007—2012 Top10）

国别地区	GPI 5 年排名	GPI 5 年分值 (%)	5 年平均捐赠率 (%)	5 年平均志愿服务率 (%)	5 年平均陌生人帮扶率 (%)	GPI 1 年分值 (%)	GPI5 年与 1 年差值
澳大利亚	1	59	73	37	66	60	2
爱尔兰	2	58	75	36	62	60	2
美国	3	57	62	42	68	51	–1
新西兰	4	57	66	40	66	57	0
加拿大	5	56	64	38	66	58	2
荷兰	6	54	75	37	49	53	–1
英国	7	53	74	27	59	51	–2
斯里兰卡	8	47	47	45	50	47	0
中国香港	9	47	70	14	56	44	–2
利比亚	10	46	15	43	82	49	2

表 5-2 世界五年慈善指数排行榜（2007—2012 Top10）

国别 地区	GPI 5 年排名	GPI 5 年 分值 (%)	5 年平均 捐钱率 (%)	5 年平均志愿 服务率 (%)	5 年平均陌生 人帮扶率 (%)
印尼	1	59	78	53	46
澳大利亚	2	59	71	40	65
新西兰	3	58	68	40	66
美国	4	58	61	39	72
爱尔兰	5	56	64	40	64
英国	6	55	68	33	63
新加坡	7	54	58	39	67
肯尼亚	8	54	46	45	72
缅甸	9	54	88	34	40
巴林	10	53	53	33	74

资料来源：CAF WORLD GIVING INDEX 2012；
CAF WORLD GIVING INDEX 2018。

正如前文所述，澳大利亚名列世界前茅的慈善指数排名证明了澳大利亚大学筹资的可能性和前景。实际上，澳大利亚相当一部分大学都是通过慈善私人捐赠或通过遗产的方式获得资助得以建立，在大学发展过程中得到更多的资助。1879 年弗朗西斯·奥蒙德（Francis Ormond）怀着对教育的一片热忱，向今天的奥蒙德寄宿制学院（Ormond College）捐赠了第一笔高达 10 万英镑的资助，保证了远方就读的学生能利用墨尔本大学提供的机会就读。之后，他又捐赠了一笔，此举深得墨尔本大学敬仰，他被委任为大学音乐学院主任，这笔捐赠至今仍对墨尔本大学的音乐教育产生有益影响。1880 年，奥蒙德向墨尔本大学捐出 2 万英镑兴建工人学院，后来发展为墨尔本皇家理工学院（RMIT）。

➢ 澳大利亚的筹资管理

在如何规范慈善筹资，实现筹资事业的良性发展方面，在民间层面成立了名为澳大利亚筹资学院（Fundraising Australia Institute，FAI）的专业筹资机构以推进专业筹资的进行，并为筹资人员提供高质量的培训、实用信息以及开展工作的必要技术手段。该机构创设了多类的筹资伦理标准和规则，既有面谈募款伦理内容，也有宴会筹资和电子筹资方面的内容，以确保具体的筹资场合都可以囊括在内。由个人或组织开展的慈善、筹资活动必须满足最基本的伦理指导原则的要求：

诚实：参与慈善活动的人员应诚实和如实实施相关行为，以保护来自公众的信任，以免误导捐赠人与受益人，维护筹资事业的长期和稳定发展。

尊重：参与慈善活动的人员应在工作中对职业和组织的尊严满怀敬意，同时应对捐赠人和受益人满怀尊重。

正直：参与慈善活动的人员应行为公开，为赢得公众信任履行责任。人员应公开一切实际或潜在利益冲突并避免任何有关伦理、个人和业务上不当操作的苗头。

执着：参与慈善活动的人员应自发工作以实现目标，并鼓励他人利用同样的职业标准和承诺。参与人员应重视个人隐私、选择自由和形式的多样化。

透明：参与慈善活动的人员应对其所从事的工作进行精准汇报，以准确和清晰的方式说明捐赠金的管理和使用、成本与开支。

在官方层面，作为英国的殖民地，澳大利亚很早便继承和使用了英国颁布的1601年慈善法案，直至2004年通过该国自己的《2004慈善补充法案》（*Extension of Charitable Purpose Bill*）并付诸实施。在联邦政府层面上建立有澳大利亚慈善与非营利组织委员会（Australian Charities and Not-for-profits Commission，ACNC）作为国家独立管理慈善事业的机构。ACNC发挥的主要功能是：

（1）通过持续不断地严肃问责力度和维持透明度，保护和增强公众对慈善事业的信任和信心；

（2）支持和可持续性地发展健康、活力、独立和创新的非政府部门；

（3）促进政府对这些部门不必要的管理规则进行削减。

举办慈善事业必须满足众多政府机构所颁布的不同法律规定，这些规定既有地区层面的也有州或领地层面的，亦有联邦政府层面上的。这些规定又包含慈善事业的各个方面，包括慈善机构的建立、免税规定、筹资规定等。除塔斯马尼亚州（Tasmania）和北领地（North Territory）之外，澳大利亚所有的州都实现了以立法的形式对筹资事业加以控制，地区政府也设立法规防止对公众利益造成损失，筹资立法的主要目的是保护公众利益免除诈骗、资助挪用和误导性做法，确保捐赠人与公众可以获取途径了解情况以及确保筹资组织利用可以接受的筹资做法。

资深筹资顾问康普顿（Compton）80 年代认为，大多数筹资人缺乏必要的培训、技能及经验，难以进行有效的筹资活动，筹资质量不高，有两条主要的渠道可以供筹资人改善工作质量：政府许可和筹资行业自律。政府许可对缺乏筹资能力筹资人从许可上加以限制，禁止机构开展筹资以保障筹资工作的顺利进展和全民无损。在筹资单位开展工作前加以审核，或因以往的操作不当行为而取消其筹资资格，这是避免筹资单位造成更大社会伤害的坚定一步。政府对筹资机构权限的批准加强了对筹资机构的最低教育程度和培训要求的监察，任何一家没有完成必要培训和基本操作程序教育的机构不得走向社会从事筹资活动，从而将违背行业规定和行业伦理的行为杜绝在萌芽之际。另一条改善服务质量的做法是行业自律，通过行业组织自愿的资质认定对行业进行管理，这给予大众社区以信心，表明通过资质认定的筹资组织满足所需的技能、具有良好的声誉和丰富的经验可以有效进行筹资活动。

➢ 澳大利亚大学经费来源的变化

澳大利亚的高等教育是单一的公办大学体制，和我国公立大学一样。澳大利亚大学的经费来源于政府拨款，凡属于国家统一体系下的大学与非大学高等教育机构均可接受联邦政府的拨款。1972年后和英国高等教育私有化改革极其相似，原本澳大利亚之初实行免收高等教育学费的政策随着高等教育入学人数的增加以及政府财政负担的加大，大学经费来源面临着新的变革。

20世纪80年代初，澳大利亚政府不得不决定采用市场机制推动高教发展的政策，作为澳大利亚公共部门改革计划的一部分。1987年，联邦政府绿皮书《高等教育：一份政策辩论报告》（*Higher Education: A Report of Policy Debate*）和白皮书《高等教育：一份政策报告》（*Higher Education: A Policy Report*）这两份报告将私有化、受益者补偿（user pays）、为顾客服务、竞争等这些教育市场化的原则和概念写入了澳大利亚高等教育。[①] 其具体措施是：

（1）大学开始收取学费。从1997年起，澳大利亚大学学费已在OECD国家中为最高。

（2）政府鼓励私人资本投入教育，鼓励设立私立高等学校，截至21世纪前10年私立高校学生已占全国在校生的约30%。

（3）把吸引海外留学生的全费教育市场作为其重要产业之一。从1990年起，政府撤销了对留学生市场的管制，允许大学自行直接去招收留学生，自己定价和收费，且不会影响政府拨款。

（4）政府削减高等教育拨款。

随着教育市场化的推行，从1983年到1993年，政府拨款在高等教育总经费中的比例由91%降到62%。占主流的意见认定“为了实现大学更高的办学效率和适应性，公立高等教育的私有化和引入市场机制已经成为近10多年来澳大利亚高教政策的基本特征”。[②] 近十几年，澳大利亚高等教育经费筹措途径呈现出明显的多元化趋势。随着政府公共财政负担的逐渐增加，投

---

① 祝怀新：《面向现代化：澳大利亚高等教育研究》，浙江大学出版社2009年版，第98—100页。

② 蒋国华：《西方教育市场化：理论、政策与实践》，《全球教育展望》2001年第9期。

入高等教育领域的公共资助比例逐年缩小，因而非公共资助成为缓解高等教育公共财政压力的有效途径。高等教育财政专家布鲁斯·约翰斯通（Bruce Johnston）认为用非政府收入弥补政府收入，意味着高等教育成本负担由一般的纳税人向学生及其父母、慈善家和大学服务的购买者转移。这种费用弥补或成本分担主要通过五个途径实现：

一是开始收取或提高学费；二是收取食宿费用；三是鼓励私立高等院校主要依靠学费和其他费用来运行；四是鼓励部分教师和大学从事企业性活动；五是鼓励慈善家捐赠或直接参与院校管理，或提供奖学金。

随着政府对大学自由寻找资助政策的放松，澳大利亚的大学开始效仿美国做法以社会筹资作为弥补大学财政拨款的重要渠道。《高等教育纪事报》（*the chronicle of higher education*）资深评论员贾那基·克莱默（Janaki Kremmer）2010 年对澳大利亚大学近几年经费来源进行了考察，认为“澳大利亚大学也搭上了社会筹资的顺风车……曾经一度认为美国现象太愚蠢不值得模仿而将之摒弃，现如今，筹资被澳大利亚大学紧抱，成为获取成功的金钥匙”[①]。现在的澳大利亚大学依靠收取国内和国际学生的学费已达到一个极限，频繁地再增加学生费用并非长久之计。所以筹资不仅成为解决政府财政拨款不足的重要依赖途径，而且将其提升到大学发展的战略高度，例如悉尼大学 2011—2015 年的发展战略上明确书写“在悉尼大学（University of Sydney）校长的领导下，在全校力量范围内积极开展筹资”[②]。同样，昆士兰大学（University of Queensland）将“今后昆大的经费渠道更多元化，重点放在国内国际的业务和慈善来源以及起杠杆作用的政府经费，

---

① Janaki Kremmer: *Australian universities jump on the fundraising of bandwagon,* Jun. 23, 2010. 见 lian-universities-jump-on-the-fund-raising-bandwagon/。

② The University of Sydney: *2011 – 2015 STRATEGIC PLAN*, Aug.2010. 见 https://www.sydney.edu.au/content/dam/corporate/documents。

学校的教学和研究优先驱动我们的筹资努力”[①]这一决策写在了该校2013—2017年大学战略规划书上，“墨尔本大学也在致力于慈善筹资，格莱恩·戴维斯校长前不久致全校师生员工的一封信中，提出发起一场建校160年来最大的筹资运动。实际上，就连我们单独一个研究所也筹资，不过所得还不是很多。”[②]

➢ 澳大利亚大学筹资伦理现状

尽管澳大利亚大学的筹资在规模和影响力上都弱于美国和英国的大学，但高等教育对筹资的需要并不比以上两国小。对于一个仅有30余所大学、拥有2000多万人口的国家而言，澳大利亚大学筹资成就比亚洲甚至欧洲一些国家的大学甚至有过之而无不及。恰当处理大学筹资中的各种关系和利益，保障大学筹资有条不紊和持续可健康发展也仍然是澳大利亚大学面临的重要课题。“我在英国的慈善机构和大学里从事筹资工作将近20年，来墨尔本大学之前，我在巴斯大学筹资与校友关系办公室工作。在英国大学里，确立清晰的筹资伦理规范并推而广之是通常做法（standard practice），也越来越盛行，但在澳大利亚大学还不是那么普遍”[③]，这说明了对大学筹资的规范和筹资伦理的制定和遵循方面，尽管难以比拟英国和美国，但澳大利亚大学依然有值得借鉴和学习的内容。

在澳大利亚大学领导层面，全国范围内设有“大学校长委员会”（Australian Vice-chancellor Committee, AVCC），这个最早成立于20世纪30年代的部门是澳大利亚大学最高国家代表。该组织发布的章程目的在于通过志愿、协作与协

---

① The University of Queensland: *STRATEGIC PLAN 2013–2017,* Jul.2012. 见 https://about.uq.edu.au/files/5730/StrategicPlan2013.pdf。

② 2013年11月，墨尔本大学马丁高等教育研究所所长访谈记录。

③ 2013年11月，墨尔本大学筹资办公室主任访谈记录。

调活动促进澳大利亚高等教育发展。AVCC 的政令在于确保大学部门的凝聚力和发出信赖之声，推进政策和改进大学相关部门的管理问题。同时通过探索教学、研究和大学治理培训等相关问题为大学校长们确定政策立场和制定高等教育事务管理准则。在大学筹资指导方面，该组织的功能是制定和通过“澳大利亚大学慈善使用标准”（Practice Code for Australian University Philanthropy）用以规范委员会各成员大学的慈善筹资，目的在于能够使大学获得收益并在社会和公众心目中受到尊重和良好的信任，获得捐赠人或潜在捐赠人十足的信心。该“标准”对大学的筹资的责任问题给出了十五条指导意见：

（1）大学欢迎个人或组织对大学做出贡献，同时也尊重个人和组织的利益。

（2）大学确保负责捐赠人联谊与劝募的工作人员不得送礼或接受馈赠以谋求私利，同时确保避免可能的利益冲突。

（3）大学确保所有参与筹资管理的人员能够小心翼翼地判断和决策履行他们的筹资管理责任。

（4）大学确保只有大学批准的代表方可进行筹募资助。

（5）大学不会寻求和接受那些与大学使命不一致的捐赠。

（6）大学将永远尊重捐赠人与潜在捐赠人的个人信息和捐赠，并保证对这类信息加以机密处理，按照法律以及捐赠人意愿的最大限度进行处理。

（7）大学确保对潜在捐赠人采用鼓励的方式，鼓励其在捐赠活动中就税务、法律和其他业务咨询独立机构。大学工作人员可以与咨询师一道协助捐赠人解决有关捐赠安排事宜。

（8）大学应参考自身有效利用捐赠的能力，对非现金捐赠和实物捐赠、对捐赠物品产生的益处、使用和维护费用等进行评估。

（9）大学应确保所有的捐赠都将按照捐赠人的意愿进行处理，最大限度地按照法律的内容和精神进行。

（10）大学应确保所有的捐赠都按照法律和适用性规范进行处理。

（11）大学应确保所有的捐赠都采用书面接受的方式。

（12）大学保留拒绝捐赠的一切权利。

（13）大学应确保捐赠人有渠道接触到大学最新的财务报表。

（14）在捐赠人有所询问之际，大学应确保给予捐赠人最迅捷、最真实和最完整的答复。

（15）大学应确保了解捐赠人的意愿并给予捐赠人恰当致谢和认可。

该标准除了对成员大学进行了责任和义务的规定，同时也对捐赠人的权利予以明确：

（1）捐赠人有权利了解大学的使命、大学如何计划利用捐赠、大学为实现既定目标使用捐赠所得的能力又是如何。

（2）大学和大学的工作人员有义务对捐赠人积极主动地展示与大学相关的必要信息，如筹资使用的情况和筹资的进展度如何。

（3）捐赠人有权了解参与大学筹资管理主要人员的身份。

（4）捐赠人有权要求代表大学进行筹资的人员本质上是专业人员。

（5）捐赠人有权知晓向他们劝募的人是志愿者、大学人员还是参与事务的中介。

（6）捐赠人有权要求不得以任何形式的项目、合约、信托或合同牺牲捐赠人的利益、不得和潜在的捐赠人产生纠葛。

（7）捐赠人有权要求大学机密处理其个人信息，没有捐赠人本人的明确许可大学不得与任何校外组织共享。

在澳大利亚大学吸收社会资助的实践中，尽管存在着各种类型的筹资管理条例，然而并没有消除大学筹资中的伦理失误。最近几年，再次敲响大学筹资伦理警钟的是 2011 年阿德莱德大学（University of Adelaide）接受马来西亚政治人物阿人杜勒·泰益·马赫穆德（Abdul Taib Mahmud）的大量捐赠引发的非议。事件的起因是马赫穆德靠出卖马来西亚资源丰富的沙捞越（Sarawak）州雨林大发其财不断受到国际调查，但阿德莱德大学拒绝透露从这位 1961 年法学系毕业生手中接受了多少资助。媒体认为，在过去的三年里马赫穆德大约为阿德莱德大学捐赠 300 万澳元，但马赫穆德一再否认其家族财富来自沙雨林砍伐。澳大利亚国立大学（Australia National University）马来西亚政府研究人员葛莱格莱·洛佩兹（Gregore Lopez）声称看看沙州本地人的日子是怎样艰难度过的，沙州本地人的土地受损、森林被非法砍伐，这是马赫穆德财富积聚的手段，这对阿德莱德大学来说接受这样的款项捐赠是非常不恰当的。1994 年，马赫穆德还从阿德莱德大学接受了名誉博士头衔，并接受阿德莱德大学以其名字冠名大学设备。

一位阿德莱德大学 1979 级毕业生在对此事发表意见时说道，“我对阿德莱德大学接受马赫穆德的捐赠感觉恶心至极，当年我读书的时候我高度赞扬过阿德莱德大学的伦理操守和正直无私，但现在我对其失望至极。我无法理解阿德莱德会从这样一位人物手中接受捐赠，这个人与数不清的贪污和毁灭雨林指控有关”[①]。马来西亚的媒体撰文质问阿德莱德大学：“……基于以上原因，我们为阿德莱德大学校长准备了一些问题，希望能得到回答。我们想知道阿德莱德大学在接受捐赠的时候究竟有没有持有伦理操守？如果说持有的话，詹姆斯·麦瓦（James McWha，阿德莱德大学校长）又是怎样得出结论认为马赫穆德是阿德莱德合格的捐赠伙伴？……”[②]

该校就读的马来西亚留学生也表达了对大学的担忧并愤慨地指责，“我们的大学要授予这样一个偷窃癖荣誉学位，他还是一个践踏人权的人，坐在

① MT Webmaster: *Cash for Honors at Adelaide University?* Mar. 15, 2011. 见 https://www.malaysia-today.net/2011/03/15/cash-for-honours-at-adelaide-university/。

② PETALING JAYA: *Student protest over Taib Mahmud plaza in Adelaide,* Sep. 18, 2013. 见 https://www.thestar.com.my/news/nation/2013/09/18/taib-mahmud-plaza-rename。

这样的大楼里（指捐赠修建的大楼）学习，真是感到羞耻”[①]。这一伦理事件引发的后果之一是国际环境组织布鲁诺曼梳基金会（Swiss Bruno Manser Fund）呼吁要求“阿德莱德大学校长詹姆斯·麦瓦因没能尽责审查而应仿效伦敦政治经济学院（LSE）校长因从卡扎菲处接受捐赠而辞职的例子，同时马赫穆德的名字也应该从大学建筑上抹去，并且希望阿德莱德大学今后别对外界说自己设有经营伦理课”。[②]

此外，烟草因其被公认为是健康杀手而在西方国家格外受到关注，对烟草买卖、烟草生产和宣传都有着极为严格的控制，因为根据世界卫生组织（WHO）出于对健康和生命的关爱发起的《烟草控制框架公约》（*World Health Organization Framework Convention on Tobacco Control*）内容规定“缔约方应广泛禁止所有的烟草广告、促销和赞助”。现实中烟草行业对大学的赞助亦引发此起彼伏的伦理争议，这样的案例在英国已经出现过，澳大利亚大学对待烟草行业的捐赠态度是坚定和明确的，绝大多数的澳大利亚高校以条文形式禁止接受来自烟草产业部门的研究基金和捐款：

●澳大利亚国立大学（ANU）

政策名称：《烟草行业资助政策》（*Policy: Funding from the Tobacco Industr*）

通过时间：1998 年（经科研副校长审批通过）

1. 不接受本质上由烟草行业成立的基金会的直接资助。

2. 若校长认为：

①商业单位直接参与烟草或烟草制品的生产、制作、分销、传播和市场

---

① MT Webmaster: *Cash for Honors at Adelaide University?* Mar. 15, 2011. 见 https://www.malaysia-today.net/2011/03/15/cash-for-honours-at-adelaide-university/。

② Pemudasarawak: *Taib corruption scandal reaches Australian university,* Mar. 16, 2011. 见 https://pemudasarawak.wordpress.com/2011/03/16/taib-corruption-scandal-reaches-australian-university/。

推广等活动为主要业务，大学不接受这样商业单位的资助与捐赠；

②接受资助与捐赠如果含有任何可以被理解为对烟草行业、烟草游说和烟草活动起到推广或广告作用，这样的资助与捐赠不可接受。

3. 满足校长两点考虑，公司或商业单位的资助才有可能被接受：

①捐赠单位的主要业务与烟草行业无关；

②接受捐赠不会理解为支持烟草行业或支持烟草游说和烟草活动。

●科廷科技大学（CUT）

政策名称：《烟草公司资助和捐赠政策》（*Policy: Grants and Donations from Tobacco Companies*）

通过时间：1994 年（经大学委员会审批通过）

1. 科廷科技大学及其活动断绝与烟草行业的一切关系。

2. 学术委员会应通过恰当的指导条例

①保证不予接受和应用来自烟草行业的直接赞助；

②倘若捐赠不是以烟草行业的名义进行，同时大学发展委员会对这些单位的主要业务与烟草行业无关而对其满意则允许自由接受与烟草行业有关公司和个人捐赠，还要满足接受捐赠不会被外界理解为支持烟草公司、烟草游说和烟草活动的要求。

●迪肯大学（DU）

政策名称：《烟草行业财务协定》（*Policy: Financial Arrangements with the Tobacco Industry*）

通过时间：1998 年（学术委员会审批通过）

1. 如果烟草行业赞助目的是为烟草栽培或生产销售烟草制品而提供利益，迪肯大学将不接受此类捐赠。

2. 迪肯大学不会对烟草行业组织提供研发、咨询和其他服务。

3. 迪肯大学不会与任何烟草行业进行商业协定开展设计、研发、提供教育培训或其他知识型服务。

4. 迪肯大学接收的所有来自烟草行业的赞助意向书或有偿服务协议必须通过校长考虑并做决策。

……（其他澳大利亚大学略）

然而，酒类产业对大学的资助这一问题却没有像烟草问题一样获得如此多的重视和呼吁，总体而言，医疗科学对这一做法是饱含争议和充满矛盾的。正是这样的矛盾做法，使澳大利亚大学和大学的研究人员陷于较高的伦理风险之中，在募款和接受企业资助时是否充分考虑到这一点目前表现得尚不明朗。

2007 年，澳大利亚大学校长接受了《关于酒水行业赞助大学的政策问题》的邮政问卷调查，该调查覆盖了澳大利亚 38 所大学校长，最后完成并成功回收的有 23 份，剩余的 15 份中 7 人拒绝做此调查，8 人无回应。问卷的结果显示仅有一所大学对于酒水行业的资助有明确的伦理条例，在澳大利亚大学部门中酒水行业赞助大学的伦理问题尚没有被大学管理层提出并加以讨论，而且大学管理层也并不期望这一问题得到讨论。问卷调查结果还显示大学并没有像对待烟草一样对酒水行业的赞助向对学术人员进行系统的风险指导，详见下表。

表 6　澳大利亚大学对接受酒水行业赞助的伦理调查[1]

调查结果	项目（所）	占反馈比例 (%)	95% 置信区间
有正式的伦理规则	1	4	（0—23）
正式讨论过酒水行业资助伦理	1	4	（0—23）
把酒水行业的资助按其他资助伦理处理	19	83	（62—94）
盼望政策在 12 个月时间内改变			

① Kypros Kypri, Raoul A. Walsh, Robert W. Sanson-Fisher, *Australian Universities' Open Door Policies on Alcohol Industry Research Funding (letter)*, Addiction, Vol.104, No.10（Oct.2009）.

（续表）

否	10	78	（58—91）
是	0	0	—
不知道	5	22	（9—17）

通过调查，澳大利亚酒水研究协会的调查人员呼吁不仅澳大利亚大学甚至国际上都应该对酒水行业资助大学制定出伦理规范用以帮助大学确定是否该为酒水行业做有偿服务，同时也用以阻止利益活动扭曲大学使命和研究，保护大学和大学研究人员免遭这种关系下产生的伦理风险。

具体到大学筹资，同美国、英国等国家的高等教育机构一样，澳大利亚的大学无论是排名在前的 Go8（Group of Eight，澳州最负盛名的 8 所大学）系列知名大学还是普通的地方院校，大都成立了筹资部门——大学促进办公室（advancement office）发起筹资运动、接受社会慈善捐赠和负责对筹资发挥管理功能。在筹资活动中，澳大利亚大学利用公立大学数目有限这一特征进行业务组合，最为著名的 Go8 院校组成大学“促进办公室主任联合会”（Go8 Directors of Advancement）每年举办一次会议探讨筹资问题并共同遵守 AVCC 制定的筹资伦理。其余院校（也包含一所 Go8 院校）如莫纳什大学（Monash University）、科廷大学（Curtin University）、格雷夫斯大学（Griffith University）昆士兰理工大学（QUT）等 8 所则加入 FIA 作为会员大学并秉持 FIA 发布的筹资伦理条例。

小 结

总的来讲，美国、英国和澳大利亚基本上建立了较为完备的大学筹资伦理管理规范，这些规范的制定一方面得益于其相似的体制基础以及基督教文化中的慈善、关爱观念，这些是慈善伦理得以成为自然进而内化为个人所秉持信念的重要资源。另一方面，得益于完善的国家慈善事业法规，美国筹资行业对各类筹资组织进行规范和约束，英国靠颁布已久的法典维护慈善事业，澳大利亚继承了英国的体制和部分慈善法律。除此以外，这些国家大学所面临的迫切筹资需要也是筹资伦理产生和实施的现实条件。然而规则的完善，不代表实际执行的完美，在这些国家的大学筹资运作中，尽管有着伦理指导，但并没有消除其伦理争议。在巨大的经费压力与大额赠款的吸引下，仍有大学领导人奉行“功利论”罔顾大学筹资应有的道义或对行为的预料不足并为之付出了惨重的代价。2003 年，布拉德雷及其同事就美国慈善筹资评论“让我们担忧的是，非营利组织并没有将慈善资助最高效率地用于推进慈善目标”。[①] 在剑桥大学接受一笔来源不详的巨额资助案例中，尽管有着大学教授的批评和意见，但最终结果仍然被大学高层所接受；阿德莱德大学接受政治人物的捐赠案例中，阿德莱德官方仍然在师生的谴责中坚持认为这是“个人的慷慨”，这体现大学筹资伦理在实际执行过程中执行力度仍然不够。在利益与伦理发生冲突的情况下，抉择功利还是坚守大学道义即便在发达国家，大学筹资的伦理管理依然被行政权力和利益挑战着。这给他国同行带来的教训是大学筹资是关涉多方利益相关者的行为，单纯奉行“功利论”只顾结果忽视“道义论”倡导的程序正义，大学筹资很难一帆风顺。

① Bradley, B., P. Jansen, L. Silverman, *The Nonprofit Sector's $100 Billion Opportunity,*Harvard Business Review, Vol.81, No.5（May 2003）.

第六章 筹资伦理对我国大学基金会治理的启示

如前文所述，筹资是大学通过自身的活动利用非政府财政和学生学费以外的渠道谋求经费的行为。相较于发达国家的高等教育社会筹资成果，我国高等教育在此方面的尝试明显不足，筹资水平还处在初级阶段，这既体现在我国高等院校筹资的规模和影响上，也体现在此领域制度设计的不足。在经费直接影响大学发展的现实背景下，面向社会筹资获取捐赠资源或提供有偿服务成为我国大学解决部分经费问题的可行措施、现实需要和必要补充。这些既定功能的顺利实现必须完善和遵循大学筹资的伦理。学者认为“近几年来，随着联邦政府经费的不断缩水、消费文化的发展以及日益增加的企业资本流入大学，很大程度上使高等教育发生变革”[①]。实际上，要应对我国“双一流”竞争为高校发展形势带来的变革尤其是拓宽资金来源渠道的变革，完善大学筹资伦理制度建设亟须提上日程。

（一）我国大学经费多元化的趋势

高等教育是国家公共事业的有机组成部分，故此我国高等院校由国家出资兴办并提供必要的科研与办公经费，1998 年颁布的《高等教育法》第六十

① Molesworth, M., Nixon, E., Scullion, R., *Having, Being Andhigher Education: The Marketisation of the University and the Transformation of the Student into Consumer,* Teaching in Higher Education, Vol.14, No.3（May 2009）.

条规定“国家建立以财政拨款为主、其他多种渠道筹措高等教育经费为辅的体制，使高等教育事业的发展同经济、社会发展的水平相适应，国务院和省、自治区、直辖市人民政府依照教育法的规定，保证国家举办的高等教育的经费逐步增长”。这种以财政拨款为主的高校财政体制沿用了二三十年，目前仍然是我国高校经费、资源分配的主要特点。

随着高等教育改革的深入，尤其是颁布的《国家中长期教育改革与发展纲要（2010—2020）》中明确指出随着高等教育大众化进程的继续推进，在校大学生人数将不断增长；到2020年预计毛入学率将达到40%，高等教育将达到一个空前规模。单纯依靠国家财政性拨款，在这种高等教育总量下，我国《教育法》中提到的“三个增长”将面临巨大挑战，高等院校通过自身努力多元化地扩大资助来源显得尤为重要。2009年财政部、教育部印发的关于《中央级普通大学捐赠收入财政配比资助管理暂行办法》中，提出“为引导和鼓励社会各界向高等学校捐赠，拓宽高等学校筹资渠道，进一步促进高等教育事业发展。从2009年起，中央财政设立配比资助，对中央级普通大学接受的捐赠收入实行奖励补助”。专家在给教育部提出的建议中也认为可以将高校校长的筹资能力作为遴选考察的条件之一。以上信息表明，大学筹资将逐渐从非常规状态转变为常规，成为我国大学财政重要来源和高等教育财政改革的大趋势。

从经济角度来看，我国人口众多经济发展态势良好，大学资助虽然起步时间较晚规模较小但形势较为可观，各大学成功的毕业生和有社会影响力的慈善人士都为大学提供了不菲的资助，尽管难以与英美国家相比，但潜力巨大，为大学充分发挥积极性筹资创造了有利的条件。

表 7 中国校友会 2020 中国大学富豪校友排名（Top20）

名次	学校名称	亿万富豪校友数	全国排名	星级排名	办学层次
1	清华大学	191	2	8★	世界一流大学
2	北京大学	169	1	8★	世界一流大学
3	浙江大学	123	4	8★	世界一流大学
4	复旦大学	74	3	8★	世界一流大学
5	上海交通大学	58	6	8★	世界一流大学
6	中国人民大学	57	9	8★	世界一流大学
7	中山大学	56	14	7★	世界知名高水平大学
8	华南理工大学	43	29	6★	世界高水平大学
9	南京大学	38	5	8★	世界一流大学
10	武汉大学	35	10	7★	世界知名高水平大学
11	厦门大学	31	23	7★	世界知名高水平大学
11	中南大学	31	23	7★	世界知名高水平大学
13	华中科技大学	30	7	7★	世界知名高水平大学
14	哈尔滨工业大学	29	16	7★	世界知名高水平大学
15	西安交通大学	28	15	7★	世界知名高水平大学
15	四川大学	28	15	7★	世界知名高水平大学
17	南开大学	27	12	7★	世界知名高水平大学
18	东南大学	25	17	7★	世界知名高水平大学
19	北京理工大学	22	30	6★	世界高水平大学
19	电子科技大学	22	34	6★	世界高水平大学
19	深圳大学	22	104	4★	中国高水平大学
20	中国科学技术大学	20	8	8★	世界一流大学

数据来源：中国校友会网。

表 8 2020 年中国大学校友捐赠排行榜（Top20）

名次	学校名称	捐赠总额（亿元）	全国排名	星级排名	办学层次
1	清华大学	47.2	2	8★	世界一流大学
2	北京大学	31.87	1	8★	世界一流大学
3	中国人民大学	21.57	9	8★	世界一流大学
4	武汉大学	19.33	10	7★	世界知名高水平大学
5	复旦大学	17.73	3	8★	世界一流大学

（续表）

6	浙江大学	17.05	4	8★	世界一流大学
7	电子科技大学	15.83	34	6★	世界高水平大学
8	南开大学	9.04	12	7★	世界知名高水平大学
9	天津大学	8.77	10	7★	世界知名高水平大学
10	中南大学	8.11	25	7★	世界知名高水平大学
11	福州大学	7.72	68	4★	中国高水平大学
12	深圳大学	7.69	107	4★	中国高水平大学
13	四川大学	6.82	18	7★	世界知名高水平大学
14	上海交通大学	6.28	6	8★	世界一流大学
15	南京大学	6.21	5	8★	世界一流大学
16	河海大学	6.09	37	6★	世界高水平大学
17	厦门大学	5.65	23	7★	世界知名高水平大学
18	中国科学技术大学	5.6	8	8★	世界一流大学
19	西北工业大学	4.89	24	6★	世界高水平大学
20	重庆大学	4.57	35	6★	世界高水平大学
19	深圳大学	2.2	104	4★	中国高水平大学
20	中国科学技术大学	2.0	8	8★	世界一流大学

数据来源：中国校友会网。

“凡事预则立，不预则废”，随着高等教育多元筹资的趋势愈来愈明显，影响也越来越大，对完善大学筹资机制的要求也就越来越迫切，高等院校筹资机制也就愈加需要预先设计，否则就极有可能产生实践上的失误。大学筹资应秉持大学精神，促进大学使命和战略目标的实现，在避免对高等教育、师生利益和社会声誉产生损害的前提下积极拓展多元资金渠道，采取多种合乎法制与道德要求的措施挖掘社会有利资源。多元筹集大学经费的趋势也对大学筹资提出了总体要求。

（1）拓展广泛筹资渠道，创造双赢局面。大学应努力根据自身实际情况充分拓展多种筹资渠道，广泛开展与企业的合作关系，深化与企业的产学研合作，形成财力与知识的有效整合，成为高等院校获取经费的重要渠道。同时，根据利益相关者理论，高等院校应增强与个人的关系，使社会成员，尤其是毕业校友成为高校筹资的积极赞助人，这要求高校创造条件增进校友对高校的认同感和感恩之情。鉴于企业和个人对高校的资助往往带有某些利益诉求，高校应恰当地处理这些诉求创造与资助人、资助企业的双赢结果形成长期与长效的合作关系。香港大学校长徐立之（Tsui Lap-Chee）曾在一年多的时间里成功为港大筹集到6亿港币。他认为："现代大学必须在资助筹集方面付出更大的努力……现在香港大学的经费60%来自公共机构，我们的目标是通过多元化的融资使年收入的50%自给。我们希望在财政上取得更大的自主权。大学筹资不是去讨钱。我们要与社会合作，告诉大家我们所做的就是将来社会所需要的。"①

（2）坚守大学立场，辨明"道义论"与"功利论"。一段时期以来，"教育产业化"成为国外众多大学竞相追求的目标和方向。然而相伴而生的是追求利润成为弥漫在大学里的一种风气。但高等教育是公益性事业，公立大学是非营利性机构，主要致力于教学、研究和社会服务。剑桥大学校长艾莉森·理查德（Alison Richard）很不同意教育产业化观点："教育不是市场，钱不是唯一和最重要的，剑桥大学愿意给更多的人提供学习和教育的机会。"② 在市场经济可能对高校的战略使命、师生利益、文化积累、精神延续方面造成负面影响的形势下，对利益和正直的抉择显得尤为可贵。为大学发展广泛筹集资助无可厚非，但务必使所作所为合理合情又合法，无损大学精神。伦理学中的道义论认为人的行为必须遵照某种道德原则或按照某种正当性去行动的道德理论，大学领导人应首先本着高等教育精神从事筹资活动而所谓的效果论则追求有利的后果，忽视行为动机与过程。诚然，充足的经费对大学有百利而无一害，但绝不能忽视达成目的的动机和过程，正是这些过程和动机最能体现大学的正直。

① 徐立之：《大学校长必须有能力筹钱》，《海内外高校发展动向》2004年第13期。

② 李玲：《校长论坛会诊中国高校四大"通病"》，《半月谈》2004年第16期。

（3）筹资既对大学财政拓展能力有所要求，又是对大学治理能力的挑战。与国家财政拨款的来源不同，大学筹资的经费来源来自社会企业、个人的慷慨资助，属于教育慈善。故此，大学对筹资的有效治理将成为社会评价其信用的主要依据，也是大学筹资事业得以持续发展的生命线。筹资所得，无论是金钱还是物资都寄托着社会或个人对大学事业的期盼，对所获资源妥善管理既是对资助人的基本尊重也是凝聚信任的前提，这便对捐赠财物管理的能力与绩效提出了要求。对捐赠的监管可分为管理和支配两个方面，从管理上来讲，无论是大宗捐赠还是小额捐赠、无论是实物捐赠还是金钱捐赠，大学都有责任对其进行无差别的保管和维护，而不应厚此薄彼或区别对待。在我国，大学筹资本身尚是一件逐渐成长的事物，对筹资事业的治理还主要基于双方的人际信任，而正规化的大学筹资治理必须建立在制度信任的基础之上，制度建设正是大学治理的核心要义。

（4）建立大学筹资可持续发展机制。大学基金会支持高等教育事业发展的长期性决定了其应有足够的资助来源确保其长期开展活动。筹资作为基金会发展的原动力之一，只有长期且可持续地获取社会赞助才能凸显大学基金会存在的意义。尽管我国高校的基金会数量及筹资规模都呈现激增态势，但不可否认尚处于较低水平阶段。筹资机制的不成熟制约了高校基金会的发展壮大，所谓的机制是泛指自然现象、社会现象的内部组织和运行变化的规律等。可持续发展机制即大学筹资是长期进行的事业而非只顾一时，可持续动力不仅有利于大学筹资事业当前发展而且不会对将来发展造成破坏的运行规律。“每一所大学都希望能和捐赠人建立长期的、友善的关系，关系越密切、越稳定，大学筹资获益就越多。因此，我们唯一要做的就是让捐赠人了解、信任我们，随时可以接触到我们。”[①] 大学筹资可持续发展机制的形成需要双

① 2013 年 11 月，墨尔本大学筹资办公室 R 主任访谈记录。

方在伦理道德上彼此高度信任和正直，这些都需要特定的制度、规范保障，因为“没有制度的伦理关怀和范导，一个社会要形成普遍的道德自觉是很难想象的”。[①]

（二）我国大学基金会治理现状

我国大学自20世纪80年代中后期出现了第一批大学筹资机构——大学基金会，在后来的仅30余年中以雨后春笋的速度全面开花，到2017年年底为止全国已经有500多所大学成立了基金会且数目仍在增加，高校年度捐赠也不断刷新纪录，这说明大学基金会业已成为大学动员和利用社会资源的前沿阵地。对大学基金会的伦理建设提出建议，必须对大学基金会的现状进行考察并由此得出一些认识。

1. 我国高校基金会享有专项政策支持。国家出台的相关法律和指导文件，对大学基金会发展给出了政策支持。这具体表现在从2009年起，为引导和鼓励社会各界向高等学校捐赠，拓宽高等学校筹资渠道，进一步促进高等教育事业发展，中央财政设立配比资助。这一资助对中央级普通大学接受的捐赠收入实行奖励补助。国家财政部、教育部为此发布了《中央级普通大学捐赠收入财政配比资助管理暂行办法》（财教［2009］275号文件）。这催生了大学基金会在数量上的激增并激发了大学寻求非政府资助的积极性。

2. 我国高校基金会行政手段管理单一而市场参与度不够。在当前的行政化管理模式下，大学基金会也通常属于行政管理型，基金会不是作为独立的社团法人，而是作为大学的一个职能部门加以行政手段对待和管理。大学基金能否和怎样进入市场滚动获利还是一个没有政策提及的禁区。这与欧美国

① 李仁武:《论道德建设的制度伦理环境》,《云南社会科学》2002年第5期。

家大学筹资机构可以自由独立地对于市场运作采取比较开放的态度不同，尽管它们也是作为大学机构的一部分。也正是这一原因，导致了我国大学基金会对市场的敏感和对基金增值措施都弱于国外基金会。产生的结果必然是限制大学基金会活动的积极和主动性，工作创新、办事效率和管理方式上缺乏足够的灵活。

3. 我国大学基金会运行的专业化水准总体不高。专业的大学基金会工作集人文、社会、经济、教育、金融于一体，是一项复杂的系统工程，工作内容包括款项筹集、基金会管理、资助方向研究、增值运作等，需要公共关系学、营销学、广告学、法律等数方面的高素质专业人才。我国大多数大学基金会基本是校内行政人员工作岗位的转移，而不是专门从事该行业具有一定基金会筹资和管理的专业化人士。在业务开展方面，我国大学基金会在筹资开展的规模和策略上还有所限制，筹资方式较为被动，筹资客体相对单一。

4. 除少数一流大学以外，我国高校基金会筹资伦理普遍尚不明确。我国大学基金会在管理上主要以 1999 年 6 月 28 日第九届全国人民代表大会常务委员会第十次会议通过的《中华人民共和国公益事业捐赠法》和 2004 年颁布的《基金会管理条例》为依据。这些法律和条例对大学基金会产生的主要是大学基金会“能做什么和不能做什么”的意义，即什么样的大学基金会行为是合乎法律要求。尽管我国大学也制定了本校的基金会相关政策文本，如《XX 大学教育基金会章程》，但这类章程一般主要围绕基金会的组织性质、框架结构、人员配备等常规问题的解释，执行依据也主要依靠国家颁布的法案和条例，并没有对基金会的筹资工作伦理进行突出体现，由此可以基本看出我国大学对筹资伦理关注的一般形势。以北京大学（表 9）、清华大学（表 10）为代表的少数一流大学由于其浓厚的历史底蕴和骄人的教学科研，引发了企业家和校友的广泛赞助。大额的社会资助反过来促使这类大学完善筹资治理制度、机制和规范，但并非高校的普遍行为。

表 9 北京大学教育基金会章程

第一章 总则（略）
第二章 业务范围（略）
第三章 组织机构和负责人产生、罢免（略）
第四章 资产管理 使用原则：第二十八条 本基金会为非公募基金会，本基金会的收入来源于： （一）捐赠； （二）在核准的业务范围内开展活动的收入； （三）利息； （四）其他合法收入。 第二十九条 本基金会接受捐赠应当遵守法律法规，符合章程规定的宗旨和公益活动的业务范围。 第三十条 本基金会的财产及其他收入受法律保护，任何单位、个人不得侵占、私分、挪用。 第三十一条 本基金会根据章程规定的宗旨和公益活动的业务范围使用财产；捐赠协议明确了具体使用方式的捐赠，根据捐赠协议的约定使用。接受捐赠的物资无法用于符合本基金会宗旨的用途时，基金会可以依法拍卖或者变卖，所得收入用于捐赠目的。 第三十二条 本基金会财产主要用于： （一）设立北京大学教师奖励基金、学生奖励基金、科学研究资助基金、校园建设基金以及符合本基金会宗旨的其他基金项目； （二）奖励在教学、科学研究和高新技术开发等工作中做出贡献的北京大学教师、学生和职工； （三）利用本基金会的基金资助有益于国家建设的研究和开发项目； （四）利用本基金会的基金资助其他社会公益活动。 第三十三条 本基金会按照合法、安全、有效的原则实现基金的保值、增值。 第三十四条 本基金会每年用于从事章程规定的公益事业支出，不得低于上一年基金余额的 8%。本基金会工作人员工资福利和行政办公支出不得超过当年总支出的 10%。 第三十五条 本基金会开展公益资助项目，应当向社会公开所开展的公益资助项目种类以及申请、评审程序。 第三十六条 捐赠人有权向本基金会查询捐赠财产的使用、管理情况，并提出意见和建议。对于捐赠人的查询，基金会应当及时如实答复。基金会违反捐赠协议使用捐赠财产的，捐赠人有权要求遵守捐赠协议或者向人民法院申请撤销捐赠行为、解除捐赠协议。 第三十七条 本基金会可以与受助人签订协议，约定资助方式、资助数额以及资助用途和使用方式。本基金会有权对资助的使用情况进行监督。受助人未按协议约定使用资助或者有其他违反协议情况的，本基金会有权解除资助协议。 第三十八条 本基金会应当执行国家统一的会计制度，依法进行合法核算、建立健全内部会计监督制度，保证会计资料合法、真实、准确、完整。本基金会接受税务、会计主管部门依法实施的税务监督和会计监督。 第三十九条 本基金会配备具有专业资格的会计人员。会计不得兼任出纳。会计人员必须进行会计核算，实行会计监督。会计人员调动工作或离职时，必须与接管人员办清交接手续。 第四十条 本基金会每年 1 月 1 日至 12 月 31 日为业务及会计年度，每年 3 月 31 日前，理事会对下列事项进行审定：

（续表）

（一）上年度业务报告及经费收支决算； （二）上年度捐赠者名册及有关资料； （三）本年度业务计划及经费收支预算。 第四十一条 本基金会进行年检、换届、更换法定代表人以及清算，应当进行财务审计。 第四十二条 本基金会按照《基金会管理条例》规定接受中华人民共和国民政部组织的年度检查。 第四十三条 本基金会通过中华人民共和国民政部的年度检查后，将年度工作报告在民政部指定的媒体上公布，接受社会公众的查询、监督。
第五章 章程的修改程序（略）
第六章 终止程序及终止后的财产处理（略）
第七章 附则（略）

资料来源：北京大学教育基金会官网。

表 10 清华大学教育基金会章程与管理

清华大学教育基金会章程（略）
教育基金会财务管理制度（略）
第三章 组织机构和负责人产生、罢免（略）
清华大学教育基金会项目管理办法 第一章 总 则 第一条 清华大学教育基金会（以下简称基金会）是经中华人民共和国民政部批准成立的全国性非公募基金会，其宗旨是：为推动清华大学教育事业的发展，提高教育质量和学术水平，加强学校与社会的联系与服务，争取国内外团体和个人的支持与捐助。 捐赠项目的设立应遵循以下原则： 1. 推动内地教育教学质量和学术研究水平的提高； 2. 整合学校智力资源，积极开展社会服务； 3. 支持清华大学的建设，为清华大学新百年的发展贡献力量。 第二条 根据基金会的资助特点，项目设立主要有以下方面： 1. 支持教学与研究设施的改善（包括建筑物、仪器设备和图书资料等）； 2. 资助教学研究、科学与技术研究及专著出版； 3. 吸引海内外知名学者来校讲学及任教； 4. 资助大学间国际合作项目的开展和国际学术会议； 5. 设立奖学金、助学金（励学金）及奖教金； 6. 资助有益于学生综合素质拓展的各项活动； 7. 关注和支持社会弱势群体的相关公益项目； 8. 按照捐赠者意愿设立的资助项目。 第三条 项目管理的主要职责是： 1. 根据学校和基金会的发展规划，进行捐赠协议审核与立项管理。 2. 进行部门和项目的管理制度建设，负责拟订并不断完善各项管理制度。 3. 对项目执行过程进行管理，完成项目计划，实现项目目标。 4. 定期向捐赠人报告项目的执行情况、使用效果和社会评价。

（续表）

5. 通过规范管理，确保项目质量，塑造和提升基金会的公益形象。

第二章 捐赠接收

第四条 根据清华大学（含各院系部门、职能部处）、基金会的发展需要与捐资者的意愿，由清华大学（含各院系部门、职能部处）、基金会和捐资方签署捐赠协议，或由基金会和捐资方签署捐赠协议，以确认捐赠行为。捐赠协议中必须包含捐赠目的、捐赠用途、捐资总额、到款时间、资金管理和使用等。

第五条 捐赠项目的设立有以下方式：

1. 限定性资金与物资。捐赠人指定捐赠款或物资专项用于某个领域、项目，或某个院系、机构。

2. 非限定性资金与物资。捐赠人未具体指定捐赠资金或物资的使用对象及使用方式，可由基金会根据基金宗旨，决定使用目标和方式的捐赠资金或物资。

3. 限定性与非限定性捐赠资金均可设立留本和非留本两种形式。留本基金是本金不动，每年用利息支持相关项目的开展；非留本基金是捐赠款直接用于项目支出，直至捐赠款全部使用完毕，项目终止。

第六条 捐赠项目为限定性资金与物资时，基金会需得到该领域、项目主管单位或院系、机构的负责人书面确认后，方可签署捐赠协议。涉及成立专门研究机构（研究院、中心、研究所、实验室等）时，需协商学校科研院机构办、实验室处或院系负责人，确认该研究机构的成立符合学校相关规定后，方可签署捐赠协议。涉及境外机构资助进行研究工作时，需经院系审查同意并由项目负责人履行相关报批手续后，方可签署捐赠协议。

第三章 项目管理

第七条 非限定性资金进入清华大学建设基金，由基金会理事会决定其使用。基金会项目管理部负责汇总学校相关职能部门、院系提交的项目申请报告，提交基金会理事会讨论审议。

第八条 限定性资金捐赠项目均以项目名义设立，项目名称需在捐赠协议中约定。一般由“清华大学”（或清华大学下属院系、部处名称）和项目用途两部分组成。项目用途一般分为：人才基金、教育基金、研究基金、基本建设项目、交流基金、图书基金、奖助（励）学金、安老基金、社会公益基金等。应捐赠者要求，也可以在名称中加入捐赠者或被纪念者的名称。一个项目可以接受多个捐赠者的捐赠，一个捐赠人可以捐赠多个项目。

第九条 捐赠协议的审核由项目管理部负责。协议金额在 100 万元（人民币，下同）及以下的，由主管秘书长审批签署；协议金额在 100 万元以上的，由主管秘书长报秘书长审批签署。

第十条 捐赠资金到位后，由项目管理部根据协议入账，设立专门科目，独立核算，并由受益方确认财务负责人，负责项目的落实和执行。一个项目可以下设多个子项目，项目和子项目的使用应根据协议约定执行。

第十一条 项目执行过程中，项目负责人（即财务负责人）应及时向基金会和捐赠人报告项目执行情况，及时提交年度工作报告。

第十二条 对于捐赠数额较大（协议金额一般 500 万元及以上）、受益面较宽（跨多个院系或部处）或对基金会意义重大的项目，可设立专项基金进行管理。专项基金的管理，依据《清华大学教育基金会专项基金管理办法》执行。

第十三条 基金会对捐赠资金提取项目执行费，原则如下：

1. 留本捐赠资金不提取项目执行费，非留本捐赠资金按单笔到账金额提取项目执行费；

（续表）

2. 用于学生奖学金、助（励）学金、设备购置、基建项目和社会公益项目的捐赠款，不提取项目执行费； 3. 单笔到账金额在 500 万元（含）以下的捐赠款，按到账金额的 2% 提取项目执行费；单笔到账金额在 500 万元—1000 万元的捐赠款，按到账金额的 1.5% 提取项目执行费；单笔到账金额在 1000 万元（含）以上的捐赠款，按到账金额的 1% 提取项目执行费。外币捐赠按捐赠外币汇出时的金额计算； 4. 特殊捐赠项目的执行费用，按基金会理事会决议或秘书长批示执行。
教育基金会分支机构、代表机构管理暂行办法（略）
教育基金会信息公布制度 第五条 基金会对符合下列基本要求之一的信息，将主动公开： 1. 机构信息，包括基金会组织架构、理事会成员情况、基金会章程及内部管理制度等； 2. 基金会联系方式； 3. 基金会年度工作报告； 4. 基金会年度审计报告； 5. 财务信息，包括资产负债表、业务活动表、现金流量表、收入与支出情况； 6. 主要公益活动项目信息； 7. 已完成的捐赠信息、重大项目进展等相关新闻。 第六条 下列信息，不予公开： 1. 属于国家秘密的； 2. 属于商业秘密的； 3. 属于个人隐私的； 4. 知识产权； 5. 阶段性信息：尚未确定捐赠的交流和谈判信息等； 6. 内部工作信息：内部通信、个人建议等。 前款第（2）项、第（3）项所列的信息，经征得权利人同意公开或者本基金会认为不公开可能对公共利益造成重大影响的，可以予以公开。 权利人对是否同意公开的意见征询未向本基金会作答复的，视为不同意公开。 第七条 每年 3 月 31 日前向民政部报送上一年度的年度工作报告；民政部审查通过后 30 日内，按照统一的格式要求，在民政部指定的媒体上公布年度工作报告的全文和摘要。 第八条 基金会财务会计报告未经审计不得对外公布。 第九条 公布所开展的公益活动项目种类、概况、负责人情况以及申请、评审程序；评审结束后公布评审结果并通知申请人；公益活动项目完成后，公布相关的资助使用情况及评估结果。
教育基金会志愿者管理条例（略）
清华大学教育基金会信息公布制度（略）

资料来源：清华大学教育基金会官网。

以上是北京大学和清华大学的基金会章程与管理条例，这两所国内一流大学是最早成立教育基金会的一批院校。一直以来，两校年度筹资额度在全国大学基金会中名列前茅，影响力也最大。从两所大学的基金会官方网站提供的信息来看，在捐赠规范方面，主要依据《中华人民共和国公益事业捐赠法》和民政部、国税总局等部委下发的公文。这些法规和公文关注的是大学基金会的性质、地位、作用、组织与基金会免税等相关内容，所发挥的是法制和行政督导作用。尽管也对项目和资金管理做了一定政策要求，但并没有深层次涉及大学基金会筹资伦理内容。清华的志愿者管理与信息公布涉及若干条伦理规则，但较之于美、英、澳国家大学的筹资伦理的专业程度，还存在明显的差距。尽管这是两所大学的基金会管理办法，但基本可以呈现出目前我国大学就筹资伦理管理的一般生态。“我们学校目前也是主要依据捐赠法和基金会管理办法对基金会进行治理，没有单独对基金会捐赠伦理这方面做太多工作，但实际会顾虑外来捐赠是否存在不妥性。有些捐赠要求可能一开始我们觉得不太合适，就再与对方沟通，也是经过反复谈判，互相让步最后成功的，这其实也是在践行伦理。但从长远来看，从专业化治理来看，加强高校基金会筹资的伦理建设也是不可忽视的，（捐赠）还是要取之有道。”①2014年，针对北京地区28所大学基金会的调查，中基透明指数（FTI）显示6所大学的善款流向披露率为零，明显有悖于筹资透明管理和信息公开的伦理要求。完善大学基金会筹资伦理制度对增进我国大学的社会公信度和凝聚力具有积极的促进作用，也是尊重高等教育善的本质和顺应教育规律的集中体现。

（三）影响我国大学筹资的伦理因素

国外一般将大学的资助筹募称为“高等教育慈善”（H.E. philanthropy）

---

① 2014年6月，中国矿业大学校董会访谈记录。又称SOX法案，是美国关于会计伦理的法案。

或"大学慈善"（university philanthropy），用以明确支持大学财政能力的是来自社会各界的资助。因而资助大学被认为是一种善行，但这种善行是建立在民众信任的基础上展开的。21 世纪初，美国公司非营利部门中出现的管理不当促使"社会掀起了一场创建更加符合伦理的环境运动，致同调查（Grant Thornton survey）数据显示，17% 的受访者写下了所期待的伦理条款，响应萨班斯－奥克斯利法案（*Sarbanes-Oxley Act*）"。[①] 这说明中外非营利机构的筹资水平之所以高低各有不同，一方面除了和国家经济形势和社会对待慈善的观念有关，另一方面还被伦理因素所影响。

●公益筹资的公信力

社会公信不仅是影响大学筹资成败得失的主要因素，甚至是影响整个社会领域慈善事业成败的最重要的因素。作为社会慈善的一个特定领域，大学筹资归根到底受到慈善公信力的制约。当社会慈善事业风清气正，人们对慈善事业充满信任则乐意慷慨解囊奉献公益事业。相反，当慈善机构出现各种令人难以接受、有违法律与伦理的事件，它们长期积累的良好形象有可能在一夜之间荡然无存，成为人们谴责的对象。2011 年出现的"红十字会信任危机"淋漓尽致地体现了这一点，百年历史的红十字会因为郭 XX 事件社会声誉一落千丈，导致募款急剧下降。受其影响的不仅是红十字会这一机构，更严重的是人们对那些需要募集资助的各项事业的质疑，其中教育筹资也深受其害。高等院校筹资若得以顺利开展务。必要求大学自身储备足够的信誉。几年前，一名张姓中国人民大学本科毕业生将其巨资捐赠于其研究生毕业院校——美国的耶鲁大学，引发社会热议。中国人民大学社会学系某教授 A 认为，张某赠款给耶鲁大学这样一个美国常春藤大学而没有捐给中国的某所大

① Pamela C. Smith, *Call for Greater Accountability within the U.S. Non-profit Sector*, Academy of Accounting and Financial Studies Journal, Vol.11, No.2（Feb.2007）.

学，说明张某认为耶鲁值得信任，不会把他的捐款胡乱花掉，也不会搞学术腐败。这反映了资助人对大学的信任，是大学筹资得以可持续发展的前提。

●公益筹资伦理规范的完善程度

这里所说的相关规范不仅涵盖了国家层面出台的法律条文与宏观制度规范，而且包括大学与社会、院校之间和大学内部层面上的相关筹资政策。如前文所述，在美国、英国和澳大利亚大学筹资中官方层面的慈善法案、筹资行业规定等在一定层面上为大学筹资活动提供了规范、标准和道德上的约束。同时，院校之间构建的大学校长委员会（如 AVCC）所制定的共同遵守的规范也发挥了不可替代的作用。在大学内部，负责筹资的部门——筹资办公室（或大学发展、促进办公室）也有着明确的筹资操作伦理规则，形成“多位一体”的监督管理机制，这比仅仅依靠一部政府颁布的慈善法案规避筹资中的伦理问题效果要好得多，这恰恰又是院校公信力得以形成的要素。在对待所募资助的处理方面，中国大学尚没有类似西方大学可以利用慈善捐赠作为“基金池”进行运作实现大学利润“滚雪球”式的发展模式。归根到底，我国在大学基金会增值方面的市场化运作政策还是一个空白。值得深思的是美国的慈善捐赠免税政策实行了约 90 年，对教育筹资获取捐赠注入了活力。据印第安纳大学的估算，每 5000 万美元就有四分之三的捐赠流向大学、博物馆、图书馆等慈善公益事业。与此对比，我国对募款还没有成熟的规范和施行准则，慈善免税刚刚不过才提出 10 年，更缺乏美国 NCPG 式细致到遗产捐赠伦理的相关政策，这是我国慈善事业政策方面所需努力的目标和方向。

●大学自身的行为

总的来说，但凡筹资取得巨大成功的院校都是在教学科研上取得突出业绩的院校，因为这些大学的毕业生获得成功的概率更大。这些杰出院校一方面利用人才培养的优势广泛联系校友，另一方面利用自身的科研优势与企业进行合作并以研究成果为社会带来解决各种棘手问题的希望。故此，对大学而言尊重高等教育规律、坚守高等教育使命和维护高等教育精神是大学最大的伦理。任何一所希望在筹资方面做得更好的大学必须在教学、科研、社会服务方面有所作为，方可获得社会大众的信任和推崇。而那些毫无建树、充满负面影响的大学自然很难受到大众青睐。2011 年，宾夕法尼亚大学球队教练的性侵儿童丑闻致使该校的体育捐赠下滑，一度减少为历年同期的 40%。美国大学体育协会（National Collegiate Athletic Association）认为在 75% 的案例中，大学丑闻将会造成整体捐赠的减少，除非大学可以恰当地加以处理才可能使得捐赠人回头。国内人士乐意捐赠国外大学而非本国高校，虽然不能完全排除利益取向，但国内高校在捐赠资助的使用和管理方面专业程度不够甚至从不向捐赠人和社会反馈信息，高校基金会筹资伦理缺失大大降低了捐赠人的热情。基于沃尔利等人的研究，捐赠过的人比没有捐赠过的人更有可能进行再次捐赠，他们以往的捐赠越多则再次捐赠的可能性越大。① 这为大学如何约束自己的行为，留住更多资助人获取更丰厚回报提出了更高的行为要求。

（四）我国大学筹资伦理建设的紧迫性

审视我国高等教育环境和现状，可以看出大学系统并非在一个和谐的社会中运行。因为作为人才中心和科技重镇的高等教育承载着太多的社会期望与要求，此外，长期的高等院校行政化管理和一些官僚式作风也引发社会各界的强烈批判。我国目前正处在一个激烈的社会转型期，带来的影响之一是

---

① Debra A.Worley, Jennifer K. Little, *the Critical Role of Stewardship in Fund Raising: the Coaches vs. Cancer Campaign,* Public Relations Review, Vol.28, and No.1（Feb.2002）.

利益分配的不均衡和由此导致的社会心理和情绪非理性化，直接体现就是网络时代对公共事业如国企、医院、学校等机构的强烈不信任和极端的改革要求。举例来说，如在近几年开展的大学自主招生改革问题上，尽管这是高等教育一次新的尝试，但据《中国青年报》开展的民调却显示 59.2% 的人对此却并不赞同。与此同时还对改革呈现出一种矛盾心理，即一方面人们对目前大学没有招生自主权“一考定终身”的高考表达不满和指责；另一方面，公众又对提高大学自主权改革有一种天然的不信任。另外，行政必须公开包括财务信息在内的所有办学信息，否则就会遭遇师生的不信任。中国政法大学教育法中心发布《2010—2011 年度大学信息公开观察报告》（以下简称《报告》）称，2010 年 9 月《高等学校信息公开办法》实施以来，教育部“211 工程”中的 112 所大学，没有一所向社会主动公开学校经费来源和年度经费预算、决算方案，也没有一家大学公布其财务资助的具体使用情况。从现实看，正是基于这些不信任，我国大学近年来一直处在舆论的风口浪尖上，但凡关乎大学的新闻报道无论好坏总是能引发各种社会关注。“现在高校很引人注意，高校的一些举动往往被媒体和网友过分解读。好事不出门，坏事传千里，最容易形成大新闻。就像真维斯楼一样，网上 80% 以上的评论都是责骂的，高校的社会形象出现危机。”[①] 如果说大学有被“妖魔化”的嫌疑，那么大学自身的制度建设不足也的确让媒体有机可乘。

所以，如果说对大学行为的不信任是表象，则其根源在于大学制度的缺失。长期以来，我国大学一直以政府行政管理为主导，经费来源、专业设置、招生计划等保持大学正常运转的各种资源，完全由上级教育行政部门控制。这种教育资源配置方式导致大学组织行政化，缺乏竞争和激励机制，机构重叠、队伍臃肿、人浮于事、效益低下的局面长期难以解决。这说明急功

① 2014 年 6 月，中国矿业大学校董会访谈记录。

近利的政策不能催生出真正意义上的大学，现在大学教育存在的主要问题，不是某个学校、某个人的问题，说到底是体制、机制问题，即制度问题。正如潘懋元先生所言，“大学要完成其使命，还有许多制度方面的问题需要解决，而且没有现成的解决方案”。[①]

规范的力量在于约束人们行为和保证良好的秩序，是各项事业成功的重要保证。从促进大学基金会治理这一意义来讲，大学筹资的伦理建立有利于对涉及市场和金钱方面的筹资实践进行理念和行为指导。信任分为人际信任和制度信任，“前者建立在熟悉度及人与人之间的感情联系的基础上，后者则是外在的，像法律的惩罚式或预防式的机制来降低社会交往的复杂性”[②]。因此，通过伦理建设，将捐赠人和募款人之间的人际信任上升到制度信任，以此规避筹资实践中可能对大学造成负面影响，并提升大学的社会公信力，维持大学良好的社会形象和以及与利益相关者的关系，促进大学筹资工作的可持续发展。

（五）我国大学基金会筹资伦理建设方向

大学筹资伦理主要是指在大学这一教育机构内，在大学精神使命、文化特征和功能定位范围内，大学里的人们关于大学筹资活动对错的判断过程以及判断的理由，这主要涉及筹资主体行为的正当性与合理性，亦即领导、决策和执行等行政管理活动的合法性问题，它既包括大学筹资人员个体在行政管理实践中的道德观念、道德活动与道德规范，也包括筹资主体作为群体及

① 王成奎：《文化博弈中的中国大学制度——一个新制度主义的视角》，《江苏高教》2009 年第 6 期。

② 杨中芳、彭泗清：《中国人人际信任的概念化：一个人际关系的观点》，《社会学研究》1999 年第 2 期。

组织机构在行政活动中所应遵循的价值规范。大学筹资伦理是伦理学内容在实际情景下的应用，是针对高等院校在筹资中理应坚守的道德与标准，是对大学筹资活动的一般规范。对内，大学筹资伦理建立在高等教育和大学的功能定位、精神和责任要求之上。对外，要求大学筹资符合法律和公序良俗原则。尽管伦理对大学筹资不具有法律的一般强制作用，但因其发挥的关系调节和道德调节对大学和大学管理人员而言则起到将治理的伦理风险降到最小化的功能。大学筹资伦理的制度化是将大学筹资伦理的行为以制度的形式进行外控和他律，即建立大学筹资伦理准则实行筹资伦理的内部管理机制、外部监督机制和评价机制。

如前文所述，社会生活的两大道德观是“道义论”和“功利论”，“道义论”和“功利论”对“动机、程序正义”和“结果有利”各有所侧重，并形成伦理学两大道德观的对立。但是，如果将两者泾渭分明地分离也会造成人们行为上的迷惘。以行为结果作为评价行为道德与否的依据，则导致的结果必然是影响甚至妨碍人们行为的实施。造成这一后果的原因是，尽管人们认为知道自己所从事的事业是正义的，但由于具体过程中存在复杂的条件和难以预料性，人们无法确保所产生的结果一定是良性的。这种落差感极有可能对人们的积极主动性造成沉重打击，甚至舍弃正义的事业。同理，根据“动机和过程的正义”评价行为是否道德性，也会产生另一种极端，即这样会造成人们只顾耕耘和奉献，而将收获与结果弃之不顾。这种不重视实际功效和现实利益的做法与不做任何事情没有什么两样，也不利于指导人们的道德行为。为此，马克思主义伦理学主张“动机与效果的辩证统一”[①]，“马克思主义伦理学在道德评价上，既反对单纯动机论，也反对单纯效果论，而是主张动机和效果的

① 周中之:《伦理学》，人民出版社 2004 年版，第 443 页。

辩证统一。”[①] 这给大学筹资带来的启示是，大学筹资必然要以追求创收为结果，否则一切努力都将丧失意义。大学把追求组织自身的物质利益作为首要的和最终目的，也是大学功利异化的一种特殊表现形式，因此应维护筹资动机与过程的正义，形成“道义论”与“功利论”的有机融合。

鉴于我国大学筹资还尚未普遍盛行，以致法律制度不完善，缺乏明确的行业规范，大学基金会的发展方向和模式尚不明朗（如多大程度上可以市场运作、大学拥有多大权力等）。由于相关法律细则的制定与出台过程较为严格、所需周期较长，短时间内实现的可能性不大。故此，完善我国大学筹资建设可以先从伦理治理着手，首先需要确定大学筹资的基本伦理方向。

（1）以诚信为前提

诚信是所有社会生活的基石，尤其在带有慈善或公益性质、承载人们情感与爱心的机构中，诚信堪称组织的“生命禁区”。诚信作为行为规范有其伦理学的理论基础，在“道义论”看来，诚信是人之所以为人的一个道德标志，是为人处世的伦理准则。在“功利论”看来，诚信是维系人际合作，增加社会总福利的基本要求。[②] 究其原因在于，“作为公益性质最高的社会组织类型，慈善组织需要对方方面面都有所交代。面对政府、公众、媒体、捐赠人、董事会、受益人乃至志愿者，慈善组织均承载着一定程度的问责”[③]。筹资伦理范畴内，诚信表达双重内涵，第一种是筹资主体（大学）对筹资客体（资助人）无欺骗行为；第二种是筹资主体的主动正直，信守对筹资客体的承诺。诚信是大学筹资得以实现的基础，多数情况下，筹资并非一蹴而就，

① 罗国杰:《伦理学》，人民出版社 2002 年版，第 424 页。

② 杨同卫、王云岭:《诚信：从道义、功利走向责任与权利》，《中国医学伦理学》2005 年第 18 期。

③ 朱卫国:《慈善组织法律规制的现状与立法展望》，社会科学文献出版社 2011 年版，第 218 页。

需要通过主体与客体协调和契约促进和达成。实现对客体的诚实无欺，包括大学筹资的目的、金额、使用、管理；信守对客体的承诺，要求大学遵循资助人捐赠意愿，不得私自更改和背弃。由于社会资助总是流向诚信度较高的组织，缺乏诚信必然为社会淘汰。

（2）以共生为目标

确立大学与利益相关者的共生（kyose）目标，作为双方利益调和的原则。这里的“共生”，是20世纪90年代《考克斯圆桌企业原则》（*Caux Round Table Principles*）中提出的一个企业伦理思想。佳能公司前总裁贺来隆三郎（Ryuzaburo Kaku）将其定义为“为了共同的善而一起生活和工作”[①]，也就是说当赞助人把自己的资助赠给大学时，相互之间就形成了一种信用关系。首先，对这种信用关系的认同和实现除了要有显性的回报之外，还要有安全、省心、愉悦等隐性的精神回报。其次，大学对赞助人资助的谨慎支配不仅是对其意愿负责，也是避免为捐赠人带来精神损失的需要。最后，要兼顾多方利益相关者各方的利益，虽然大学为捐赠人做出某种利益回报，但这种利益回报要以各方共同生存和发展为目标，不能以触动其他利益相关者的利益为代价。如前文所述，大学是典型的利益向观众组织，其利益相关者按重要性依次可分为，核心利益相关者、重要利益相关者和边缘利益相关者等几类，共生则要求大学筹资谋求和平衡各方利益诉求，以免形成利益相关者的乱序。如在清华真维斯楼的案例中，清华以冠名教学楼的方式鸣谢公司，却忽略了教师、学生、校友等利益相关者群体的利益，使共生难以维系，从而产生了伦理冲突。

（3）以自律为要求

康德认为，“每个有理性东西的意志的观念都是普遍立法意志的观念”[②]，

---

① 丁瑞莲：《金融机构的伦理冲突及其伦理治理》，《道德与文明》2010年第5期。

② ［德］康德：《道德形而上学原理》，苗力田译，上海人民出版社1986年版，第72页。

所以，“一切和意志自身普遍立法不一致的准则都要被抛弃，从而，意志并不去简单地服从规律或法律，他之所以服从，由于他自身也是个立法者，正由于这规律、法律是他自己制定的，所以他才必须服从”[①]。这里表达的道德主体为意志立法，也就是主体对行为的自我约束与监察。要保证大学筹资动机与过程的正义，大学筹资善款的性质应经得起严格检验。作为受助方，大学有对资助人承担主动正直的义务，首要便是大学不能接受不道德的善款。在诸多院校筹资失败的案例中，因善款性质不明或来路不当导致的伦理风波为数不少。善款性质包括来自何人、资助人背景如何、通过何种手段获利等信息。以不道德、不合法的手段获得的财富显然不适合充当大学筹资来源，否则只能玷污大学的社会声誉。大学领导在筹资活动中应小心判断善款是否隐藏着潜在的危险，捐赠人又是什么品性的人，从源头防患于未然，确保将大学面临的风险最小化。

（4）以大学精神为引导

历经千年风雨，大学成为现代社会中最重要的组织机构之一，其重要性仍在与日俱增。现代社会，大学被誉为人类文明发展的“动力站”，由于大学在国家发展、民族兴旺和社会进步方面所发挥的不可替代的作用，因而有人认为“大学是民族灵魂的反映”。所以大学不能是风向标，不能迎合于流行，大学应不断满足社会的需求，而不是它的欲望。[②]然而，“发展、转移学术重点和参与社会生活都需要金钱；哪些大学得到最大数量的金钱，就将有助于决定哪所大学拥有十年或二十年的发展优势”[③]。在如此严峻的经济形势

①［德］康德:《道德形而上学原理》，苗力田译，上海人民出版社 1986 年版，第 83—84 页。

②［美］亚伯拉罕·福莱克斯纳:《现代大学论》，徐辉、陈晓菲译，浙江教育出版社 1999 年版，第 29—30 页。

③［美］克拉克·科尔:《大学的功用》，陈学飞等译，江西教育出版社 1993 年版，第 114 页。

下，大学筹资难免遭遇利益诱惑，但单纯“功利论”驱使的大学筹资无疑有违大学正直。因此，大学筹资的基本伦理底线是不能违背大学的基本精神与宗旨——捍卫正义，大学领导“除了筹集资助之外在大学中还有别的重要作用的话，那他们就要为阐明和维护大学的基本知识价值观尽职责”。[①] 对于那些有可能危及大学精神、使命的捐赠，即使条件再优厚，大学领导也不得不果断做出符合伦理的抉择。

（六）对我国大学基金会筹资实践的启示

冲击世界一流大学和一流学科是当前我国高校的首要使命。对此，有效的资源供给，尤其是完善经费投入机制对“双一流”战略的实现发挥着“供血”功能。实践是实现目标的唯一途径，大学筹资伦理若只停留在理论层面，就不会对大学筹资产生任何积极效益。基于大学筹资应坚持“功利论”与“道义论”的有机结合，若要实现万众相助之“功利”，需要大学以“道义”来引导。但在资源拓展实践中，无论是曾名动一时的“真维斯楼”风波、“美宝集团”捐赠非议，还是我国企业家大额捐赠国外院校而引发的舆论争议（表 11），都在一定程度上折射出我国高校筹资尚未走上伦理和规范的道路。加州大学伯克利分校前校长罗伯特·贝根奈（Robert Birgeneau）曾明确指出，“高等教育是一个竞技场，一些私立大学依赖多年积累的雄厚的捐赠基金在这个竞技场上独领风骚，让我们这些三分之一的经费来自州政府的公立学校望尘莫及。因此，不断研究和扩大募捐基金规模是我们可持续发

①［美］德里克·博克著:《走出象牙塔——现代大学的社会责任》，徐小州、陈军译，浙江教育出社 2001 年版，第 304 页。

展的唯一出路”[①]。为此，我国大学也应基于本校问题和实际需要，从战略规划的层面开展对社会筹款理论与实践的研究，包括大学基金会筹款战略定位、战略选择和整体设计、全面优化筹款管理、改善捐赠体验，改进筹款管理决策、促进院校发展，这无疑是为我国大学基金会治理研究拓展了新的内容。同时，尽管美国、英国、澳大利亚一流大学筹资模式不能作为完美模型而效仿，但其伦理规范建构的实践，可为我国高校基金会争取“双一流”建设资源提供有益借鉴。

表 11　我国高校筹资伦理争议事件列举（2011—2020）

时间	争议事件	社会争议关键词
2011	清华“真维斯”楼	商业气息、大学精神、民主决策
2011	暨南大学“富力”教学楼	商业气息、合理性、学生感受、决策
2012	西南科大企业冠名道路	钱的味道、低俗
2014	潘石屹夫妇捐赠哈佛耶鲁	信任、爱国、捐助机制
2015	廖凯原北大受聘	学术规范、学术—金钱交易
2016	陈天桥夫妇捐赠加州理工	知情权、资金透明
2016	北师大“古瓷”	不明来源、程序、以“名”换“利”
2017	“美宝集团”捐赠南开	捐赠人公信力、接受标准
2020	万科捐赠清华 2 亿股票	捐赠权限

其一，高校追求筹资绩效应兼顾底线控制和风险防范。

实现高校、学科内涵式发展离不开持续的资源供给和资金保障。近年来，我国高水平大学借助“校庆”或“校企合作”等方式吸纳社会财富的现象愈来愈频。随着社会事业全面深化改革的推进，不断开拓办学经费渠道多元化和追求筹资绩效将成为今后高水平大学重要的努力方向。然而，在“收割”筹资绩效的同时，高校行为也不断受到质疑，如冠名商业化、决策集权化、使用不透明等。因此，筹资成功与否不能仅通过进账额度衡量，同时应

① Media Relations, *Hewlett Foundation gift of $113 million is largest private gift in campus history,* Oct.21, 2014. 见 http://berkeley.edu/news/media/releases/2007/09/10_HewlettGift.shtml。

兼顾大学作为公共组织和学术组织是否坚守了应有的德行、精神与使命底线。由于筹资既是慈善之举，亦是高校同各利益主体博弈的过程，需要在满足赞助人利益诉求的同时又要防范其中的风险，比如赞助人的政治立场、社会声誉、资金来源是否正当、是否干涉学术等潜在威胁。高等教育作为准公共产品决定了其不可能依照商业运营模式完全按照市场经济规律获取纯粹利益。作为社会良心的最后堡垒，高校筹款绝不能违背本价值观，否则将招致“当代大学的底限究竟是什么？”的拷问。随着我国捐赠高校现象日益频繁，如何恰当筹款使社会资源发挥更大社会效益日渐成为问题。譬如，高校可以接受什么性质的善款？筹募财富如何使用？对高校进行捐赠的个人或组织有着什么样的背景？可否利用善款进行商业化投资等？这些捐赠行为都必须接受高校的伦理道德的追问，背离高校的伦理价值标准、罔顾其中的伦理意识和风险意识可能陷高校于舆论旋涡。

其二，强化大学自我管理，完善大学筹资规范。

如前文所述，在美国、英国和澳大利亚，国家官方层面上都形成了较为齐全的慈善法案，这些法案是对国家慈善事业总体的管理规则，是任何形式的慈善活动展开前、进行中和后续遵守的法律规则，从宏观上对社会筹资进行法律约束，规范筹资中团体和个人的行为。在此基础上，以上国家的大学或以全国大学委员会的形式，或以大学自身独立的形式，由筹资办公室指定筹资伦理规则（code of ethics），这些规则条款内容具体而详细，成为指导大学筹资行为的主要伦理规范。我国目前尚未产生慈善法，当前涉及慈善方面的只有《中华人民共和国公益事业捐赠法》《社会团体登记管理条例》《基金会管理条例》三部法规，其中所述内容可以用来对大学基金会进行功能定位、性质定位和一般运行进行说明，而对关乎基金会运作伦理方面几乎未有涉猎。“我们还是根据国家出台的若干法规为标准，至于建立大学自己的规范，这也是一个很好的提示。目前存在的问题是，我国高校还没有形成浓烈的筹资氛围，大学筹资还没有真正成为大学财政来源不可缺少的部分，只是必要补充或叫锦上添花，因为有拨款保障，得不到（捐赠）也不会对高校造成重大财政损失。所以高校基金会在筹资方面几乎没有压力或紧迫感，在这方面的前进步伐就慢一些。但随着大学基金会治理机制越来越成熟，越来越专业，对出台伦理细则的要求会越来越高。”[①] 这种情况下，大学自我管理显得尤为重要，在遵守已有的三部法规基础上，研究制定出符合中国国情和大学校情的筹资伦理规则，使得大学有最基本的伦理管理规则在实际工作中发挥警醒和引导作用。堪萨斯大学副校长蒂莫西·C. 卡博尼（Timothy C. Caboni）认为“生成自愿资助对大学或学院来讲是一项越来越重要的职责，这对所有的高等院校的成功都很关键。这即使对公立大学也说得过去，因为公立大学要像私立大学一样不仅靠校友关系筹资，而是要开展以亿元为单位的运动，因此大学要确立专业的筹资条例”[②]。这无疑强调了大学自身筹资伦理规则制定的重要性。参考美国的经验，可以看出作为基于共同利益诉求而组成的民间性、非营利性社会团体，筹资行业组织与美国大学形成了相互指导、相互促进的关系，助推美国一流大学筹资政策的完善。随着我国公益法治建设和制度建设渐成体系，行业组织亦进入快速增长时期。根据民政部 2018 年度民政事业发展统计公报，各类公、私募基金会及行业培训平台已达到 7000 余家，行业使命、组织架构、组织价值观、筹资伦理等基础建设日臻完善。以 2017 年成立的筹款行业培育平台“方德瑞信”为例，该组织基于《国际筹资伦理准则》（ISEPF）并结合我国公益相关政策法规与国情拟定发布了《中国公益筹资伦理行为准则》与配套的《中国公益筹资伦理行为实操指引手册》，呼吁所有筹资主体遵守伦理准则。作为筹资主体之一，高等院

① 2014 年 6 月，中国矿业大学校董会访谈记录。

② Timothy C. Caboni, *College and University Codes of Conduct for Fund-Raising Professionals,* New Directions for Higher Education, Vol.2012, No.160（winter.2012）.

校需要发挥主观能动性，在行业政策与规定引导下，结合大学组织的文化、精神、使命完善筹资伦理规范。

其三，建构大学筹资仲裁机构，实行筹资民主决策。

大学筹资伦理规范的建立是筹资伦理制度建设的第一步，由于法律、规范、条例存在一定的滞后期和漏洞，但社会发展新的事物不断出现，新的筹资情景也层出不穷，这可能是以前从未经历过的并且在已经制定的筹资伦理指导规则中未曾提及的。比如在对待企业资助大学但需要某种新形式的合作，而这种合作并没出现在大学可以接受的范围之内。所以一旦出现新的情况，为避免治理失灵，应当有一个组织对筹资行为进行审查和裁决，以群体裁决的方式代替主要领导人意见。鉴于组织与利益相关者共生的观念已被研究管理理论的学者和从事管理实践的企业家所普遍接受，所以，这一机构应坚持民主决策的理念，把可能会涉及的利益相关者包含进来，广泛听取意见和建议，将可能引发利益冲突的争议控制在最初始阶段，避免事态的进一步恶化。民主决策是指高校筹资的决策由学校管理层与高校利益相关者共同执行。与高校命运直接相关的既有中高层领导干部，还有广大普通教职员工与在校生，他们都是不该忽视的群体，亦应将这一群体容纳进来。某些情况下，在科层制盛行的高校里，领导层几乎可以直接拍板决策，决策的过程鲜能体现教职工与学生的意志，但决策结果首先影响到他们。考察最近几年高校筹资的案例，不少伦理问题产生的直接原因就是决策层和基层之间缺乏必要的信息沟通。因此，高校筹资应充分考虑到师生的情感和利益，确立多方参与的民主决策机制，将潜在的伦理冲突的风险最小化。[①] “捐赠接受的程序方面，我校的主要流程一般是，捐赠人提出捐赠意向，协商捐赠协议，基

① J.P. Walsh, *Book Review Essay: Taking Stock of Stakeholder Management,* Academy of Management Review, Vol.30, No.2 (Apr.2005) .

金会对捐赠协议进行审核，如果一切顺利基金会将接受捐赠，之后鸣谢捐赠人。总的来说，这个过程是通过基金会办公室完成，教师、学生和其他‘利益相关者’几乎没有被纳入，这和国外相比可能确实存在差距。”[①] 现行的高校管理体制下，大部分决策都是通过行政决策的模式进行的。国内高校接受企业捐资捐赠，决策方式通常是校方高层领导同意后即可进行冠名，而普通师生根本不清楚具体流程，甚至不清楚所捐资具体款项明细用途，更无途径反映诉求，由此而衍生的伦理冲突在所难免。

其四，开展人力资源培训，提高从业人员专业化水准。

筹款既是一门技术，也是一门艺术。成功的筹款不仅使捐赠人乐于解囊相助，而且与高校建立起长期合作的友好关系，形成良性循环。反之，筹款中的失误操作不但可以失去潜在的捐赠人，更可以危及大学长期积累的声誉与形象，对高校管理者无异于是一场灾难。在影响筹资的诸多因素中，从事筹资人员的技能与素质直接影响筹资单位的形象，有经验的筹资人员往往对如何处理伦理纠纷游刃有余，故打造一支筹资的专业化人力资源队伍对于大学筹资有着不可替代的作用。专业化的人力资源是指用职业化、专业化、规范化的技能培训院校筹资从业人员，专业化队伍以丰富的经验帮助高校寻找可以发展成为客户的人员，一方面提高高校筹款效益，另一方面化解筹款中出现的危机问题，避免滋生伦理和利益的冲突。以美国印第安纳大学的“礼来家族慈善学院”（Lilly Family School of Philanthropy）为例，这个学院本身得以设立的基础就得益于“礼来家族”为其提供经费资助，因此学院在前沿研究的基础上专门为筹资人员提供相关领域的课程培训，内容多样化，包含筹资原则与筹资技术，信任与筹资，利用社会媒体筹资，筹资中的人机沟通等等，为大学和其非营利性机构筹资人员提供一整套培训，提高其技能。澳大

① 2014 年 12 月，扬州大学基金会访谈记录。

利亚高校也是如此，参与筹款的人员必须是通过募捐课程培训合格的人士，负责筹资的主要领导更应该是资深专家。“墨尔本大学每年为其负责筹资的员工安排培训课程，2014 年安排的是“筹资相关规范培训班”相关内容以确保筹资人员和筹资志愿者能够熟悉筹资中的哪些行为符合规范或不妥，规避因不符合规范而带来的隐患”。[①] 在我国大学，筹资人员的专业化水平又是另一种情况，“我校基金会中工作人员大多从其他行政岗位转岗从事基金会管理，我也是身兼校办和基金会两方面工作，就业务的专业方面与国外比肯定还有巨大差距，提高人员专业化水平确实很有必要”[②]。长期以来，预算拨款支持高等教育的一元财政体制弱化了高校基金会筹募经费的积极性和创造性，加之管理上的行政化，我国高校基金会距离专业筹款存在较大差距。随着越来越多的高校开始筹款，推进筹款专业化进程，弥补人员不足、思维僵化、技术落后的短板劣势势在必行。

其五，建立适宜国情的筹款问责和审查机制。

2012 年，在“红会事件”发生后，中国红十字会总会常务副会长赵白鸽坦言，中国红十字会的筹资能力很强，但社会监督不够，志愿者的管理也存在很大问题。这一国家阶层的慈善机构表态不仅代表了中国红十字会的监管现状，也足可以代表当前我国非营利性组织（NGO）在接受社会监督方面存在的问题。众所周知，存在阳光的地方才会驱走黑暗，同理，各类慈善组织、各类基金会也只有在信息透明化与公开化状态下才可能兢兢业业小心谨慎地运行，同时也是赢得社会信任与认可的最有效的法宝，这对于大学筹资和基金会运行依然适用。美国具有普遍认同的有义务为母校捐赠观念，因此从捐赠率上看美国校友的捐赠是很高的。2000 年度，美国公立大学约有 200

① 2013 年 11 月，墨尔本大学筹资办公室主任访谈记录。

② 2014 年 12 月，扬州大学基金会访谈记录。

万校友为其母校捐助，大学寻求资助而资助人捐献善款，这显示了出资助人基于慈善胸怀并信任自己的资助不会被滥用。“筹资的核心伦理问题是问责与透明，这关系到大学的形象和社会信任。总的来说，非营利组织领导人倾向于信任问题出现后才关注责任问题——要么是本部门丑闻或其他组织的丑闻；要么是市民或捐赠人对其财产用途的质询；或者是来自立法者的压力要组织展示筹资的公共目的，但这（指问责与透明）是要走在问题前面的。”[①]保证其愿望实现的最有效方式便是建立和完善有效的监督机制。这种监督来自两方面：第一是大学内部应对社会负责，在不涉密前提下公布其财政运行情况尤其是来自社会的善款利用情况；第二是接受来自社会的监督，建立沟通渠道，对社会的质询和疑虑给予及时真实的回复。伦理审查是确保良性价值得以循环的辅助手段，由于高等教育筹款是“舶来品”，在治理机制当中要特别重视结合国情。在巨额捐赠筹资过程中，高校基金会应对捐赠人背景和海外资金性质加强甄别，防范潜在风险。审核内容应包括：捐赠人政治倾向、捐赠能力、征信情况、社会信誉、历次高校捐赠的到账与执行情况等，尽可能完善背景调查。从高校组织外部监督角度看，要形成和完善包括政府监督、独立的第三方评估和媒体、公众的监督与评估在内的三位一体的机制，加强对高校公信力考核。高校通过定期向有关部门、捐助者和社会公开其经费收支情况，实行财务公开、专款专用、透明管理。实行捐赠者监督机制，募捐组织开设专门的账户、列出专门的计划、拨出专门的款项、用于专门的项目，实现财务透明，信息公开，随时公布善款的来源和流向，形成有效的监督和信息查询系统。

① 2015 年 1 月，美国筹资学创始人，印第安纳大学基金会总裁电子邮件访谈记录。

第七章　反思与展望

研究反思

在写作进入尾声之时重新回头审视整篇内容，依然觉得存在几个值得深刻反思的问题。首先，大学筹资伦理的理论基础选择问题。研究的理论基础选择一直是困扰广大研究者的一个难题，尤其是学科理论越多、选择余地越大，从中选择一个相关性较强的理论越不容易。本书研究的是大学筹资实践中的伦理问题，伦理学、哲学古今中外名家辈出、思想理论浩如烟海。鉴于国内外大学筹资中“程序或过程不正当”是诱发伦理问题产生的一大原因，因而本书尝试以“道义论”与“效果论”作为理论基础，期望能够为文中大学筹资伦理案例的分析提供切入点。大学筹资伦理研究的伦理学基本理论一旦确定，就为问题的观察提供了比较固定的角度，也为问题的进一步分析提供了尺度，为问题的研讨明确了重心。然而，在伦理学思想宝库中存在着如此多的与筹资行为、道德具有相关性的内容。现代伦理学的道德理论视角主要有功利主义、利己主义与道德义务、德行论等。这些理论在大学筹资伦理方面是否具有更好的解释与指导，仍然值得反思。伦理学作为一门学科，是研究人类的道德现象的，说到底道德是关于人类的善、是关于行为正当与正义的知识。然而，何为善？何为正当？何为正义？各家学说持有不同的观点或看法。而且，伦理思想在几千年的发展过程中从不同视域发展出来的那些相当不同的伦理观点对于伦理本身的探讨以及对当代世界的看法都有十分丰富的意义和价值。这是因为伦理学是一门没有独断论的学科，允许各家学说对于什么是善和正义都有自己的看法。这些观点或看法或许具有几分真知性质，因为没有理由把它们说成是谬误。那么，这些看法或观点都具有几分真理性，在这个意义上伦理学的真理或道德的真理不是一元的，而是多元的。这就说明，大学筹资作为社会行为可以通过不同的理论和思想进行解读。因此，为大学筹资选择和确定基本伦理理论只是一个开端，而非终结，也不是唯一的理论抉择。

其次，便是对研究过程的反思。研究过程的科学性和严谨性是影响研究目的达成度的核心要素。具体来说，本研究的核心部分之一便是对美国、英国和澳大利亚大学筹资伦理的国际比较研究以及对我国大学筹款伦理建构部分。前者需要对国际大学筹资的研究占有丰富而实质性材料并要求对材料客观论述与分析。后者更具有建构性，其研究结论极易受研究者的主观因素和研究过程的影响。因此，有必要对研究过程做出深刻而全面的反思。第一，便是研究国别的选择，本研究选取美国、英国、澳大利亚大学筹资实践作为研究对象，其合理性在于这三个国家是世界高等教育最为发达和具有全球影响力的国家。此外，它们也是大学筹资和基金运营方面最成功的代表，通过筹资获得的经费所占大学办学经费的比例相对较高。筹资历史悠久、筹资绩效卓越、筹资管理先进，使本书的研究对象具有一定的合理性和代表性，但同时也存在一些问题，即美国作为一个私立大学盛行的国家，这种体制下的筹资能否对我国有参考作用。第二，主要是研究过程中访谈对象的选择。由于各方面条件的限制，经过研究者个人的努力，联系到了 7 位访谈对象。其中包括 2 位在墨尔本大学从事高等教育政策与管理研究的学者（其所在学院本身也接受资助），2 位墨尔本大学筹资办公室的主任，2 位国内大学董事会和基金会工作人员，1 位美国大学筹资学创始人。因此，能否从这些访谈对象全貌地获得与大学筹资伦理相关的信息便值得反思，这些访谈对象是否具有广泛的代表性也未可知。第三，便是研究者的价值立场，在研究过程中仅仅只是一个“发现者”，还是价值“建构者”，能否在研究过程中做到与主观价值无涉？因此研究者在研究过程中时刻注意到这一问题，努力保持价值中立，努力通过严谨的研究手段尽大程度地获取最真实的材料，然后在此基础上做出全面、客观的分析和阐述，并最终得出本作的一些研究结论。

再次，便是对本作采用的研究方法进行反思。长期以来，伦理被视为哲学中道德研究的分支，因而哲学对道德和伦理的思考是一种理性思维方式。个体一旦来到世界就生活在一个特定的文化背景中，日常思想、信念和行为都是这一文化背景内化的结果。哲学思考模式就是透过人类的理性能力，追根究底地寻找问题的根本答案，包括个人生长的社会文化的整体内涵是否合理。因此，哲学在思考道德问题时不只是着眼于习俗或传统道德标准，而是透过理性批判为道德问题提供一个合理的解答。此外，由于人文学科最大的不利是难以定量研究，经验研究方式可以在一定程度上弥补这个缺陷。经验研究在其生命力上特别要求取得大量且可靠的一手资料并进行科学的分析。只有依靠多方面广泛的经验材料的研究，才能在反复的经验中取得具有普适性的结果。本书主要采用了文献法、比较法、案例分析法和访谈法。总的来讲，是质性研究的一般方法，在哲学思考与经验资料收集方面仍需进一步加强。

最后，是对研究主题和核心定义的反思。笔者从管理学和伦理学的学科视角探讨了大学筹资相关问题，将研究主题定位在大学筹资应当遵循的伦理上。首要一点是研究主题的创新之处，高等教育财政体制决定我国大学长期获得稳定可观的政府拨款，非政府财政来源一直属于非主流点缀，因此大学筹资尚未引发学者的充分关注。随着大学环境的变化和大学基金会筹资功能的日益增强，逐渐吸引了部分学者的注意力。但由于我国大学基金还属于被动筹资，即由捐赠人发起资助，基金会接受资助，故此在已有的同行研究中，对大学捐赠的探讨较多却又仅仅停留在问题表面，缺乏对问题产生的原因进行深层次的挖掘。本书从目前中外大学筹资中存在的问题入手，将利益相关者理论、道义论、效果论引入大学筹资实践中，从伦理视角探讨了大学筹资的相关问题。但作为应用伦理学的范畴，大学筹资伦理也可看出是将现有伦理观点纳入大学筹资活动领域，究竟是否属于主题的创新，仁者见仁，似乎主观性较强。还有一点，大学筹资伦理概念界定的科学性如何。研究大学筹资的伦理问题，必须对大学筹资伦理是什么进行清晰界定，否则就给人一种“雾里看花”的感觉。通过文献查阅可知，目前国内尚无对“大学筹资伦理”的概念进行定义，国外也不见相关文献。本书基于对大学使命与经济伦理的理解，对其进行了概念界定，作为研究的统领框架。但由于前辈学者并未对大学筹资伦理做出详细、普遍接受的定义，笔者基本上也没有可供参考的资料，唯有参考公共管理学相关资料摸索概括，因此其科学性和内涵仍有待深思。

研究展望

写作可以有最后一页，但研究永无止境。展望未来是挑战也是动力！基于前文的研究反思，为了在将来对这一问题的进一步研究中弥补这些缺憾以及将研究问题推向深入，提出下面几点研究展望。

第一，要进一步扩大研究对象。随着大学筹资在全球的盛行，亚洲地区的大学也日益看到非政府财政来源对打造大学核心竞争力的重要意义。其中以 2004 年日本的国立大学法人化改革较为引人注目，在这一改革中日本政府对国立大学在财政制度上进行了调整。国立大学从此被赋予了更大的财政自主权，但同时来自日本政府的经费拨款也不断呈现减少态势，每年以 1% 的速度递减。为弥补财政上的不利，日本国立大学开始了非政府办学经费拓展的具体实践行为。由于历史、体制与文化的特殊性，香港地区大学有着开展募捐工作的传统和经验。尽管香港大学得到政府的拨款是相当有保证的，学校运行经费是有保障的，教师的薪酬也是与欧洲、加拿大基本同步，但他们仍抓住一切机会从社会筹措资助，保证大学的可持续发展。自1996年台湾地区大学确立捐赠制度为公立大学提供资助帮扶，这意味着尽管公立大学主要还是以“教育部”赞助为主，但大学应至少自筹20%的经费。随着政府财政短绌，大学仰赖政府全力投注经费的时代不再。为了解决大学经费短缺的问题，“教育部”参考欧美大学已实施多年的筹资制度，自1996年开始实施校务基金，在预算中编列“自筹经费”，鼓励大学对外筹资。台湾大学田长霖曾说“我当校长只要管好三件事——募款、球队及停车问题”①。由此可见，亚洲地区大学的筹资已经进入了蓬勃和崛起的时代，这些地区同属中华文化圈，和中国大陆有着类似的文化背景。把这些地区的大学增加为研究对象，对大陆大学筹资更具借鉴和参考意义。

第二，要继续对中外慈善规制的深入研究。通过对美、英、澳三国大学筹资历史的回顾可以得出慈善制度与规范对筹资的巨大影响作用。健全的规制是规范行为的基础，大学筹资事业的成功与确立完善的筹资规制密不可分。在美国大学，筹资办公室执行的筹资伦理指导条例成为指导筹资的规制。这些伦理条例明确筹资活动中哪些类型的善款不宜接受以及伦理冲突出现后的解决方案等内容。因此，完善大学的筹资规制建设而不是仅依靠筹资人员个人的主观判断，因为随着情境的复杂，个人的主观判断难免出现偏颇。以南加州大学为例，在该校制定的《赠款接收规则与程序》中明确了对捐赠人应尽的责任、接受善款的程序、如何认可捐赠人、哪些情况下的善款不可接受、有伦理争议的捐款如何决策等内容。这些规则条款较为详细且符合大学自身具体情况，成为规范大学筹资行为的自律系统。因而，进一步加

① 滕淑芬:《校长加油！——筹款兴学时代来临》,《台湾光华杂志》2002年第11期。

强中外社会慈善的制度和大学自身的规章制度研究，引入比较的视角，比较我国和欧美等国家和地区大学在开展非政府办学经费活动上存在的差异，并从文化、经济及政治制度等方面去寻找造成这种差异的原因，是使大学筹资伦理制度化的保证。

第三，要扩大研究的访谈对象。大学筹资涉及诸多利益相关者，利益相关者是指与客户有一定利益关系的个人或组织群体，可能是客户内部的（如雇员），也可能是客户外部的（如供货商或压力群体）。就大学而言，其利益相关者是指一方面被大学发展所影响，另一方面其行为又能影响大学发展的群体。大学是一种典型的利益相关者组织，大学的决策必须权衡和兼顾各方利益相关者的利益。大学的利益相关者可以分为核心利益相关者、重要利益相关者、间接利益相关者和边缘利益相关者四个层次。为了维护各方利益相关者的利益，应重视大学利益相关者共同治理，加强大学外部利益相关者对大学的监督，强化大学内部利益相关者的权力制衡等，以推进我国大学治理机制的改革与创新。基于此，以后的研究将涉及更多针对利益相关者群体的访谈和调查，这些群体包括一定数量的在读生，因为在读生是大学筹资潜在的且极其重要的捐赠来源。他们对大学的伦理期望与利益期望对大学筹资管理有着难以替代的参考意义。

大学筹资伦理问题研究是实践性较强的研究课题，涉及大学众多利益相关者价值与行为的调研和处理，这些数据需要通过大量访谈与问卷的调查得出。项目需要在对调研结果进行系统分析的基础上发现问题的所在，进行论点的阐述。由于个人力量有限，联系大学业内人士比较困难，给项目的深入研究造成了一定障碍。目前我国大学基金会管理人员并非专业人士而是调自其他行政岗位。这造成管理人员对大学基金会筹资缺乏系统与专业性的认识，以至于要对访谈结果的指导意义打个问号。虽然笔者努力在能力范围内尽可能收集到更多的数据资料，但对于完成一部著作来说还是略显不足，导致项目在我国大学筹资伦理制度建设章节的论述中缺乏有力的原生态材料支撑，论证缺乏一定的力度。

通过对美、英、澳三国大学筹资伦理生成因素的探究，一个显而易见的结论是国家慈善制度与社会文化对大学筹资伦理的形成提供的大环境。因为“制度为行动者提供有关其他行为者现在或将来行为或大或小的确定性程度。具体而言，制度提供了与其他行为者相关的信息、协议的执行机制、对背叛行为的惩罚，等等”[①]。建构大学筹资乃至慈善伦理需要制度的顶层设计与文化氛围，本作囿于时间和篇幅的限制，对我国慈善制度与慈善文化还没有涉及，有待在以后的研究中进一步深入。

结束语

肇始于20世纪70年代末的改革开放不仅掀起了我国政治、经济体制的大变革，同样深刻影响到文化、科学与教育事业。40多年来，中国高等教育走过了以计划经济为主要特征的时代，高等教育也进入普及化阶段并建成了世界最大规模的教育体系。依照《国家中长期教育改革和发展规划纲要》（以下简称《纲要》）所提的目标，到2020年中国要从教育大国建设成为教育强国和人力资源强国；“高等教育这种人力资本投资是为了迎合由于经济增长而造成的需求”[②]。《纲要》确立的国家中长期战略目标无疑对我国教育尤其是对高等教育质量与效益提出了较高要求。教育是社会公益性事业，高等教育的非营利性决定了教育投入是其发展的物质基础，如何建立和健全以政府投

① B.Guy Peters, *Institutional Theory in Political Science,* London and New York: Welling ton House, 1999, p.24.

② ［美］西奥多·W. 舒尔茨：《论人力资本投资》，吴珠华等译，北京经济学院出版社1990年版，第22页。

入为主，多种渠道筹集经费的体制和机制是确保教育投入大幅度增加和实现中国高等教育强国宏伟蓝图的关键。其中，社会投入是高等教育投入的重要组成部分，充分调动全社会办学的积极性，扩大社会资源进入高等教育的途径，多渠道增加高等教育投入是包括大学在内的全社会共同关注的问题。

早在20世纪末，在第三次全国教育工作会议上已提出“要进一步完善财政教育拨款和教育成本分担机制，明确政府、学校、个人和社会对各级各类教育不同的投入责任，拓宽教育经费来源渠道，增强教育事业发展的实力。还要从各地实际出发，积极运用财政、金融和税收政策，引导社会力量增加教育投资，鼓励社会力量投资办学和捐资办学”。我国日益扩大的大学招生规模和世界一流大学一流学科建设经费缩水的客观矛盾是大学办学经费来源多元化的驱动。市场经济体制的确立“改变了国家和社会的关系，也改变了个人的思维和行为习惯”[①]，大学、个人和企业在处理财富态度和方式上发生变化。国内大学，尤其是以“985”工程、“211”工程为代表的研究型大学，日益得到社会和民众的认可，已通过各界捐赠获益。发达国家大学筹资实践证明，建立行之有效的筹资体制应是我国大学基金会努力的方向。国际大学发展的过程有许多共通之处，随着社会筹资、募捐以及大学和社会相应筹资组织机构的发展和变化，有许多值得思考和借鉴的方面。

有别于公司等其他社会营利机构，大学在长达千年之久的历史中产生、发展和壮大，从社会边缘走向社会中心，其功能基础并非大学可以直接创造物质上的价值。大学功能的实现主要通过培养人才、科学研究和参与社会服务，为社会发展提供各类能创造价值的人、能促进社会发展的思想与文化。正是因为非营利性是大学的基本特征，所以无论当前还是今后各级各类大学在开展各类活动时唯有保持这一根本职能才有其存在的合法性与合理性，才

① 戴长征:《中国政府的治理理论与实践》,《中国行政管理》2002年第2期。

是区别于其他营利性组织的根本特征。这有力地解释了为何世界大学在应对日益沉重的经费压力下，一方面纷纷开展大规模的筹资活动，另一方面又对社会捐赠慎之又慎，严格治理。基于大学在获得前所未有的财富利益的同时，“大学精神也面临着越来越严峻的挑战，从而诱发了大学的本体危机”[①]这一客观现实，本项目的中心问题在于探讨在此背景下的大学筹资中的伦理问题，也就是大学筹资实践中如何做到合乎社会道德与大学操守。

一般意义上，人们把伦理视为社会生活中对道德标准的寻求，往往体现在人们的意识和信念中，是抽象的内化事物并贯穿于人类社会的任何阶段。从原始人群居“共同狩猎、有饭同食”到“君子爱财，取之有道、用之有度”，再到现在的医学伦理、环境伦理、商业伦理等分化，伦理已成为任何社会都不可缺少的意识形态和行为准则。道德规范出于人们社会生活的日积月累，一般没有特定的表现形式，伦理的实现方式和约束力主要依靠内心信念、习俗、教育力量来维持。正如马克思所言，“道德的基础是人类精神的自律”。正是基于伦理的实现方式只是依靠个体行为决定能否达成，缺乏外来力量的驱使，在慈善公益事业一些具体情境中伦理往往显得有心而无力，因为伦理不具有巨大执行力和强制规范性。我国大学基金会在管理运作与成熟度方面与上述三国筹资水准相比还存在较大差距，有研究指出“我国大学基金会在管理方面存在组织结构权力不平衡，秘书长工作负担过重，工作人员角色冲突，监事会形同虚设等不足”。[②]因而，在管理绩效要求与治理机制缺位的矛盾下，大学筹资仅靠伦理自觉与自律恐不易解决，若要维护行业的伦理尊严，则同时需要借助法制手段。

在大学筹资中，获取善款的手段、善款的用途以及善款的管理既要合

① 刘亚敏:《大学精神探论》，博士学位论文，华中科技大学，2004年，第1页。

② 陈秀峰:《当代中国大学基金会研究》，中国社会科学出版社2010年版，第55—68页。

乎行业伦理又要符合相关法律。我国大学长期实施的是行政主导型的管理模式，这使得大学筹资基金会有着历史的行政痕迹。从管理上讲，虽然比较方便但也使得基金会与大学职权混淆的情况比较普遍。这有时候会造成一些纠纷，如有人为基金会出资并希望获得冠名权，按照《基金会管理条例》，基金会与大学应该是两个法人，对冠名权的回复也应该是由大学一个人法人做出决定，但有时这些决定由基金会做出。尽管出现类似纠纷的可能性很小，但这种纠纷已经超出了筹资伦理、规则的约束范围。

同样地，在针对善款增值的问题上，集中一部分暂时无须用到的筹资进行增值运作，从而获取更大经济利益是国外大学基金会普遍的做法。斯坦福大学曾经在 2005 年利用其基金进行选择性的投资，其中包括对谷歌公司和私人基金的投入，这使斯坦福大学获取了 22.7 亿美元的收益。目前该校仍然有基金投入于国外市场、房地产和能源领域，其他如哈佛大学也进行营利性运作。根据我国《基金会管理条例》中说明，基金会应按照合法、安全有效的原则实现基金增值与保值。这种说明较为含糊但也暗含了中国基金会可以尝试投资，但我国社会的普遍认识是大学作为非营利机构和教育组织，不能利用基金从事营利性行为。另外，如果有大学利用基金从事看似前景很好的投资，最初也是本着扩充学校资助能力的初衷，若投资成功自然是一件好事，但毕竟市场行情难以完全把握，若因未能预料市场风险最终让基金会大亡其财，从事投资的人员是否属于给公共资产带来重大损失而要追究其法律责任。以天津某大学为例，2000 年年初，该大学决定对校办企业进行股份制改造并争取上市以提高大学办企业的科技实力和发展后劲。但结果使该大学资助遭受巨大损失，负责这一上市计划的某校长构成严重失职错误受到处分。教育部对此回应是由于目前大学介入资本投资在我国还不成熟，相关政策规范还没有真正形成，再加上股市的巨大风险，因而大学一定要谨慎进入股市。这表明大学筹资或基金运作除了伦理自律外，重大事宜还需完善的相关法制、政策来解决。萨金特和杰伊认为“筹资是一种日益复杂的经济业务形式，包含一系列法制、经济方面的内容，如慈善法、志愿服务法、有效税率、捐赠法和遗产法等”①，可以得出法制在筹资中的巨大作用。

伦理性是伴随高校作为学术型公共组织的独特属性，责任感是高校伦理性的突出代表，在“每一个社会都被一些无关紧要的东西、旧时留下的废物以及确实是邪恶的东西所累，阻碍进步。学校有责任从环境中排除它所提供的这些坏东西，从而尽其所能，抵制它们在通常社会环境中的影响”②。时至今日，高校发展已全面融入市场环境，市场倡导的“利益”“效益”“竞争”等观念日益影响高校意识，抢先占有资源的筹资思维在一定程度上悄然改变着高校应有的工作轨迹，于是便出现了冠名风波、强制捐款等负面消息，为社会透露的信息是高校逐渐呈现浮躁和急功近利的形象。作为一个道德互惠的责任系统，高校必须将培育伦理性作为当代高校的基本义务。高校高层领导是人们心目中的道德权威和行为模范，其行为言谈强烈吸引公众注意力，左右高校的发展方向。因此，校长需要设定和实施道德的目标和使命，运用道德领导的方式引领学术型公共组织成为有责任担当的实体。

我国大学社会筹资好比一驾加速运动的马车，需要左右二马牵引，一匹马是伦理，另一匹马是法制，只有二马齐头并进才能使马车行稳致远。

---

① Sargeant.A. and Jay. E., *Fundraising Management: Analysis, Planning,* London: Routledge, 2002, p.79.

② 吕达、刘立德、邹海燕:《杜威教育文集》第2卷，人民教育出版社2008年版，第24页。

附录：国外大学筹资伦理规范

➢ 美国大学的筹资伦理规范

加州州立大学的筹资伦理规范

加州州立大学是美国加州的一个公立大学系统，是组成加州公立高等教育体系的三个大学系统之一（另外两个分别是加州大学系统和社区学院系统）。尽管该校是一所公立大学，拥有 20 多个校区且有着每年向社会输送几十万毕业生的教育规模，但它也尽所能通过非政府渠道获取更多资源，以满足和维持这一庞大高等教育系统的需要。通过社会筹资，加州州立大学获取了可观的捐赠。根据 2012—2013 年度财务报告，该大学通过校友、家长和企业慈善募捐筹资多达 4 亿美元，比 2011—2012 年度增长了约 14%。校长狄默塞·怀特（Timothy P. White）认为这充分证明了“放眼加州可知加州州大是一所值得信任与支持的大学”①。从怀特校长的一句话中不难得出所谓的“值得信任”极大程度在于大学做出了卓越的成就，并以实际行动和制度安排强化正直、诚实的道德感染力，增强与社会之间的相互信任。

加州州立大学采纳了成立于 20 世纪 60 年代末的筹资专业人员协会

---

① Josh Dulaney. CSU chancellor aims for $50 million in new spending to boost student success [N].Long Beach Press Telegram, 29, January, 2014.http://www.presstelegram.com/social-affairs/20140129/csu-chancellor-aims-for-50-million-in-new-spending-to-boost-student-success.

（Association of Fundraising Professionals，AFP）制定的《专业操作伦理规则与标准》（*Code of Ethical Principles and Standards of Professional Practice*）。这是大学为实现筹资的最高伦理标准而对筹资事业进行治理的权威依据和指导条款。AFP成立目的在于促进筹资专业人员的成长与发展以及提高他们工作的专业化水平，在筹资事务中传播最高伦理标准并保护慈善事业与与增强奉献精神。作为APF协会的一分子，加州州立大学拥护协会的价值追求并秉持协会的伦理条款，将此作为大学治理筹资事业的依据。一旦有成员违反协会的标准，则将会受到严格的纪律制裁甚至被开除出组织，各成员组织的责任包括：

●职业实践责任

（1）成员不得参与有损于成员组织、客户和职业的活动。

（2）成员不得参与可能对其组织以及客户产生信任、伦理和法律责任冲突的活动。

（3）成员必须有效公开一切潜在的和实际的利益冲突，这种公开无关或暗含道德不当。

（4）成员不得与捐赠人、潜在捐赠人、志愿者或工作人员建立任何有利于成员私立或成员组织私立的关系。

（5）成员应遵守所有可适用的本地、州和联邦的民法和刑法。

（6）成员应清醒地认识到自己的能力范围，如实相告自己的职业经历和从业资格。

●劝募与慈善基金利用

成员应注意妥善处理所有劝募材料，确保其精确无误并真实反映组织使命与劝募资助用途。

成员应注意确保捐赠人收取准确和符合伦理的建议，以便其了解捐赠物品的价值与税收。

成员应谨慎确保捐赠所得应用与捐赠人的意愿符合一致。

成员务必尽心尽力确保捐赠筹得的慈善财物得以妥善管理，包括及时对资助使用情况和管理情况做出汇报。

在更改捐赠条件前，成员务必获取捐赠人明确的同意。

●信息展示

成员不可对非权威机构公布特权信息或机密信息。

成员务必遵守原则，组织或以组织名义创建的捐赠人和未来捐赠人信息产权属于组织，除以组织名义使用外其他情况下不得传播和利用。

成员应给予捐赠人机会提出在出售、出租或与其他组织交换的名单上删除名字。

组织在声明筹资结果时应使用准确与不变的会计方法，以便符合美国注册会计师协会（American Institute of Certified Public Accountants，AICPA）要求，国境之外则以相应的权威组织为准。

●对待报酬

成员不得以慈善捐赠为基础按照一定比例进行提成或接受报酬，也不可接受介绍费。

倘若奖金符合成员自己组织的现行做法，成员可以接受基于绩效的奖金酬劳而不是基于对慈善捐款的百分比。

不得向成员支付介绍费，佣金或建立在慈善筹资基础上的比例提成，同时要阻止所在组织做出诸如此类的决定。

大学筹资是基于自愿为大众造福的慈善事业，赠予和分享是美国公民的优秀传统，对改变其他人的生活质量发挥着重要作用。为确保社会大众对慈善事业报以它应得的尊重与信任，也是为了让资助人和今后的资助人对大学充满信心并乐于赞助，加州州立大学特此声明所有资助人享有以下十大权利：

●捐赠人权利

（1）大学必须让捐赠人获取充分的信息，明确大学的使命、大学筹资目的和使用资源的方式；还应该让捐赠人了解大学有效使用捐赠财物实现既定目标的能力。

（2）大学务必让公众知晓筹资小组人员的身份，公众有权期望筹资小组谨慎决策，对筹资财务负起责任。

（3）公众有权了解大学最新的财务报表。

（4）大学务必向公众们保证他们的资助是用于他们所希冀的目的，但目的应无损于大学方方面面。

（5）大学应该对筹资中表现慷慨的捐赠人给予恰当的致谢和认可。

（6）大学应向捐赠人保证在法律规定的范围之内以尊重和保密的态度处理他们的捐赠。

（7）大学与利益组织代言人之间的关系在本质上是纯粹的业务性质。

（8）大学在筹资之初务必告知公众寻求捐赠的人是志愿者、大学员工还是聘用掮客。

（9）捐赠人有权从大学打算共享的邮件列表中提出删除自己的信息。

（10）公众有绝对的自由权质询大学各类涉及筹资的疑问，大学务必提供真实和最新的信息。

该大学明确规定，只有当资助人目的是基于慈善意愿的捐赠，他们的善款才可以成为大学筹资财富的一部分。对于那些过分捆绑条件的捐赠大学不应该接受，最受大学欢迎的是那些捆绑条件较少的捐赠，因为这样的捐赠可以使大学在经费紧迫的时候满足紧急需要。大学的责任是更多地筹集与大学使命、目标、目的一致的捐赠，追求筹资的首要考虑是让筹资以符合伦理的方式进行，免除大学遭受到潜在的损失。因此，大学应认识到接受某些捐赠会使大学实现目标的能力大打折扣或有损于大学的免税地位。为力求趋利避害，该政策也对加州州大应如何接受和拒绝捐赠进行了说明。

●接受捐赠注意事项

（1）捐赠是否与高等教育的原则、标准与核心价值相一致。

（2）捐赠是否会对大学实现其未来使命、目标和目的的能力产生挑战。

（3）接受捐赠会不会将大学置于黑暗不光彩的境地，会不会造成捐赠人与大学之间的利益冲突。

（4）捐赠是否对大学有明确的慈善意义和奉献意愿。

（5）接受某项捐赠与其他筹资活动或筹资所得是不是能够相互兼容一致。

（6）如果因筹资问题产生争议，产生的影响会不会削弱大学在各方面的功能。

（7）捐赠人和捐赠财务的状况是否让人信服。

（8）实物赞助的形式会不会产生内在问题，如是否有以赞助商之名行广告之实的嫌疑。

（9）捐赠人是谁？筹资所得来自个人还是企业？捐赠是否有利益冲突之嫌或捐赠人的目的与大学使命是否相符？

（10）捐赠可以鼓励更多人士奉献还是让人背道而驰。接受特殊的捐赠对大学今后的劝募能力有什么影响。

●拒绝捐赠

除经校董事会发布明确的例外，否则以下情况的捐赠大学不可接受：

（1）如果捐赠附加条件要求大学一切有关行动由捐赠人决定，这类捐赠不可接受。

（2）如果捐赠人附加条件要求捐赠由大学为个人利益或为提名个人利益所花费，这样的捐赠不可接受。

（3）要求大学现在或今后聘用指定人员的捐赠不可接受。

（4）禁止大学从其他处获取筹资的捐赠不可接受。

（5）将大学推向公众、法制对立面和其他负面境地的捐赠不可接受。

（6）过度要求大学支出和因为资助来源、条件或目的把大学扯进未曾料到的责任，这样的捐赠不可接受。

（7）对民族、性别、性取向、宗教信仰、年龄、国籍、肤色、残疾有歧视以及违背其他地方政府、州政府、联邦政府所禁内容的捐赠不可接受。

（8）所有捐赠和对捐赠的考虑都必须符合所适用的地方、州、联邦政府法律、法规，否则不可接受。

……

南加州大学的筹资伦理规范

南加州大学是美国加州地区历史悠久的杰出研究型私立大学，大学集教学、科研卓越于一体，是美国乃至世界一流大学之一。支撑大学卓越的背后力量是其雄厚的资助，官方统计数字显示，2012 年美国十大筹资大学评选中，南加州大学以 4.92 亿美元的业绩稳坐第四位。2013 年，该校筹资又朝前迈进了一大步，以6.745亿美元的成绩跻身美国大学筹资排行榜第三名。[①] 在校长马克思·尼吉亚斯（C.L. Max Nikias）的致信中提道："回望历史，南加州大学一直仰仗着认同我们追求卓越这一使命的校友、朋友、企业和基金会，他们的慷慨对于大学跻身世界最佳私立大学前列发挥着至关重要的作用……我们会确保把通过筹资运动获得的财物用于推动学校有目标地前进，服务于最迫切的大学根本目标。"[②]

●对捐赠人的责任

常规：南加州大学有很多员工和志愿者为帮助捐赠人实现其资助大学的慈善意愿而努力工作。这些政策的制定就是为了帮助所有参与筹资工作的人员明确他们至关重要的角色以及他们对大学和对捐赠人应尽的责任。

涉密：所有关系到捐赠人与大学交易的信息都必须由南加州大学严格按照保密方案掌握，只有在获得捐赠人许可的前提下才可以公布。（法律要求除外，在此情况下将提前通知捐赠人）

匿名：南加州大学将匿名地尊重每一位愿意资助大学的捐赠人发来的质询，并采取合理的措施维护捐赠人的身份。

●捐赠限制

（1）无限制捐赠：为最大限度地帮助大学灵活地履行其使命，我们恳请捐赠人以无限制条件的方式捐赠南加州大学。

（2）限制性捐赠：大学可以接受限制性的捐赠，就用途而言，若捐赠人与大学或受益院系单位主管人达成一致意见，则不得改变捐赠人意图。有些情况下，限制性捐赠应委托捐赠接受委员会（Gift Acceptance Committee）审查。

（3）权力变化：考虑到限制性捐赠对大学发展的时效性，在可能的情况下南加州大学将寻求保留权利，以便扩大或变更捐赠的使用目的，因为捐赠之初的目的不能满足将来的需求或无法服务于大学的使命追求。

●捐赠人认可

常规：学院以及大学可以为认可和表彰捐赠人设立标准、荣誉或将回报建立在贡献大小和捐赠类型上。

建筑与其他设施：在关学院、项目、建筑物和其他设施的冠名方面，未获教务长和常务校长对大学赞助的认可，任何人不得对捐赠人做出任何承诺。

---

① Merrill Balassone. USC, Harvard, Stanford top 2013 fundraising: Annual Council for Aid to Education report announced［N］. USC News, February13, 2014. https://news.usc.edu/58879/usc-harvard-stanford-top-2013-fundraising/.2014-11-29.

② Jason Dean. C.L. Max Nikias: Scaling the Walls of Higher Education［J］. The C-Suite, 2014(4):15-17.

●可接受捐赠

南加州大学接受并竭力为所有捐赠人的慈善资源提供容纳场所，然而大学不能接受以下类型的捐赠：

·违背本政策条款的

·来源不明或手段不正当的

·难以管理或管理代价太高的

·会产生不可接受的不利影响或导致大学将来承受不可预料的代价的

·其目的不会推进大学使命向前发展的

·对大学的声誉造成损害的

·损害大学免税地位的，或为捐赠人提供有经济价值的物品或服务以换取所谓捐赠，除非这一价值在时间和方式上符合联邦和州法律法规的要求而完全公布

如果捐赠在上述禁止之列，处理此类捐赠必须由学院长或筹资办公室主管知会负责大学筹资的分管校长，由其来做接受与否的最终裁定。

……

这些规则条款并非一成不变的，在后来的规则维护和更新过程中，大学试图适应新的筹资环境解决新问题又丰富了相关政策。2014 年 1 月更新的《指定捐赠与限制捐赠》（*Donation Designations and Donation Restrictions*）又对以下问题进行了更明晰的说明，其中包括如何对待限制性财物和如何管理所接受的馈赠。

·南加州大学可以接受赠给某一学院、单位和项目具有明确指示的捐赠。但大学不可接受所带的某些限制性条件。但凡捐赠对受益人或奖学金获得者的民族、国籍、祖籍、宗教信仰、性别、性取向、年龄、生理心理状况有所要求或有其他类型悖于大学明确规定的平等与反歧视政策内容要求，这类捐赠必须拒绝。

·大学不允许捐赠人选择个人作为捐赠受益人，例如捐赠人不能选择某一学术委员会主席或某一具有教授资格的人为受捐人，也不能指明某一个人作为奖学金的获得者。

·条件允许情况下，对有关财物使用目的的限制应写为“供参考”以允许大学将来能最大维度地使用该捐赠财物。反之，若条件不允许，大学希望董事会能对捐赠给大学的财物保持权限，当目标落空或情况发生变化的时候对财产更变用途。

·除非负责大学发展的常务校长放弃，否则关于财物捐赠的协议中必须包含计划落空和情况变化的标准条款。

·南加州大学的筹资只有在负责大学筹资的校长、教务长（provost）和常务副校长的指令和控制下方可执行，并接受学院院长、筹资办公室、负责大学关系的副校长、体育部部长和其他由教务长或负责大学发展领导书面批准人员的直接监管。

与南加州大学相关的筹资包括所有为大学相关目标所进行的筹资活动，例如为支持大学所有项目或活动进行的筹资，为其单位或员工举办的筹资，为科研的筹资，为医疗的筹资，为大学员工的工作筹资，为奖学金筹资或学生资助筹资，为建筑筹资，为改善和维护实体设备筹资。还包括表彰和致谢科研、医疗或每一位员工所做的贡献，筹资使用南加州或其他校内单位的名义或标识。

……

➢ 英国大学的筹资伦理规范

剑桥大学的筹资伦理规范

众所周知，剑桥大学是世界上最古老、最知名和最卓越的大学之一，尽管其本身属于公立大学。但在近千年的发展历程中，国家财政与社会资助的共同努力一度支持着剑桥成为欧洲最富有的大学。20 世纪 80 年代剑桥就成立了筹资办公室，对剑桥今日的成就起着至关重要的作用。剑桥大学校长莱谢克·博里塞维奇爵士（Sir Leszek Borysiewicz）在为剑桥大学建校 800 周年筹资之际宣布“为确保剑桥大学成为世界教育和科学研究的领头雁，要求剑桥大学获取社会慈善捐赠方面也要继续领先，我们正在准备即将开展一场全新的、更加雄心勃勃的筹资运动”。[①] 在筹资治理方面，剑桥大学制定了《学院剑桥合作筹资模式筹资操作条例》（*The Code of Practice for a Collaborative Fundraising Model for Collegiate Cambridge*），用以指导大学和学院的筹资实操工作。

> 在剑桥，学院与大学的角色是互补和互相交织的，在教学、科研和提升大学本地、国内和全球声誉中共同受益。社会慈善是大学—学院充分实现共同使命的重要组成部分，合作筹资是促进高质量筹资和扩大影响力的必要机制。
>
> 剑桥大学不举办政治捐赠，只举办和接受与大学财务规定内容符合的慈善捐赠，大学接受的任何慈善捐赠都要进行调查，接受的捐赠无一例外地用于慈善目的，不得影响任何大学的决策和大学的利益。
>
> 本文件提供实操条例供所有与筹资有关的人员（专业人员、学术人员和服务人员）共同遵守，涉及的范围包括剑桥大学及各学院和其他大学组成部分，这些内容也应尽可能广泛地为其他剑桥大学和学院的受众所了解。
>
> 文件中“学院剑桥”一词指的是整个大学以及（或）任何使用大学名称的有机组成部分，包括学院、学部、院系、非学院机构、美国剑桥、英国及海外与剑桥有关的慈善机构。
>
> 1. 我们共同的筹资目标
>
> ●以我们相互协作和专业的方式通过让尽可能多的捐赠人和潜在捐赠人参与筹资贡献，维护剑桥大学慈善捐赠的文化。

---

① Cambridge University's vice-chancellor backs up for school campaign [EB/OL]. http://www.aworldatschool.org/news/entry/cambridge-university-vice-channelor-supports-upforschool-1616.2014-12-21.

●为捐赠人良好的捐赠体验而努力。
●将支持“学院剑桥”目标及使命的捐赠事业最大化。
●学院间建立可持续发展的合作关系，与大学筹资的各方面和校友建立良好的关系。
2. 也就是说——
●应给予将来的捐赠人以机会，反映他们的个人兴趣和动机，要明白这些兴趣随着时间会发生变化。
●捐赠协议应直截了当迅速确定下来。
●工作中需要灵活协调，为捐赠人留下积极体验是我们至高无上的追求。
●对捐赠人的认可应视其贡献而定，并一视同仁赋予有意义的认可，捐赠人渴望了解他们的贡献会产生什么影响。
●应让慈善捐赠成为捐赠人与学院剑桥一生关系中实现个人抱负的一部分。
3. 筹资收受伦理条例——
●慈善行为的目的是否与大学在条例中定义的目标相一致。
●慈善行为的目的是否与大学的使命与战略计划相符合。
●收受这一善举是否会给大学带来代价或负担，如果会是否有确凿证据能够证明提议的善款全部或部分是通过以下活动得来或存在问题：
· 逃税
· 违反与人权有关的国际公约内容
· 有限的调查自由权
· 禁止的或篡改的科学研究
· 为大学带来不可接受的利益冲突
· 是否有证据能够证明接受该善款或接受善款所附加的条款会对大学的声誉造成损害，包括妨害其他捐赠人
4. 筹资的管理——
●有调查的权利与义务对每一笔捐赠人的奉献进行检验，确保捐赠人的正直和资助来源的渠道合法合理。
●“学院剑桥”应对涉及捐赠人财产的使用方面定期制定财务报告，要让捐赠人明晰财产去向。
●一切针对财产采取的行动事先务必联系捐赠人，争取与捐赠人一道通过谈判协商的方式稳步进行。
●尊重捐赠人的个人隐私权并确保有关捐赠人的一切信息安全。
●对于筹资中有异议或疑虑的问题由大学理事会协商后给出最后定论。
……

资料来源：*The Code of Practice for a Collaborative Fundraising Model for Collegiate Cambridge*。

诺丁汉大学的筹资伦理规范

诺丁汉大学（Nottingham University）是筹资运动与校友关系办公室在财务部门和内部审计服务中心的指导下指定了其筹资伦理条例《财物接受规则与伦理筹资实践》（简称《伦理筹资实践》）。《伦理筹资实践》主要涵盖筹资

目标、捐赠人规定、筹资人规定和学校募捐委员会的职责等。

定义

任务：

指的是筹资人作为指定游说人对潜在捐赠人开展工作的过程。

捐赠人：

是指向大学施与慈善捐赠的个人、机构或遗赠人而不从大学处获取物质利益作为交换条件。

尽职调查：

指的是大学可能采取的所有行动总和，以便能合理地确认财产与捐赠人的底细并查清和处理与之相关的风险。

筹资人：

指的是一切代表大学从事劝募和接受资助的雇员、志愿者或利益相关者。

捐赠协议：

指的是由捐赠人与本大学双方缔结的协议，用以声明捐赠的使用目的以及一切通过此捐赠所期望获得的结果。基金缔结捐赠协议对限制性资助尤其重要，因为这是按照要求确立的限制基金。任何捐赠协议都不应针对捐赠人个人产生利益或提供任何形式的赞助安排，这类协议不得赋予捐赠人任何能够对任职、奖学金或其他奖励产生影响的权力。

捐赠接受委员会：

该委员会由本大学一批高层人员和志愿者组成，他们的责任是（1）考虑所受总额超过十万英镑的捐赠或总额超过十万的潜在捐赠，思考它们所可能对战略、财务、法律、伦理和声誉产生的问题；（2）对捐赠的接收、保留或其他做出决策。

基金：

用以资助大学使命的慈善捐赠。

遗赠人：

去世前为本大学留下遗产的人士。

新基金委员会：

由一批本大学的高级员工组成，他们的任务是（1）考虑与设立新基金相关的战略、财政、法律、伦理和声誉问题；（2）对新基金的接收或其他做出决策；（3）对批准的基金提供内外部保证，确保本大学将有效管理一切所设立的基金。

劝募：

通过捐赠人在大学筹资人参与下，将捐赠提供给大学的过程。

非劝募：

指的是捐赠人在没有大学筹资人参与的情况下将捐赠提供给大学的过程。

大学：

指的是诺丁汉大学。

大学筹资简述：

正如大学 2010—2015 年战略规划所言，诺丁汉大学在全球范围接受来自公共部门和私有部门的各种资助支持大学履行其使命。大学的筹资与校友关系办公室协同学校主要高级经理在校长的领导下积极寻求善款并接受慈善捐赠。正如《罗素集团 - 委员会关于高等教育慈善捐赠的调查》所明确表达的一样，本文件是关于大学慈善捐赠事务的，适用于所有提供给大学的捐赠以及大学为院系、中心和专业所接收的捐赠。

作为慈善免税单位和世界高等教育、学术身份，为支撑学校的生活和工作，诺丁汉大学有责任确保寻求募款和接受资助这一过程中不会为了利益而妥协于正直，确保资助人对大学的信任，确保大学能在服务于学生、员工和国际社会方面发挥应有的作用。

大学必须确保不接受有问题或不恰当的慈善捐赠以免损害大学的名誉，务必与英格兰高等教育基金会有关“慈善捐赠重大事件汇报”的程序保持一致。

本文件提出大学捐赠接受条例和伦理筹资实践目的在于为支持诺丁汉大学的劝募和慈善捐赠确定标准程序。

慈善地位声明：

作为高等院校，根据2011年《慈善法》条款规定诺丁汉大学是一个免税慈善机构，这一身份使大学和注册慈善机构一样享有税收优惠政策，包括按照《捐赠援助》从契约合同和收据退税的能力，捐赠人对高等院校进行捐赠免除继承税和资本收益税。

免税慈善机构是指本着慈善目的除了对慈善委员会负责，还对某一主体负责的组织。在慈善法案下，诺丁汉大学对作为主要规范组织的英格兰高等教育基金会负责。在关乎接受和支出资助时大学必须遵循《慈善法》和其他相关立法的要求。

资助接受伦理指导：

（1）大学不接受与大学使命不一致的慈善捐赠。

（2）如果提议捐赠的全部或部分来源于不论何种形式的非法活动，大学不能接受。

（3）倘若提议捐赠的条件可能导致以下内容，大学不接受这样的捐赠——

◆要求大学参与某种形式的非法活动；

◆造成不可接受的利益冲突；

◆有损大学名誉的；

◆伤害大学与学生、与施主、与科研赞助者、与家长、与本地社会或其他外部利益相关人关系的。

（4）就公司慈善而言，根据《罗素集团－委员会关于高等教育慈善捐赠的调查》如果来自英国公司或境外的捐赠是出于慈善目的，同时又不属于以下7类排除标准则认为是可以接受的慈善资助：

➢ 合同关系

➢ 专有信息

➢ 独家出版

➢ 咨询

➢ 知识产权

➢ 其他形式的财政利益

➢ 捐赠人限定

大学或许还可以接受这7种排除标准的经费，但不作为慈善捐赠。

（5）大学只会从学生手中接受那些没有个人或成绩利益要求的捐赠。

（6）只有各方清晰明白和接受“公正，学术独立，科研独立和教学独立”是未来知识拓展的基础这一前提下，大学才会接受他们的捐赠。

（7）如果慈善组织的主要业务表现出以下特点，大学将不收取此组织的慈善捐赠：

➢ 明显地对环境造成破坏

➢ 制造并向军事政权出售武器

➢ 在制度上违反人权，包括剥削劳动力

➢ 以任何形式歧视个体

➢ 生产和销售烟草制品

捐赠接收程序：

捐赠接收尽职调查

在以下事件发生前，筹资与校友关系办公室应首先填写《捐赠接收审核文档》并——

✓ 向潜在捐赠人指派筹资工作人员

✓ 签署捐赠协议或捐赠人意愿声明

✓ 批准志愿者作为筹资人参与活动

（8）捐赠审核文档的作用在于确保恰当的尽职审核已执行，核实潜在志愿者或捐赠人或提议的捐赠是否与大学接受资助的伦理条例相一致。

（9）大学的银行账户具体信息只有在潜在捐赠人完成捐助接受审核文档后才提供给他们。

……

捐赠人权利：

所有通过大学或代表大学开展的筹资劝募活动将公布大学的名字和举办筹资的目的，通过书面形式（无论怎样送达）进行的劝募应包含大学地址或其他联系信息。

捐赠人与潜在捐赠人有权质询以下事宜，大学应快速回应：

✓ 大学最新的全球评论文件和财政声明

✓ 大学免税地位的证明

✓ 捐赠接收规则与伦理筹资实践条例的复印件

✓ 大学针对个人进行的尽责调查结果

捐赠人与潜在捐赠人有权询问和知晓代表大学开展资助劝募的人员是大学内部雇员，还是志愿者抑或其他利益相关者。

如果大学认为提议的捐赠可能严重地影响捐赠人的经济地位、应纳税所得额或与家庭人员之间的关系，那么大学应鼓励捐赠人寻求独立的咨询。

（10）若捐赠人要求匿名处理，大学应在法律、实际情况和伦理范围内尽可能地予以尊重。大学校长、大学发展与校友关系办公室主任可以知晓捐赠人姓名，除了参与工作的劝募人、审核人、处理人、管理人和审计人之外不对外共享。

（11）尊重捐赠人隐私权，所有捐赠人记录由大学最大限度按照 1988 年《信息保护法》作为机密保存，捐赠人有权查阅其记录和检验准确性。

（12）以尊重的态度对待捐赠人与潜在捐赠人，大学将尽力兑现捐赠人对以下问题的疑问：

✓ 劝募的频率与类型

✓ 大学收据的打印材料

（13）大学应对捐赠人或潜在捐赠人的投诉立即做出回复。

（14）捐赠人有权根据法律和伦理依据要求，将其慈善捐赠指定给大学活动的具体领域。

筹资实践伦理

大学或代表大学开展的筹资劝募活动都必须做到：

✓ 真实

✓ 准确描述大学活动和善款使用的目的

✓ 尊重慈善捐赠收益人的尊严和隐私

代表大学劝募或接受资助的筹资人员应：

✓ 严守财产捐赠条例和伦理筹资实践原则

✓遵守一切适用法，公平、正直地工作

✓提供有关筹资活动的真实信息，不得夸大或夸小

✓不得在公共信息中表达或暗示筹资活动无任何成本

✓遵守适用的专业伦理条例和标准，包括1988年信息保护法、2000年《信息自由法》和2011年《慈善法》

✓如要求停止向捐赠人劝募则必须停止

✓让捐赠人与潜在捐赠人了解当前适合他们的捐赠与会计立法或体系，如“会计实务建议书：高等教育会计规程”

✓不得接受与大学使命不一致的慈善捐赠

✓若觉得接受的一笔捐赠会带来忧虑或因大学接受捐赠会造成任何实际或潜在的利益冲突，立即向筹资办公室汇报

（15）筹资人员和咨询师将以工资、聘金或酬金的方式予以补偿，但不按佣金或其他建立在所获捐赠金额基础上的方式进行提成，亦不得超出正常的适用于所有员工的酬劳价值。

（16）由大学或代表大学开发的捐赠人和潜在捐赠人信息仅可用于深化与他们的关系而不得用于其他任何目的。

信息保护：

（17）大学确保遵守1998年《信息保护法》，2003年《隐私与电子通信规则》以及所有后来制定的信息保护立法。

（18）大学一直了解所收集的关于校友、个人和组织信息的敏感性，这有助于大学履行数据保护立法保证通过各种渠道获得的信息尤其是非公共领域的信息得以最高尊重和机密保障。

（19）当利用外部机构或信息与第三方分享时，例如邮局，信息分享前筹资与校友办公室将确保一切例如数据所有权、合适性和保密提前为第三方所了解和同意。

（20）大学被定义为公共权利机构目的在于实现信息备索自由，一切关于自由信息的要求都将按照最新的大学信息自由办公程序手册进行处理。

财务责任：

（21）大学的财政事务将以负责的态度执行，与管理伦理责任保持一致并与国家和国际监管机构的要求保持一致。

（22）所有慈善捐赠都将按捐赠人同意的方式使用，根据情况筹资与校友关系办公室将出具捐赠协议或捐赠意愿书叙述捐赠人和接受资助的大学学院、系别二者达成一致的捐赠目的和条款。签署的文档一份交由捐赠人保存，一份由接受资助的学院、系别保存，一份由筹资办公室保存。

（23）因项目、组织或规章的变化，如需要变更定向慈善捐赠或条件捐赠的用途，则必须同捐赠人或捐赠人的法律代表协商。若捐赠人去世或无法律能力，大学无法联系到其法定代表，则该捐赠尽可能地用于捐赠人的初衷。必要之时大学筹资办公室将把此事提交捐赠委员会，最终乃至理事会管理层。

……

资料来源：*Gift Acceptance Policy and Ethical Fundraising Practice*。

➢ 澳大利亚大学的筹资伦理规范

墨尔本大学的筹资伦理规范

墨尔本大学是澳大利亚 Go8 成员，作为一所世界知名的研究型大学，为辅助大学筹资顺利进行，大学制定了较为详细的伦理规则（advancement policy MPF1133）。2013 年，墨尔本大学面向国内外雄心勃勃地发起了一场利用 4 年时间获取 5 亿澳元的筹资运动。校长格莱恩·戴维斯（Glyn Davis）在对全校师生的号召中，明确“资助将用于奖学金、学术基金，让最好的最优秀的学生不因其不利情况和背景失去实现其潜力的机会……为研究者和大学生提供实现繁荣的设备”。“大学筹资应多用于人，而不是建筑物。”①

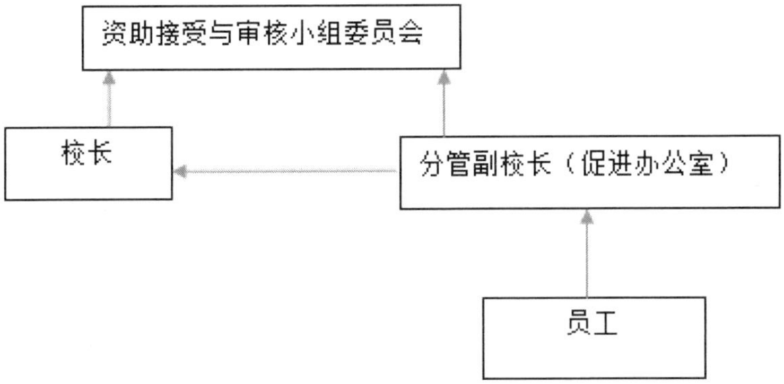

图 5 墨尔本大学筹资伦理管理结构

墨尔本大学筹资伦理规则

伦理条例的适用范围： 本条例适用于所有代表墨尔本大学从事筹资的人员。 条例包含五部分内容： ●筹资的运作与原则 ●资助人特权 ●接受资助

① 2013 年 11 月，墨尔本大学马丁高等教育研究所 G 研究员访谈记录。

●未来资助人拓展、信息保护与隐私保护

●资助人管理

1. 筹资的运作与原则

1.1 代表墨尔本大学进行的筹资活动应——

情况真实；

精确描述大学的活动与筹资使用的意图；

尊重从大学中获益的人的尊严与隐私，尊重为大学活动提供资助的人的尊严。

1.2 代表墨尔本大学劝募或接受资助大学人员、志愿者和聘用的筹资人员应——

严守本条例和相关程序；

公平、正直地从事工作并遵守所有相关法律；

严守可适用职业伦理规则条款及实践标准，包括 CASE 伦理说明中列出的条款；

遇有实际或可能出现的利益冲突应立即向大学公布；

按照墨尔本大学 2009 年法案，不接受资助目的与大学目标或使命不一致的捐赠；

确保在回报资助的过程中不获取不妥当的利益。

1.3 无论是普通工作人员还是咨询师，墨尔本大学将对所聘用的筹资人员发放工资、劳务或其他费用作为酬劳，但不采用获取的筹资额度和资助价值提成发放中介费和佣金。

1.4 墨尔本大学将遵守所有所在筹资国家的相关法律，包括接受资助、寻求资助和利用资助的财政法规。

1.5 分管大学筹资的副校长应至少每年将资助人或未来资助人关于条例所述事宜的投诉数量、类型和处理方式以书面形式通知校长。

1.6 大学将与资助人、未来资助人和志愿者协调关系管理，确保大学凝聚力和与资助人良好的关系。

1.7 墨尔本大学科研办公室应与筹资办公室就潜在慈善资助提交申请进行协商与协调，保障关系管理的一致性和对资助人进行有效管理。

1.8 如果大学员工、学者或专业人员打算代表大学从未来资助人处募款或资助人主动找到他们，则需要咨询学院、部门或筹资办公室的相关发展专员。

1.9 通过与学院和其他部门筹资团队探讨，大学筹资办公室筹资团队拓展并代表大学各部门提出全方位的筹资活动——电话募款、邮件募款、电子募款或其他筹资请求方式，但必须和以下条件一致：

大学筹资部门团队在与其他部门协调和达成共识之前，不得发布募资请求。

在筹资副校长、大学发展部门和筹资办（或其代表）没有进行协调和达成共识前，筹资的形式不得改变或重新设计。

所有回信都将以墨尔本大学筹资办公室为回信地址。

2. 资助人特权

此部分内容按 AVCC 通过的“澳大利亚大学慈善使用标准”中资助人权利内容执行。

3. 捐赠的接受

3.1 大学最广泛地接受公私部门慈善资助，只要它们乐于资助大学履行其使命。大学认可慈善资助是大学合法、可持续和重要财政收入组成部分。

3.2 大学筹资办公室将采取一切合理措施，确保大学明确每一笔赞助资助的来源。

3.3 大学重视自身的正直、自治和对学术自由做出的承诺，如果接受某一资助，这种资助产生的结果会使这些基本原则大打折扣，大学不会接受这样的资助。

3.4 大学仅接受符合既定的学术优先原则的资助。用以设立新的奖项、学术任职、项目或设备的资助，必须征得学院或相关部门的同意方可提出，并由符合大学政策、惯例和程序的相关管理部门批准。

3.5 大学不接受可能会产生如下问题的资助：

◆违反澳大利亚州或（和）联邦法律

◆产生不可接受的利益冲突

◆将大学置于负面宣传或声誉风险

◆造成任何损害，包括财政损失，使其他资助人对大学畏而远之

◆以任何形式与大学的价值与目标产生冲突

3.6 关于资助人捐赠的使用，资助人不得指挥大学对其或其指定的人员提供任何不妥的利益考虑 。

3.7 大学理解众多资助人希望将其资助指定用于某一目的，大学将明确将指定资助用于指定目的。如果资助是为当下目的捐款则更希望能尽量广泛地予以定义，以避免以后情况发生变化会产生信任上的失败或在信托条款的执行上产生困难。

3.8 对于非指定目的的资助，如果大学认为能更好地适用于校长和筹资副校长（或其代言人）协商提出的促进大学使命和学术优先的目的，则对资助的使用不局限于具体的信托条款。

3.9 目前为止，受限于遗产条例，大学只能对超过 50000 澳元的捐赠采取永久信托的方式，这样每年才能为信托目的产生足够额度的收入。

3.10 关于冠名的建议将按照大学冠名政策和相关信托条款进行决定。

3.11 资助人的赞助作为奖学金或其他奖励发放，以及利用资助人的慈善资助委任学术职位，资助人不具有直接控制和裁决候选人的权利。

3.12 作为捐赠的资助，资助人可以选择匿名。捐赠使用管理条款和条件事关公共记录，也反映相关信托条款的真实性。

3.13 大学将按照资助接受与审核程序决定某一具体的赞助（或任何当前或潜在资助人的赞助）是否应接受。

4. 未来资助人拓展、信息与资助人隐私保护

4.1 筹资办公室确保遵守 2000 年《信息隐私法》和 2001 年《健康记录法》并接受大学隐私办公室给予的建议，不得非法获取、加工、存储、出售或传播有关信息。

4.2 在执行未来资助人拓展业务时，大学筹资办公室应：

——清晰理解什么样的信息是公正且与目标相关的

——不得使用不符合伦理的方式获取研究前景信息

——避免个人偏见

——获取信息时目的和身份保持诚实和透明

——对使用的信息考虑信息来源的可靠性

——确保研究中呈现的信息尽可能精确、与目的相关并及时

4.3 筹资办公室应妥善处理收集和持有校友、个人和其他组织的信息。这有助于帮助大学遵守信息保护法保证通过各种方式所得信息，尤其是非公共领域的信息依照法律得以最大限度地尊重。

4.4 若利用外部中介或当数据要与第三部共享时，如邮局，筹资办公室应：

——确保所有问题，如数据拥有权、适用性和机密性通过具有法律约束力的合同管理。

——确保接收方签署大学标准单方机密协议，明确责任；机密信息非必需勿用，若大学以书面方式要求归还机密信息，则接收方应随时归还。

4.5 大学不得出售或交换资助人的个人信息。

4.6 大学将采用协议方式处理资助人的匿名要求（为特定捐赠或完全匿名和保密），同时大学将一如既往地尊重任何请求，包括大众接触信息方面。特定大学管理人和员工会了解资助人身份作为大学捐赠接收和审核步骤的一部分。

4.7 大学员工要把和未来资助人产生的重要联系形成联系报表，遵照可适用法，大学应对所持有的个人信息进行公开和透明化。

4.8 大学将持有联系报表这些信息，若资助人要求则按照信息自由与隐私法对其可取。大学不依靠投机或未经证实的信息行事。

5. 资助人管理

5.1 针对资助使用和影响，大学致力于在致谢、接收、认可和向资助人汇报方面做到卓越。大学致谢每一笔资助和每一份劝募所得，将以准时的方式按照资助或劝募所得的大小和指定情况并根据资助人的意愿进行认可。

5.2 筹资办公室将专门对接受的所有慈善资助发放收据，包括对贡献给大学的文化类赠品。

5.3 大学将开办捐赠俱乐部或捐赠协会，用名誉名单认可资助人，对于成员资格标准进行清晰沟通，通过校长与院系、部门磋商确定。

5.4 大学应为资助人提供年度报表，内容包括财政管理、开支、重要捐赠产生的影响，筹资办公室在全校范围内协调报表事务。

6. 资助接受与审核

6.1 若筹资副校长认为未来资助人或资助可能与筹资办公室所阐述的其中一项原则发生冲突，副校长将对资助人和其资助进行进一步调查。按照调查结果，如果仍担心资助人及其资助会与政策原则发生冲突，副校长则需将此事委托资助接收预审小组委员会鉴定。

6.2 大学工作人员如认为资助人或其资助有可能与筹资办公室的原则相冲突，则需将此情况上报给分管副校长，确保资助人及其资助都可以被大学所接受。

6.3 资助接收和审核小组根据所控信息决策时，应考虑接受或拒绝可疑资助是否有助于实现大学的最高利益。

6.4 对已接受资助产生疑问，大学将采用类似的考虑和调查处理方式确定接受这一资助是否妥当，是应返还资助人还是（如法律允许）对相关资助人和资助采取其他措施。

6.5 所有旨在评价被荐资助人或资助可接受性的尽职调查、决策都承认潜在赞助人的法律和名誉权，就此而言大学要清楚地分辨谣言（或猜测）与既定事实（法律结果）。同时，大学考虑可能由特殊资助人或资助带来的名誉风险是正当的。

6.6 对已接受和潜在超过 250000 澳元的资助，分管副校长必须汇报给校长供其参考，以确定是否会与筹资办公室的原则产生任何冲突。

6.7 若校长认为某一潜在资助人或资助可能会与大学设定的原则产生冲突，校长需将此事务委托资助接受与审核小组委员会决策。

6.8 大学将严格对资助接受与审核小组委员会的诉讼保守机密。

7. 慈善资助的冠名

7.1 涉及冠名提议的慈善资助必须：

——在资助备忘录或其他大学为此通过的文件上登记。

——遵守资助条例并按流程提交审核备考。

7.2 提出慈善资助的个人和团体如涉及冠名提议则必须尽早与分管筹资的副校长或其代表讨论。

7.3 所有涉及冠名提议的资助人，必须满足资助层次标准，具体参照资助层次表执行，以此作为获得冠名机会的标准。

7.4 分管筹资的副校长将每年审核资助层次表，高级主管必须批准任何对资助层次表所做的更改。

7.5 按资助文件所述，大学一收到协议规定的资助额度冠名纪念资助人的工作便可开始。

7.6 若资助承诺超期未付，大学可以更改认可形式，如果资助提前终止，大学也可撤回认可。

7.7 任何涉及个人或组织冠名的提议都将被大学视为赞助协议利用冠名寻求物质利益（如直接经济或商业优势）。若一项赞助冠名可以进行，则必须在恰当领域开展。

7.8 倘若资助人状况发生变化（如资助人名誉扫地），大学资助接受与审核小组委员会基于理性可以更改认可方式或收回认可，并在可行和恰当时机同资助人或其代理人进行磋商。

7.9 资助人可以提议冠名他人代替自己用作纪念。

7.10 墨尔本大学将在最大合理范围尊重资助人匿名赞助的愿望。

……

资料来源：墨尔本大学筹资办公室，https://policy.unimelb.edu.au/MPF1133。

参考文献

中文著作

1. 杨东平:《中国教育的转型与发展》，社会科学文献出版社 2006 年版。

2. 厉以宁:《超越市场与超越政府——论道德力量》，经济科学出版社 1999 年版。

3. 程炼:《伦理学导论》，北京大学出版社 2008 年版。

4. 何怀宏:《伦理学是什么》，北京大学出版社 2011 年版。

5. 汪有荣:《公共伦理学》，武汉大学出版社 2009 年版。

6. [美] 威廉·弗兰克纳:《善的求索——道德哲学导论》，黄伟合译，辽宁人民出版社 1987 年版。

7. [美] 爱德华·弗里曼:《战略管理——制益相关者方法》，王彦华、梁豪译，上海译文出版社 2006 年版。

8. [美] 索尔斯坦·凡勃伦:《学与商的博弈——论美国高等教育》，圣惠译，上海人民出版社 2001 年版。

9. 徐维群:《伦理管理：现代管理的道德透视》，学林出版社 2008 年版。

10. 陈向明:《质的研究方法与社会科学研究》，教育科学出版社 2000 年版。

11. 杨小微:《教育研究的原理与方法》，华东师范大学出版社 2010 年版。

12. [德] 哈贝马斯:《公共领域的结构转型》，曹卫东等译，学林出版社

1999年版。

13.［美］J. 格雷戈里・迪斯等：《非营利组织管理系列・企业型非营利组织》，徐启智译，北京大学出版社2008年版。

14.［英］奥尔德里奇：《简明英国教育史》，诸惠芳、李洪绪、尹斌苗译，人民教育出版社1987年版。

15. 王本陆：《教育崇善论》，广东教育出版社2001年版。

16. 杨东平：《中国教育的转型与发展》，社会科学文献出版社2006年版。

17. 郭石明：《社会变革中的大学管理》，浙江大学出版社2004年版。

18.［美］德里克・博克：《走出象牙塔：现代大学的社会责任》，徐小洲、陈军译，浙江教育出版社2001年版。

19.［美］克拉克・科尔：《大学的功用》，陈学飞、陈恢钦、周京、刘新芝译，江西教育出版社1993年版。

20.［美］弗兰克・奥利佛：《象牙塔里的乞丐——美国高等教育筹款史》，陈锋、许东黎译，广西师范大学出版社2011年版。

21.［古希腊］柏拉图：《柏拉图全集・普罗泰戈拉篇》，王晓朝译，人民出版社2002年版。

22.［古希腊］亚里士多德：《形而上学》，吴寿彭译，北京出版社1959年版。

23.［古希腊］普罗泰戈拉：《论真理》，武汉大学出版社1990年版。

24.［古希腊］柏拉图：《柏拉图全集・高尔吉亚篇》，王晓朝译，人民出版社2004年版。

25.［古希腊］亚里士多德：《尼各马可伦理学》，廖申白译，商务印书馆2003年版。

26. 宋希仁：《西方伦理思想史》，中国人民大学出版社2005年版。

27. 洪谦：《近现代西方主要哲学流派资料》，商务印书馆1981年版。

28. 刘小枫:《菜园哲人伊壁鸠鲁》，华夏出版社 2010 年版。

29. 陈真:《当代西方规范伦理学》，南京师范大学出版社 2006 年版。

30. 顾剑:《管理伦理学》，同济大学出版社 2012 年版。

31. 王正平:《应用伦理学》，上海人民出版社 2013 年版。

32. [美] 德里克 · 博克:《走出象牙塔——现代大学的社会责任》，徐小洲、陈军译，浙江教育出版社 2001 年版。

33. [英] 查尔斯 · 狄更斯:《双城记》(中文导读英文版)，陈彦好等译，清华大学出版社 2013 年版。

34. [德] 马克斯 · 韦伯:《新教伦理与资本主义精神》，于晓等译，生活 · 读书 · 新知三联书店 1987 年版。

35. 赵海林:《慈善理念与社会责任》，上海社会科学院出版社 2008 年版。

36. [美] 特里 · L. 库柏:《行政伦理学：实现行政责任的途径》，张秀琴译，中国人民大学出版社 2001 年版。

37. [美] J.P. 蒂洛:《哲学——理论与实践》，肖峰等译，中国人民大学出版社 1989 年版。

38. 李德顺、孙伟平:《道德价值论》，云南人民出版社 2005 年版。

39. 张国庆:《行政管理学概论》，北京大学出版社 2000 年版。

40. [美] 约翰 · 罗尔斯:《正义论》，何怀宏等译，中国社会科学出版社 1998 年版。

41. [美] 托马斯 · 唐纳森，托马斯 · 邓菲:《有约束力的关系》，赵月瑟译，上海社会科学院出版社 2002 版。

42. [德] 马克思、恩格斯:《马克思恩格斯选集》，中央编译局译，人民出版社 2012 年版。

43. [美] 亚伯拉罕 · 弗莱克斯纳:《现代大学论——美英德大学研究》，徐辉、陈晓菲译，浙江教育出版社 2001 年版。

44.［英］霍华德·戴维斯:《制定 21 世纪大学的发展战略规划》,《第二届中外大学校长论坛论文集》，中国人民大学出版社 2004 年版。

45. 葛守勤、周式中:《美国州立大学与地方经济发展》，西北大学出版社 1993 年版。

46.［德］盖奥尔格·齐美尔:《货币哲学》，朱桂琴译，华夏出版社 2002 年版。

47. 赵文明:《世界经典管理箴言精度精解》，中国物资出版社 2009 年版。

48.［英］罗素:《中国问题》，秦悦译，学林出版社 1996 年版。

49.［美］弗兰克·奥利弗:《象牙塔里的乞丐——美国高等教育筹款史》，许东黎、陈峰译，广西师范大学出版社 2011 年版。

50. 黄福涛:《外国高等教育史》，上海教育出版社 2003 年版。

51.［英］奥尔德里奇:《简明英国教育史》，诸惠芳、李洪绪、尹斌苗译，人民教育出版社 1987 年版。

52. 祝怀新:《面向现代化：澳大利亚高等教育研究》，浙江大学出版社 2009 年版。

53. 周中之:《伦理学》，人民出版社 2004 年版。

54. 罗国杰:《伦理学》，人民出版社 2002 年版。

55. 朱卫国:《慈善组织法律规制的现状与立法展望》，社会科学文献出版社 2011 年版。

56.［德］康德:《道德形而上学原理》，苗力田译，上海人民出版社 1986 年版。

57.［美］亚伯拉罕·福莱克斯纳:《现代大学论》，徐辉、陈晓菲译，浙江教育出版社 1999 年版。

58.［美］西奥多·W. 舒尔茨:《论人力资本投资》，吴珠华等译，北京经济学院出版社 1990 年版。

59. 陈秀峰:《当代中国大学基金会研究》，中国社会科学出版社 2010 年版。

60. 吕达、刘立德、邹海燕:《杜威教育文集》，人民教育出版社 2008 年版。

中文文章

1. 佟欣:《中美高等教育经费来源多元化的比较与分析》,《世界教育信息》2008 年第 9 期。

2. [美] D.B. 约翰斯通:《全球大学变革的困境和出路》,《新华文摘》2002 年第 12 期。

3. 王向华:《论大学的道德责任》,《教育研究》2018 年第 1 期。

4. 王晓华:《纽曼的大学目的观与功能论》,《清华大学教育研究》2001 年第 1 期。

5. 朱小梅:《高等教育捐赠的伦理分析》,《中国高等教育》2003 年第 24 期。

6. 农新贵、何静:《捐赠的理性分析及政策建议》,《生产力研究》2003 年第 2 期。

7. 罗公利、杨选良、李怀祖:《社会捐赠与大学发展——中美大学社会捐赠的对比分析》,《高等教育研究》2006 年第 1 期。

8. 乔海曙、许国新:《校友捐赠和高校发展：社会资本视角的分析》,《教育科学》2006 年第 5 期。

9. 郑风田、江金启:《公共品社会动员机制——关于慈善捐赠的一个理论》,《浙江社会科学》2009 年第 10 期。

10. 王悦群、方芳:《教育捐赠与冠名权的法律分析》,《上海教育科研》2008 年第 4 期。

11. 尤琳:《提升我国慈善组织公信力的法律思考》,《求实》2008 年第 10 期。

12. 陈志琴、俞光虹、周玲:《影响中美高校募捐的社会因素比较》,《高教探索》2005 年第 5 期。

13. 朱清、乔栋:《国外促进教育发展的税收政策及启示》,《经济纵横》2005 年第 3 期。

14. 成刚:《促进教育发展的税收优惠研究》,《国家教育行政学院学报》2006 年第 8 期。

15. 谢珊珊:《论高等教育捐赠所得税税收立法》,《会计之友》2008 年第 6 期。

16. 郭月梅、陈远燕:《我国高等教育捐赠的税收激励机制探讨》,《税务研究》2009 年第 10 期。

17. 董伶俐:《大学捐赠基金管理研究》,《江苏高教》1995 年第 5 期。

18. 黄争舸、瞿海东、邹碧金:《关于改进和加强大学捐赠基金管理的思考》,《江苏高教》2003 年第 4 期。

19. 孟东军、张美凤、顾玉林:《我国高校社会捐赠管理比较研究》,《高等工程教育研究》2003 年第 2 期。

20. 张云:《美国加州大学系统捐赠基金运作实践及启示》,《比较教育研究》2004 年第 6 期。

21. 程术希:《美国佛罗里达大学捐赠发展管理与启示》,《技术经济与管理研究》2005 年第 2 期。

22. 蒙有华、徐辉:《美国高校教育捐赠制度探析》,《高教探索》2006 年第 6 期。

23. 李冬梅:《普林斯顿大学捐赠体系的特点及启示》,《现代教育科学》2007 年第 3 期。

24. 周保利、刘国学:《美国大学教育捐赠制度的特点》,《教育与经济》2009 年第 1 期。

25. 武德昆:《加拿大大学社会筹款实践的启示》,《中国高等教育》2010 年第 6 期。

26. 王福友、段君莉:《大学的捐赠基金研究》,《大学教育科学》2005 年第 3 期。

27. 佟婧:《学术资本主义视域之下的大学筹款》,《高教发展与评估》2012 年第 3 期。

28. 彭定光:《慈善是一种公共责任》,《广西民族大学学报》(哲学社会科学版)2008 年第 4 期。

29. 周秋光、孙中民:《政府在培育社会慈善理念方面的作用与职责研究》,《道德与文明》2008 年第 1 期。

30. 丁锋辉:《试论慈善事业发展中政府的作用》,硕士学位论文,山西大学,2007 年。

31. 刘云娜:《中国慈善组织募捐困境探析》,硕士学位论文,西北大学,2007 年。

32. 刘俊红:《中国社会转型期慈善组织发展的问题及对策》,硕士学位论文,西北大学,2007 年。

33. 赵倩:《当代中国慈善组织与人权保障》,博士学位论文,中央党校,2008 年。

34. 毕素华:《当代中国企业家慈善行为研究》,硕士学位论文,苏州大学,2007 年。

35. 王小波:《试论普通人参与慈善事业的意义、影响因素及其途径》,《道德与文明》2006 年第 3 期。

36. 周中之:《伦理学视阈下的当代中国慈善事业》,《江西社会科学》2008 年第 3 期。

37. 程立涛、孙国梁:《论当代中国慈善事业的道德主体》,《贵州大学学报》(社会科学版)2005 年第 1 期。.

38. 张晓渝:《论捐赠的伦理原则》,《河北旅游职业技术学院学报》2010 年第 3 期。

39. 郭健:《社会捐赠及其税收激励研究》,博士学位论文,山东大学,2007 年。

40. 吕旭峰:《我国教育捐赠问题研究》,博士学位论文,河南大学,2011 年。

41. 赵丽丽:《美国高校教育捐赠研究》,硕士学位论文,河北大学,2007 年。

42. 李洁:《大学社会捐赠运行机制研究》,博士学位论文,华中科技大学,2010 年。

43. 熊丙奇:《"真维斯楼"究竟有多扯?》,2011 年 5 月 27 日。

44. 洪成文:《募捐伦理应成为大学受捐的决策依据》,《光明日报》2011 年 5 月 27 日。

45. [美] 阿特巴赫:《民办高等教育:从比较的角度看主题和差异》,李梅译,《新华文摘》2001 年第 3 期。

46. 肖海涛:《弗莱克斯纳的大学理想考察》,《南开教育论丛》1999 年第 1 期。

47. 宋永平:《价值冲突的本质与表现》,《西安交通大学学报》(社会科学版)2003 年第 3 期。

48. 吴挺:《牛津校长:好大学需要源源不断的资金》,《东方早报》2010 年 4 月 30 日。

49. 朱桂莲、周佳:《论公益广告的公民道德教育功能》,《合肥工业大学学报》(社会科学版)2009 年第 6 期。

50. 高建勋:《关于提高高校教育决策水平的思考》,《黑龙江高教研究》2001 年第 6 期。

51. 陈皓:《识大学之大,守大学正义》,《中国高教研究》2015 年第 1 期。

52. 瑞森德:《美国大学基金会筹资之道》,《中国财富》2012 年第 6 期。

53. 吴然、高杉:《大工程视野下工程师的伦理自觉》,《石家庄铁道大学学报》(社会科学版)2011 年第 4 期。

54. 刘子瑜:《富力地产冠名暨南大学教学楼引发学生不满》,《新快报》2011 年 6 月 3 日。

55. 罗知锋:《暨南大学教学楼以地产商冠名引发巨大争议》,《广州日报》2011 年 5 月 21 日。

56. 黄建如:《比较高等教育——国际高等教育体系变革比较研究》,社会科学文献出版社 2008 年版。

57. 顾明远:《世界高等教育发展的基本趋势和经验》,《北京师范大学学报》(社会科学版)2006 年第 5 期。

58. 钱秀菊:《高等教育的外部性与我国高等教育投融资体制改革》,博士学位论文,河北大学,2005 年。

59. 林培:《牛津——世界一流的“穷”大学》,《东西南北》2010 年第 10 期。

60. 谷贤林、王铄:《英国高等教育捐赠主体、制度保障与回馈方式分析》,《比较教育研究》2011 年第 10 期。

61. 蒋国华:《西方教育市场化:理论、政策与实践》,《全球教育展望》2001 年第 9 期。

62. 徐立之:《大学校长必须有能力筹钱》,《海内外高校发展动向》2004年第13期。

63. 李玲:《校长论坛会诊中国高校四大“通病”》,《半月谈》2004年第16期。

64. 李仁武:《论道德建设的制度伦理环境》,《云南社会科学》2002年第5期。

65. 王成奎:《文化博弈中的中国大学制度——一个新制度主义的视角》,《江苏高教》2009年第6期。

66. 杨中芳、彭泗清:《中国人人际信任的概念化:一个人际关系的观点》,《社会学研究》1999年第2期。

67. 杨同卫、王云岭:《诚信:从道义、功利走向责任与权利》,《中国医学伦理学》2005年第18期。

68. 丁瑞莲:《金融机构的伦理冲突及其伦理治理》,《道德与文明》2010年第5期。

69. 滕淑芬:《校长加油!——筹款兴学时代来临》,《台湾光华杂志》2002年第11期。

70. 戴长征:《中国政府的治理理论与实践》,《中国行政管理》2002年第2期。

71. 刘亚敏:《大学精神探论》,博士学位论文,华中科技大学,2004年。

72. 朱振林:《论大学办学经费多元化战略选择》,《黑龙江高教研究》2005年第4期。

英文著作

1. Jacques P.Thiroux, *Ethics: Theory and Practice*, Prentice Hall, 2010.

2. Gibson Winter, *Element of Social Ethics*, New York: New Macmillan, 1996.

3. H.Igor Ansoff, *Corporate Strategy*, McGraw–Hill Inc., US, 1965.

4. Bruce Johnston, *Financing Higher Education: Cost-Sharing in International Perspective,* New York: Sense Publishers, 2007.

5. Rudolph, F.*The American College and University: A History, Athens,* GA: University of Georgia Press, 1990.

6. Michael J. Worth, *Educational Fundraising Principles and Practice,* Phoenix: American Council on Education and the Orys Press, 1993.

7. Elliot W. Eisner, *The Enlightened Eye: Qualitative inquiry and the enhancement of education practice,* New Jersey: Prentice Hall Press.

8. Clark Kerr, *the Use of the University*, Publisher: Harvard University Press, 1963.

9. Chernow.R. Titan, *the Life of John D.Rockefelller*, Renew York: Random House, 1998.

10. Buchanan. P, *Some blunt talk about fund raising,* New York: AMACOM, 1991.

11. Matthew S. Scott, *United Negro College Fund: 50 years and going strong.* Black Enterprise, 1994.

12. Abraham Flexner, *Universities: American English German,* Oxford University Press, 1930.

13. Cook, W.B, *Fundraising and academic presidency: history, theory, research and practice,* unpublished manuscript.

14. Jerome Karabel, *the Chosen: The Hidden History of Admission and Exclusion at Harvard, Yale, and Princeton,* Boston: Houghton Mifflin, 2005.

15. Scott M. Cutlip, *Fund Raising in the United States (Its Role in America's Philanthropy),* Transaction Publishers, 1990.

16. Altbach, P. G., and D. H. Kelly, *American Students: A Selected Bibliography on Student Activism and Related Topics,* Lexington, Mass.: Lexington Books/ D. C. Heath & Company, 1973.

17. Morison, S.E, *the Founding of Harvard College,* Cambridge: Harvard University Press, 1968.

18. Solomon, B.M, *In the company of educated women,* New Heaven and London: Yale University Press, 1985.

19. Worth, M.J., *The development of ficer in higher education: toward an understanding of the role,* Washington D.C.: The George Washington University, graduate school of education and development, 1994.

20. Laurence. W., *An invigorating avocation,* Atlantic, 1923.

21. Caldwell, O.R. & Carter, T.G., *Developing ethical standards in charitable fundraising,* Trust & Estates, 1994.

22. Dove.D.E., *Conducting a successful capital campaign: A comprehensive fundraising guide for non-profit organizations,* San Francisco and London: Jossey—Bass Publisher, 1988.

23. Henry Allen Moe, *Notes on the Origin of Philanthropy in Christendom,* American Philosophical Society, 1961.

24. Immanuel Wallerstein, Paul Starr, *The University Crisis Reader,* NewYork Random House, 1971.

25. Robert Cavalier. *Ethics in the History of Western Philosophy,* Palgrave Macmillan Press, 1989.

26. Paul Wm. Gooch, *Phoenix,* Classical Association of Canada, 1971.

27. Bruce Johnston, *Financing Higher Education: Cost-Sharing in International Perspective,* New York: Sense Publishers, 2007.

28. Katherine C. Tobin, *The Language of Request: Annual Gift Giving to a University,* Stanford University, 1984.

29. Lowery. M., *United Negro College Fund: 50 Years and Going Strong,* Black Enterprise, 1994.

30. Jason Dean. C.L. Max Nikias, *Scaling the Walls of Higher Education,* The C–Suite, 2014.

31. Jerome Karabel, *the Chosen: The Hidden History of Admission and Exclusion at Harvard, Yale, and Princeton,* Boston: Houghton Mifflin, 2005.

32. Morison S.E., *The Founding of Harvard College,* Cambridge: Harvard University Press, 1993.

33. Sears J.B., *Philanthropy in the History of American Higher Education,* New Brunswick, NJ and London: Transaction Publisher, 1990.

34. Rudolph F., *the American College and University: A History,* Athens, GA: University of Georgia Press, 1990.

35. Solomon B.M., *In the Company of Educated Women,* New Heaven and London: Yale University Press, 1985.

36. Worth M.J., Asp J.W., *the Development of Ficer in Higher Education: Toward an Understanding of the Role*, Washington D.C.: The George Washington University, 1994.

37. Scott M. Cutlip, *Fund Raising in the United States (Its Role in America's Philanthropy),* Transaction Publishers, 1990.

38. Altbach, P.G., Kelly D.H., *American Students: A Selected Bibliography on Student Activism and Related Topics* Lexington, Mass.: Lexington Books/ D. C. Heath & Company, 1973.

39. Barbrara.E. Brittingham, Thomas.R. Pezzulo, *The Green Campus:*

Fundraising in Higher Education, George Washington Univerity Press, 1990.

40. Henry Allen Moe, *Notes on the Origin of Philanthropy in Christendom,* American Philosophical Society, 1961.

41. Fischer M., *Ethical Decision Making in Fundraising,* Wiley Publishing Company, 2000.

42. B. Guy Peters, Institutional Theory in Political Science, London and New York: Welling ton House, 1999.

43. Sargeant. A. and Jay. E., Fundraising Management: Analysis, Planning, London: Routledge, 2002.

英文文章

1. Miles Stevenson. Fundraising in higher education.Case study: the University of Bristol UK, 1st Jul. 2014.

2. UNESECO. *World Higher Education Development and Trend*, 2003.

3. Glennon, Mary, "Fund Raising in Small Colleges: Strategies for Success" , *Planning for Higher Education*, Vol. 14, No. 3（Jan.1986）.

4. UNESCO, World Declaration on Higher Education for the 21st Century: Vision and Action, 1998.

5. Rita Bornstein, "A president's guide to fund–raising success: Relationships are key" , *The Presidency,* Vol. 3, No. 2（Spr.2000）.

6. William Harrison, "College Relations and Fund–Raising Expenditures: Influencing the Probability of Alumni Giving to Higher Education" , *Eccmomics of Educathm Review,* Vol. 14, No. 1, (Mar.1995).

7. Raymond Spier, "Ethical issues in Research Relationship between Universities and Industry", *Science and Engineering Ethics,* Vol. 5, No.4, (Jul.1997).

8. Malhar N. Kumar, "Ethical Conflicts in Commercialization of University Research in the Post–Bayh–Dole Era" , *Ethics and Behaviour,* Vol. 20, No. 5, (Oct.2010).

9. Elizabeth Mehren, Yale to Return Bass' $20–Million Donation, *Los Angeles Times*, Mar.15,1995.

10. Matthew Partridge, "Should universities take donations from tyrants?" *The Guardian,* Mar.8,2011.

11. James Steve Counelis, "Toward Empirical Studies on University Ethics: A New Role for Institutional Research" , *The Journal of Higher Education,* Vol. 64, No. 1(Jan.–Feb. 1993).

12. Josh Dulaney, "CSU Chancellor Aims for $50 Million in New Spending to Boost Student Success" , *Long Beach Press Telegram,* Jan.29,2014.

13. Alex Spillius, Peter Foster, Malcolm Moore, "Mystery of Cambridge University's £3.7 million Chinese benefactors" , *The Telegraph,* Jan.30,2012.

14. Harbaugh, William T., "the Prestige Motive for Making Chari Table Transfers" , *The American Economic Review,* Vol. 88, No. 2(May1998).

15. Kypros Kypri, Raoul A. Walsh, Robert W. Sanson–Fisher, "Australian Universities' Open Door Policies on Alcohol Industry Research Funding" (letter), *Addiction,* Vol. 104, No.10 (Oct.2009) .

16. Bradley, B., P. Jansen, L. Silverman, "The Nonprofit Sector's $100 Billion Opportunity" , *Harvard Business Review,* Vol. 81, No. 5 (May 2003) .

17. Molesworth, M., Nixon, E., Scullion, R., "Having, Being Andhigher Education: The Marketisation of the University and the Transformation of the Student into Consumer" , *Teaching in Higher Education,* Vol. 14, No.3 (May 2009) .

18. Pamela C. Smith, "Call for Greater Accountability within the U.S. Non–profit

Sector" , *Academy of Accounting and Financial Studies Journal,* Vol. 11, No. 2 (Feb.2007) .

19. Debra A.Worley, Jennifer K. Little, "the Critical Role of Stewardship in Fund Raising: the Coaches vs. Cancer Campaign" , *Public Relations Review,* Vol. 28, No. 1 (Feb.2002) .

20. Timothy C. Caboni, "College and University Codes of Conduct for Fund–Raising Professionals" , *New Directions for Higher Education,* Vol. 2012, No. 160 (winter.2012) .

21. J.P. Walsh, "Book Review Essay: Taking Stock of Stakeholder Management" , *Academy of Management Review,* Vol. 30, No. 2 (Apr.2005) .

22. Glennon Mary, "Fund Raising in Small Colleges: Strategies for Success" , *Planning for Higher Education,* Vol. 14, No. 3 (1985–1986) .

23. William Harrison, "College Relations and Fund–Raising Expenditures: Influencing the Probability of Alumni Giving to Higher Education" , *Eccmomics of Educathm Review,* Vol. 14, No. 1(1995).

24. William O. Brown, "Sources of Funds and Quality Effects in Higher Education" , *Economics of Education Review,* Vol. 20, No. 4 (Jun.2001).

25. John S. Rosenberg, "a Rudenstine Retrospective for Harvard: A Strengthening Decade" , *Harvard Magazine,* Vol. 4 (2001).

26. Ronald K. Mitchell, Bradley R. Agle, Donna J. Wood, "Toward a Theory of Stakeholder Identification and Salience: Defining the Principle of Whoand What Really Counts [J]" , *The Academy of Management Review,* Vol. 22, No. 4 (Oct., 1997).

27. Steven Nichols and Karl Skooglund, "Friend or Foe: A Brief Examination of Corporate Sponsored Research in Universities" , *Science and Engineering Ethics,*

Vol. 4, No. 3 (1998).

28. Andreoni James, "Impure altruism and donations to public goods a theory of warm glow giving" , *The Economics Journal,* Vol. 100, No. 401 (Jun.1990).

29. Ribar & Wilhelm, "Altruistic and joy of giving motivation in charitable behavior" , *Journal of Political Economy,* Vol. 110, No. 2 (2002).

30. Glazer A. & Konrad, K.A., "A signalling Explanation for Charity" , *American Economic Review,* Vol. 86, No. 4 (Sep., 1996).

31. Irny. S.I. and Rose. A.A., "Designing a Strategic Information Systems Planning Methodology for Malaysian Institutes of Higher Learning" , *Issues in Information System,* Vol. VI, No. 1 (2005).

32. Siggelkow. N., "Persuasion with case studies" , *Academy of Management Journal,* 2007, Vol. 50, No. 1 (Feb.2007).

33. Kaplan. G.R., "Profits R. Us: notes on the commercialization of America's schools" , *Phi Delta Kappan,* (Nov.1996).

34. Rita Bornstein, "The president's guide to fund-raising success: Relationships are key" , *The Presidency,* Vol. 3, No. 2 (Spr. 2000).

35. Marc Orlitzky, John.D.Bejamin, "Corporate Social Performanc and Firm Risk: A Meta-Analytic Review" , *Business and Society,* Vol. 40, No. 4 (Dec.2001).

36. James Steve Counelis, "Toward Empirical Studies on University Ethics: A New Role for Institutional Research" , *the Journal of Higher Education,* Vol. 64, No. 1 (Jan. – Feb.1993).

37. McAnear. B, "The raising of funds by the colleges" , *Mississippi Valley Historical Review,* Vol. 38, No. 4 (Mar.1952).

39. Harbaugh & William T, "The Prestige Motive for Making Chari Table Transfers" , *The American Economic Review,* Vol. 88, No. 2 (May 1998).

40. Kypros Kypri, Raoul A Walsh, Robert W. Sanson–Fisher. "Australian universities' open door policies on alcohol industry research funding" , *Addiction,* Vol. 104, No. 10 (Oct.2009).

41. Bradley, B., P. Jansen, & L. Silverman, "The nonprofit sectors $100 billion opportunity" , Harvard *Business Review,* (May 2003).

42. Pamela C. Smith, "Call for greater accountability within the U.S. non–profit sector" , *Academy of Accounting and Financial Studies Journal,* Vol. 11, No. 2, (2007).

43. Molesworth, M., Nixon, E., & Scullion, R, "Having, being and higher education: The marketisation of the university and the transformation of the student into consumer[J]" . *Teaching in Higher Education,* Vol. 14, Issue 3 (2009).

44. Debra A. Worley & Jennifer K. Little, "the Critical Role of Stewardship in Fund Raising: the Coaches vs. Cancer Campaign" , *Public Relations Review,* Vol. 28, Issue1 (Feb. 2002).

45. Timothy C. Caboni, "College and University Codes of Conduct for Fund–Raising Professionals" , *New Directions for Higher Education,* Vol. 2012, Issue160 (Winter 2012).

后记

本项目研究题意的产生和本专著的成功出版，得益于我的导师——北京师范大学洪成文教授的悉心指点与大力支持。作为国内学术界较早关注并研究高等教育社会筹资的学者，洪成文教授带领的学术团队长期致力于大学筹融资理论研究与实践探索，并取得了显著的学术成果与社会效益，包括但不限于全国及教育部社科系列项目基金的获批、大学筹融资理论与实践丛书的出版、全国范围内年度高校筹融资学术会议的举办以及院校筹资战略与实践指导等方面，业已构建了极具特色和活力的研究阵地，在学界产生了良好的学术影响力，也为多所高校带来现实筹资益处。2012 年冬，笔者在思索博士论文选题之际，洪成文教授与我聊起了高校筹融资问题，充满信心地认为这将是今后我国大学可持续发展不可或缺的资源渠道，并将极大助力高校战略目标的实现。然而，由于大学管理决策方式或对大学筹资认识的不足，诱发了诸如“真维斯楼”“富力楼”“廖凯原现象”等金钱与大学精神碰撞的尴尬问题。洪成文教授将以上问题的本质归结为“筹资伦理”问题的缺位，若期望大学筹资可以有序健康地发展，对“筹资伦理”的深入思考很有价值。这触发了笔者的学习兴趣，此后笔者将高等教育筹资伦理确定为自己的研究方向。2016 年春，笔者以《冲突与抉择——国际视野下一流大学社会筹资的伦理研究》为题申报了教育部人文社科基金项目并获立项资助，目的在于基于前期已有积累并结合“双一流”建设时代话题而展开，对前期研究进行整合与扩充。本专著从研究酝酿到写作完毕，自始至终得到了许多师长、朋友的关心与支持，为此，笔者深表感谢。首先要感谢的是导师洪成文教授，虽然我已毕业多年，但导师对我的指导与关怀却无时不刻不在，从项目申报之时作为成员给予的支持到年度大学筹资学术论坛的热情邀请，从最新文献的分享到联系出版社，无一处不给予关怀勉励。其次感谢北京师范大学姚云教授、青岛科技大学吕耀中教授、淮北师范大学王家云教授及赵小云教授对项目结题鉴定给予的支持和建议；感谢扬州大学尤玉军研究员在本书写作期间提供的宝贵资料；感谢浙江大学林成华和伍宸博士，哈尔滨师范大学佟婧博士，中国矿业大学（北京）莫蕾钰博士，北京语言大学余蓝博士，首都体育学院燕凌博士，北京城市学院张辉博士，北京师范大学孟彦博士，陈会民博士和张博林博士等，他们是我的同门学友，为本项目的顺利开展及本书出版提供了诸多帮助。同时，感谢教育部社科司对本项目的立项资助。最后，感谢所有为“大学筹资”进行研究并发表过研究成果的研究者们，他们的研究是本作重要的参考资料。

总之，本专著的出版，绝非本人个人的功劳，而是所有参与、支持、关注与热心于大学筹资研究者共同的成就，在这里本人真诚感谢各位！由于本人水平有限，本书疏漏之处、遗珠之憾在所难免，恳切期待各位专家学者予以批评指正。

李庆成

2021 年 9 月于淮北